日常生活と政治

国家中心的政治像の再検討

日常生活と政治

国家中心的政治像の再検討

Politics and Everyday Life: Rethinking Methodological Statism in Political Science

田村哲樹［編］
Tetsuki Tamura

安藤丈将
Takemasa Ando
久保田裕之
Hiroyuki Kubota
吉澤あすな
Asuna Yoshizawa
日下　渉
Wataru Kusaka
武田宏子
Hiroko Takeda
辻　由希
Yuki Tsuji
尾内隆之
Takayuki Onai
山本　圭
Kei Yamamoto
加藤哲理
Tetsuri Kato
西山真司
Shinji Nishiyama

岩波書店

目　次

序章　「日常生活と政治」という問題

田村哲樹

方法論的国家主義の再検討

本書は、政治学を根本的に見直そうとする試みである。今日の政治学には多様な研究テーマがあり、採用されるアプローチや方法も多様である。それにもかかわらず、今日でも、政治学の主な研究対象が、国家（政府）ないし「国家のような」（Little and Macdonald 2013）ものであることに変わりはないように思われる。一見したところでは、国家以外のところに「政治」を見出そうとしている試みも、多くの場合、どこかで国家を前提としていたり（Bartelson 2001＝二〇〇六）、「国家のようなもの」を探そうとしている。たとえば、国家を超えたグローバルな次元で民主主義を構想し直そうとするグローバル民主主義論にも、「国家のような」制度・機構を想定した議論は多い（田村二〇一八）。あるいは、社会運動研究においても、政治学におけるそれは社会運動と国家との関係に焦点が当てられる傾向がある。この意味で「社会」運動の「政治」機能が、政治学の関心なのである。このように、政治学では、基本的には「政治」は、国家または政府に関わるものとして考えられてきた。言い換えれば、政治学においては、国家の存在を前提とした上で研究を行うという意味で、「方法論的国家主義」がなおも残存している（田村二〇一八）。本書が目指すのは、このような政治学における方法論的国家主義を問い直すことである[1]。

方法論的国家主義を問い直すためには、二つの方向性がある。一つは、国家を「上に」超えることである。すなわち、「グローバル」であれ「トランスナショナル」であれ、国家を超える次元における政治を探究することである。もう一つは、（あえて言えば）国家を「下に」超えることである。いずれも、政治の場を国家・政府に見出そうとする志向性を相対化しようとする点では共通している（田村二〇一五）。その中で本書では、「日常生活」に焦点を当てることを通じて方法論的国家主義を問い直すという方向性を選択した。

その理由は二つある。第一に、グローバル／トランスナショナルについては、そこに「政治」を見出そうとする観点からの一定の研究の蓄積があるのに対して、日常生活については、政治学の立場からそこに「政治」を見出そうとする研究は、あまり存在しないのではないかと思われるからである。第二の理由は、「日常生活」の方が方法論的国家主義の乗り越えの「ハード・ケース」であろうということである。これは、グローバル／トランスナショナルな次元についての（経験的であれ規範的であれ）政治学的な研究は多く存在していても、日常生活の次元についてのそれはあまり存在しないということから推測できることである。

「日常生活と政治」をめぐる先行研究

それにしても、日常生活はなぜハード・ケースとなるのだろうか。その理由の一つとして考えられることは、日常生活の空間は「私的領域」と見なされてきた（または、見なされやすい）ということではないかと思われる。政治が「公的」なものであり、私的領域には存在しない、または関与するべきではないとする公的／私的の区別を政治学者たちが自明視してきたとすれば、日常生活に政治を見出そうとする研究が少なかったことも、不思議ではない。

しかしながら、政治学以外の分野に目を向ければ、「日常生活と政治」が主題化されてきたことがわかる。ここでは、フェミニズムと社会学を取り上げておきたい。まず、フェミニズムについてである。有名な「個人的なことは政治的である（The personal is political）」のスローガンが示唆するように、フェミニズムにとっては、標準的な意味での公的／私的の区別によって覆い隠されてしまう「政治」を明らかにすることが、重要な課題であった。「個人的なことは政治的である」とは、次の二つのことを意味している（田村ほか二〇一七：一六七—一六九）。第一に、「私的」とされる領域にも、ある種の「政治」が存在するということである。この場合には、最も典型的には家族や恋人関係などにおける男性からの女性への暴力、およびそれを通じた支配・服従関係の形成が、「政治」として把握される。第二に、「私的」とされる空間も、「公的」に形成されるということである。たとえば、「私的」とされる家族のあり方は、国家レベルの政治によって「公的」に形成される、家族や婚姻に関する法律によって規定されている。

フェミニズムが提起した、この二つの意味での「日常生活と政治」との関係は、本書の重要な導きの糸（のひとつ）となっている。たとえば、最も典型的には田村論文（第1章）、久保田論文（第3章）、吉澤・日下論文（第4章）が扱っているのは、「私的」とされる空間における「政治」、つまり「日常生活の中の政治」の問題である。安藤論文（第2章）も、事例は社会運動ではあるが、その「日常生活」における「政治」を扱っている。ただし、本書での「日常生活の中の政治」は、必ずしも暴力あるいは支配・服従関係のことを指しているわけではない。本書での「日常生活の中の政治」とは、基本的には、日常生活を生きる異なる人々の間での問題解決や共棲のための活動・取り組みを指している。他方、最も典型的には武田論文（第5章）が注目し、また辻論文（第6章）も光を当てているのは、「私的」とされる日常生活の空間が、いかにして「公的」な政治・統治活動によって作られているか、ということである。このように、本書には、公私二元論と政治を批判的に捉え直そうとするフェミニズムの問題関心を継承・発展させようとする狙いも含まれている。

次に、社会学においても、「日常生活と政治」は、政治学以上に議論されてきた。たとえば、アンソニー・ギデンズは、とりわけ一九九〇年代の一連の著作において、「近代（モダニティ）」とそこでの政治の変容に注目しつつ、日常生活における政治について語っている。すなわち、彼は、「解放の政治」と区別された「生活の政治（life politics）」の重要性を(Giddens 1991＝二〇〇五、1994＝二〇〇二)、そして、家族を含む親密圏が民主主義の場であることを論じている(Giddens 1992＝一九九五、1998＝一九九九)。また、ウルリッヒ・ベックも、「政治」と「国家」との同一視を批判し、「サブ政治」の概念によって社会の様々な領域に政治を見出そうとしていた(Beck 1986＝一九九八、1994＝一九九七、1997)。ギデンズやベックの議論には様々な批判も寄せられており、本書でも第5章の武田論文は、彼らの政治観を批判している。それでも、彼らの議論が国家中心的ではない政治の一つのモデルを提起するものであったことは、重要である。

もちろん、これまでの政治学が日常生活を全く無視してきたということではない。日常生活の空間は、伝統的には政治的社会化の場として注目され研究対象となってきた(ドーソンほか一九八九)。政治的社会化研究において、人々が政治に関する知識や立場を獲得していく重要な場として、家族や友人関係などの日常生活の空間は注目されてきた。政治的社会化の研究が、「日常生活と政治」というテーマに対する有力なアプローチの一つであることは確かである。しかし、政治的社会化論においては、依然として「政治＝国家」という前提は保持されている。その前提を維持した上で、研究の関心が日常生活まで拡張されているのである。この場合、政治の概念と方法論的国家主義とが十分に問い直されているとは言いがたい。

より踏み込んだ方法論的国家主義の再検討の試みは、特に一九八〇年代前半の神島二郎、篠原一、高畠通敏らの著作に見出される。まず神島は、一九八二年刊行の著作『日常性の政治学』の冒頭において、「政治学はまさに国家性の政治学」であったが、今日では「もはや従来の国家性の政治の政治学ではなく、それ(国家性の政治学)を突き抜けた先きにある社会政治のそれ――というよりも、従来国家政治の核心にあった暴力とそれに人びとがかかわる非日常性とをともに否定するという意味において、日常性《アルテークリヒカイト》の政治学でなければならないはずである」と述べた(神島一九八二：四)。神島にとってそのような「日常性の政治学」とは、「もっとも顕著にきわだって政治的にみえるハレの大政治ではなく、日常のケの生活の中でくりかえし、かつ積み重ねられる小さな営みの中に政治を見ること」であった(神島一九八二：六)。ただし、神島における「日常性の政治学」は、本書の西山論文(第10章)も示唆するように、「身近な生活の小さな営みの中に大きな変動にいたるべき芽を見つけだす」あるいは「小さな変革の遠大な効果」といった表現から、なおも最終的には国家レベルの政治における変革を志向しているようにも見える(神島一九八二：六―七)。

次に、篠原は、スザンヌ・バーガーの論文を参照して、本書の武田論文や尾内論文(第7章)でも参照されている「ライブリー・ポリティクス」の概念を提起した(篠原一九八二、一九八五)。ライブリー・ポリティクスとは、イデオロギーや宗教に基づく「高等政治《ハイ・ポリティクス》」や「利益政治《インタレスト・ポリティクス》」から区別された、エコロジー、フェミニズム、企業の自主管理、反原発といった主題に関する参加型の政治のことである。「日常生活と政治」の観点から見た場合、このライブリー・ポリティクスには、二つの側面があると言える。一つは、日常生活から国家・政府レベルの政治を変えていこうとする側面、すなわち「日常生活からの政治」である。もう一つは、日常生活そのものを変えていくという意味での政治、すなわち「日常生活の中の政治」という側面である。

最後に高畠は、初版が一九八三年刊行の『政治の発見』において、政治社会の「極小形態は、もちろん、家庭であ」り、「実際、家庭は、あらゆる意味で政治のモデルとして適切な条件を具えて」おり、「この(家庭という――引用者注)政治社会に秩序を樹立するのは、日々の政治交渉による相互の合意に他ならない」と書いている(高畠一九九七[一九八三]：四三―四四)。高畠がこのように書く時、「家庭」という日常生活の場は、まさにそれ自体が一つの政治の場なのである。

しかし、このように政治を日常生活の中に見出し、さらには日常生活の一つの場としての家族を政治の場ないし「モデル」として見るような立場が、その後も継承・発展させられてきたかといえば、疑問が残る[2]。本書は、かつて端緒的には見られたであろう「日常生活の政治学」への関心をもう一度復興し、それをさらに推し進めるための一つの試みである。

本書の構成

本書は、「日常生活と政治」をキーワードとすることで政治学を問い直すことでは一致しつつも、多様な問題関心、学問的バックグラウンド、あるいは方法・アプローチを持つ研究者たちによる寄稿から成る論文集である。そのため、「日常生活」として何を念頭に置くか、「政治」をどのようなものとして考えるか、どのような学問分野・読者を想定するかは、執筆者によって異なっている。このことによって、本書の「まとまり」への懸念が生じる可能性はある。しかし、編者としては、あえて多様な分野の研究者たちに寄稿をお願いしたのだということを強調しておきたい。先に述べたように、「日常生活と政治」というテーマは、なお研究蓄積が十分とは言えない。というよりも、編者である私は、そもそもそのようなテーマが特に政治学において一つの研究テーマとして成立するという共通理解の存在さえも疑わしいのではないかと見ている(もちろん、これが杞憂であれば幸いなのだが)。そこで、私としては、本書を「日常生活と政治」というテーマについての「展示会」のようなものとして構想してみた。このテーマの下でこれだけのことが研究できるのだ、という拡がりを提示する場として、本書を位置づけたいと思ったのである。さらに言えば、このテーマから、どのような研究がどのような関心・アプローチに基づいて生まれ得るのかを、編者の私自身も見てみたいと思ったのである。

とはいえ、出来上がってきた各執筆者の原稿を見るならば、それらを大まかには二つのグループに分けることができるように思われた。それが、本書の第Ⅰ部、第Ⅱ部、第Ⅲ部となっている。

第Ⅰ部には、「日常生活の中の政治」に焦点を当てている論文を集めた。ここには、政治＝国家という想定を持たず、日常生活そのものの中に「政治」を見出そうとする論文が並んでいる。

第1章の田村哲樹「熟議システムとしての家族」は、「家族」に焦点を当て、それを熟議民主主義における「熟議システム」として捉えるとはどのようなことを意味するのかを考察した。その考察は、熟議システム論自体の不十分な点を明らかにすることも、伴っている。続く第2章の安藤丈将「社会運動における日常の政治」は、社会運動を素材としながら、そこでの「日常の政治」を考察する。同論文では、「政治」を、主体形成、紛争・対立、そして集合的意思決定という三つの次元から成るものとして捉え、これらの「政治」が社会運動の中でどのように展開されるか／されるべきかを検討している。本章の事例は社会運動だが、そこ述べられていることは、趣味のサークル、近隣の自治会、学校のPTAなど、まさに私たちの日常生活における様々なグループ・組織に当てはまることである。第3章の久保田裕之「共同生活と集合的意思決定――「家族の政治学」に向けて」は、「家族」や「親密圏」といった概念そのものを精査し、「家族における集合的意思決定としての政治」は、家族を含む共同生活実践一般に共通するものだとする。このように捉えることで、逆に家族(的共同生活実践)における政治と、非家族的共同生活実践における政治との差異も見えてくるのである。最後に、第4章の吉澤あすな・日下渉「紛争社会でつくる日常の平和――南部フィリピンにおけるムスリムとクリスチャンの共棲」は、紛争の長引くフィリピン南部の日常生活の中で、いかに異教徒が「共棲」を実現してきたのかを論じる。そこでは、二つの宗教は繋がりあった「幸せへの道」として認識されており、イスラームへの改宗が盛んに行われている。異宗教間結婚も例外的ではなく、多宗教家族の中で軋轢が生じても「曖昧な執行」などを通じて両者の共存が図られている。

第Ⅱ部「政治の中の日常生活」には、国家・政府およびそこに登場する政治アクターという意味での「政治」と、「日常生活」との関係を多角的に問い直す論文を集めた。第Ⅱ部の各章を通じて、いわゆる「政治」の中に「日常生活」がどのように関わっているか、さらには入り込んでいるかを理解することができるだろう。

第5章の武田宏子「政治課題としての日常生活」は、ミシェル・フーコーに端を発する「統治性」論に基づいて、統治する側とそれに抵抗する側との闘争が「生と日常生活」をめぐって現れることを論じている。これは、「生と日常生活」が「政治権力のダイナミクスがせめぎあう政治闘争の場そのもの」であること、そして、「もっとも根本的な政治闘争」が日常生活をどのように構想するかという問題をめぐっての争いであることを意味している。第6章の辻由希「自民党の女性たちのサブカルチャー――月刊女性誌『りぶる』を手がかりに」は、これまであまり研究されてこなかった自由民主党の（議員ではない）女性活動家たちの考えを、同党の女性向け月刊誌『りぶる』の分析から明らかにしようとする。それは、「非日常」としての「利益政治（フロントステージ）」の背後にある、「日常（バックステージ）」に光を当てることである。辻は、日常としてのバックステージが非日常としてのフロントステージを構成するとともに、フロントステージの政治がバックステージに影響を及ぼす（日常の再政治化）ことを指摘している。そして、第7章の尾内隆之「エコロジカルな日常生活の可能性――政治による変革、政治の変革」は、環境問題と日常生活との関係について、両者の「距離」に注目した考察を展開する。日常生活にとっての環境問題の「身近さ」は、両義的である。一方で、環境問題を通じて、日常生活を問い直すライブリー・ポリティクスが生まれた。しかし他方で、環境問題の「身近さ」は、日常生活の根本的な問い直しを妨げ、また、国家などよりマクロなレベルでの政治との「隔たり」ももたらしてきた。尾内は、日常生活をエコロジカルなものへと問い直すとともに、「近視眼的」になりがちな代表制にも「揺さぶりをかける」ことができるような政治のあり方を模索する。そこで注目されるのは、ミニ・パブリックスと「トランジション運動」という二つの形態での「反省的な熟議のデモクラシー」である。

最後の第Ⅲ部「「日常生活と政治」が問うもの」には、本書の中でも理論的・思想的色彩が強い論文を集めた。第8章の山本圭「日常空間のために――マッシー＝ラクラウ論争再訪」は、日常生活の「空間」としての側面に注目し、ドリーン・マッシーとエルネスト・ラクラウとの論争を手がかりとして、ラディカル・デモクラシーの立場からの日常空間の再解釈を試みている。日常空間は決して所与のものではなく、その意味づけをめぐる闘争の中で、新しく創出し直されるものとして捉えられなければならない。続く第9章の加藤哲理「政治学の日常生活化への道――ミシェル・フーコーの歩みを辿りながら」は、フーコーの議論を参照しつつ、政治学が真に「日常生活化」するためにはどのような思考が必要なのかを論じる。加藤論文がたどり着くのは、「非西洋世界における「道」としての学問の伝統」であり、「道としての政治学」の探求である。最後に、第10章の西山真司「〝非日常〟としての政治を日常的に作ること――ありふれた実践はいかにして権力と政治のリアリティを構成するか」は、権力と信頼との再検討やエスノメソドロジーの応用を通じて、政治を、私たちの日常生活の中で「非日常的なもの」として構成されるものとして捉え返す。この意味で、「政治も日常生活の中に存在する」のである。

以上を踏まえ、次の章からは実際に「日常生活と政治」の「展示会」の中へと足を踏み入れていくことにしよう。

注

(1)　国家中心的な秩序像の再検討という点において、本書は人類学（湖中二〇一九、スコット二〇一七）や、法学における国家法の中心性を見直そうとする動向（浅野二〇一九、藤谷二〇一五）などと、関心を共有している。

(2)　もちろん、特にフェミニズムの影響を受けた例外的な研究はある。たとえば、齋藤（二〇〇三）、岡野（二〇一二）などを参照。ただし、前者『親密圏のポリティクス』の半数以上の寄稿者は、政治学以外の学問分野の研究者である。

参考文献

浅野有紀（二〇一九）『法多元主義――交錯する国家法と非国家法』弘文堂。
Bartelson, Jens (2001) *The Critique of the State*, Cambridge University Press（小田川大典・青木裕子・乙部延剛・金山準・五野井郁夫訳『国家論のクリティーク』岩波書店、二〇〇六年）.
Beck, Ulrich (1986) *Risikogesellschaft: Auf dem Weg in eine andere Moderne*, Suhrkamp（東廉・伊藤美登里訳『危険社会――新しい近代への道』法政大学出版局、一九九八年）.
Beck, Ulrich (1994) "The Reinvention of Politics: Towards a Theory of Reflexive Modernization," in Ulrich Beck, Anthony Giddens,

and Scott Lash, *Reflexive Modernization: Politics, Tradition and Aesthetics in the Modern Social Order*, Polity（松尾精文・小幡正敏・叶堂隆三訳「政治の再創造――再帰的近代化理論に向けて」『再帰的近代化――近現代における政治、伝統、美的原理』而立書房、一九九七年）.

Beck, Ulrich（1997）*The Reinvention of Politics: Rethinking Modernity in the Global Social Order*, Polity.

ドーソン、リチャード、ケネス・プルウィット、カレン・ドーソン（一九八九）『政治的社会化――市民形成と政治教育』加藤秀治郎・青木英実・中村昭雄・永山博之訳、芦書房。

藤谷武史（二〇一五）「グローバル化と公法・私法の再編――グローバル化の下での法と統治の新たな関係」浅野有紀・原田大樹・藤谷武史・横溝大編著『グローバル化と公法・私法関係の再編』弘文堂、三三三―三六三頁。

Giddens, Anthony（1991）*Modernity and Self-Identity: Self and Society in the Late Modern Age*, Stanford University Press（秋吉美都・安藤太郎・筒井淳也訳『モダニティと自己アイデンティティ――後期近代における自己と社会』ハーベスト社、二〇〇五年）.

Giddens, Anthony（1992）*The Transformation of Intimacy: Sexuality, Love and Eroticism in Modern Societies*, Polity（松尾精文・松川昭子訳『親密性の変容――近代社会におけるセクシュアリティ、愛情、エロティシズム』而立書房、一九九五年）.

Giddens, Anthony（1994）*Beyond Left and Right: The Future of Radical Politics*, Polity Press（松尾精文・立松隆介訳『左派右派を超えて――ラディカルな政治の未来像』而立書房、二〇〇二年）.

Giddens, Anthony（1998）*The Third Way: The Renewal of Social Democracy*, Polity Press（佐和隆光訳『第三の道――効率と公正の新たな同盟』日本経済新聞社、一九九九年）.

神島二郎（一九八二）『日常性の政治学――身近に自立の拠点を求めて』筑摩書房。

湖中真哉（二〇一九）「国家を代替する社会――東アフリカ遊牧社会におけるローカル・インジャスティス」細谷広美・佐藤義明編『グローバル化する〈正義〉の人類学――国際社会における法形成とローカリティ』昭和堂。

Little, Adrian and Kate Macdonald（2013）"Pathways to Global Democracy? Escaping the Statist Imaginary," *Review of International Studies*, 39(4), 789-813.

岡野八代（二〇一二）『フェミニズムの政治学――ケアの倫理をグローバル社会へ』みすず書房。

齋藤純一編（二〇〇三）『親密圏のポリティクス』ナカニシヤ出版。

スコット、ジェームズ・C（二〇一七）『実践 日々のアナキズム――世界に抗う土着の秩序の作り方』清水展・日下渉・中溝和弥訳、岩波書店。

篠原一（一九八二）『ポスト産業社会の政治』東京大学出版会。

篠原一編著（一九八五）『ライブラリー・ポリティクス――生活主体の新しい政治スタイルを求めて』総合労働研究所。

高畠通敏（一九九七［一九八三］）『政治の発見――市民の政治理論序説』岩波書店。

田村哲樹（二〇一五）「「民主的家族」の探究――方法論的ナショナリズムのもう一つの超え方」『名古屋大学法政論集』第二六二号、一五―三七頁。

田村哲樹（二〇一八）「グローバル・ガバナンスと民主主義――方法論的国家主義を超えて」グローバル・ガバナンス学会編、大矢根聡・菅英輝・松井康浩責任編集『グローバル・ガバナンス学Ⅰ 理論・歴史・規範』法律文化社。

田村哲樹・松元雅和・乙部延剛・山崎望（二〇一七）『ここから始める政治理論』有斐閣。

第Ⅰ部

日常生活の中の政治

第1章　熟議システムとしての家族

田村哲樹

はじめに

本章では、熟議民主主義研究における「熟議システム」論の理論的含意を拡張するために、「家族」を一つの熟議システムとして把握することを提案するとともに、それに伴う諸問題を検討する。

これまでも私は、この方向での議論を行ってきた。すなわち、家族（あるいは親密圏）を熟議の場と見なし、そこにおける熟議のあり方やその困難を考察してきた（田村二〇一七ａ：第六章）。また、熟議民主主義論における「日常的な話し合い（everyday talk）」（Mansbridge 1999）概念を手がかりにしつつ、その含意をより真剣に受け止めるならば、家族を「入れ子型熟議システム（nested deliberative systems）」の構成要素として把握するべきであることを主張してきた（田村二〇一七ａ：第八章、Tamura 2014）。これは家族を、よりマクロな熟議システム（典型的には国家）の一つの構成要素であるとともに、それ自体として一つの熟議システムでもあることを表現するための用語である。また、家族を、それ自体として集合的意思決定としての「政治」の場と見なすべきことについても論じている（田村二〇一五）。

しかし、家族あるいは「私的領域」における熟議民主主義についての研究は、依然として多くはない。その中で、国家との関係では「私的領域」とされる経済と企業については、近年、経済民主主義、職場民主主義への関心が再燃しており（Anderson 2017; Ferreras 2017; Landemore and Ferreras 2016; 田村二〇一七ａ・ｂ、松尾二〇一九）、熟議民主主義の立場からの研究も存在する（Felicetti 2016）。そこで、本章では、これらの職場（熟議）民主主義に関する研究から適宜示唆を得つつ、「熟議システムとしての家族」論の発展を目指す。家族を含む日常生活と熟議との関係については、日常生活の中での（ＳＮＳサイトを通じた）育児に関するコミュニケーションを通じて「政治」が発生する契機に注目する研究もある（Rowe 2018）。しかし、本章の立場とは異なり、そこで発生する「政治」は、必ずしも国家レベルでの「政治」と同型のものとしては理解されていないように思われる。

本章の目的は、こうしたこれまでの私の議論や関連先行諸研究を踏まえつつ、「熟議システムとしての家族」論をさらに発展させることである。その際、本章は、家族それ自体を一つの熟議システムとして把握することで発生し得る、次のような問題に答えようとする。すなわち、①そのことは既存の熟議システム論にどのような理論的修正を求めることになるのか、②家族における集合的意思決定を国家レベルのそれと同じものとして見なすことは妥当なのか、③家族は常に熟議システムであるのか、そして、④家族そのものの概念を見直す可能性はないのか、という諸問題である。以下では、この順に考察を進める。

第一節　熟議システムの構成要素の再検討

本節では、「熟議システムとしての家族」をより真剣に考慮することが、既存の熟議システム論の再検討につながることを論じる。仮に家族をそれ自体として一つの熟議システムとして捉えることができたとしても、それが従来の議論における「熟議システム」と同じとは限らない。それゆえ、家族を熟議システムとして捉えることは、これまでの熟議システム論に対する問題提起となるのである。

家族をそれ自体として一つの熟議システムとして把握しようとする場合、ひとまずは次のような言い方をすることができる。すなわち、家族において、その構成員の間で熟議が行われ、かつ、それによって家族の構成員に関する争点について集合的意思決定が行われる時、家族を一つの熟議システムと呼ぶことができる、と。

私自身もこれまでこのような言い方をしてきた。しかし、実はこのような言い方だけでは、熟議システムとしての家族の定式化にとって十分ではない。なぜなら、この言い方では、熟議システムの構成要素が詳細には検討されていないからである。ジョン・S・ドライゼクとヘイリー・スティーヴンソンは、熟議システムの構成要素として、①私的領域(private sphere)、②公共空間(public space)、③決定権限を付与された空間(empowered space)、④伝導(transmission)、⑤アカウンタビリティ、⑥メタ熟議、⑦決定確定性(decisiveness)、という七つを挙げている(Stevenson and Dryzek 2014: 27–29; Dryzek 2010: 11–12)。彼らの議論を踏まえるならば、もし家族もまた一つの熟議システムであるならば、単に「家族において熟議が行われ、それによって決定がなされている」というだけでなく、これらの構成要素が家族にも認められるかどうかについても検討しなければならない、ということになる。

しかし、本章では、単にドライゼクらの議論に従って熟議システムとしての家族を考えることはしない。そうではなく、家族それ自体を一つの熟議システムとして把握することが、彼らの議論に再考を促すことになると主張したい。

確かに、ドライゼクらの立論には、ラディカルな含意がある。すなわち、彼らの熟議システム論は、その構成要素を抽象化された概念として表現することで、熟議システムを自由民主主義的な政治体制の下でのそれに限らずに理解する可能性を開いているのである。「熟議システムの基本的アイデアは、立法府・政党・市民フォーラム・選挙を含まない場合を含む、広範な制度状況に適用可能にするべく、一般化することができる」(Dryzek 2010: 10–11)。しばしば、熟議システム論の意義は、特定の場や制度、典型的にはミニ・パブリックスのみを熟議民主主義の場・実践と見るのではなく、よりマクロなレベルでの熟議民主主義を、様々な場・制度・実践の連関と分業の中で捉えることに求められる(Elstub *et al.* 2016)。しかし、ドライゼクらの熟議システムの構成要素の定式化は、このことにとどまらず、

「自由民主主義の下での熟議民主主義」という、熟議民主主義研究者にもその批判者にも、明示的であれ暗黙裡であれ共有されてきた想定を見直す理論的射程を有している(田村二〇一七a)。

それにもかかわらず、ドライゼクらの熟議システムの定式化には、一つの見直されていない想定がある。それは、「熟議システムは代表制である」との想定である。もちろん、彼らにおいてこの「代表制」は、自由民主主義的な代表制、すなわち普通選挙と複数政党の競争に基づく代表制とは限らない。しかし、彼らは、熟議システムが代表制であること自体を疑ってはいない。そのことは、彼らが熟議システムの構成要素として、「公共空間」、「決定権限を付与された空間」、そして「伝導」を挙げているところに表れている。これらの要素が必要になるような「システム」とは、代表制のシステムである。すなわち、この「システム」においては、「公共空間」における「意見形成」(ハーバーマス)と、それを踏まえつつ最終的な集合的意思決定が行われる「決定権限を付与された空間」との分離、および、両者の間で「伝導」の役割を果たすアクターの存在が想定されている。既に述べたように、ドライゼクらの議論では、ここでの「決定権限を付与された空間」が通常の意味での議会である必然性はないし、「伝導」を担うアクターが政党である必然性もない。しかし、これらの構成要素が挙げられていることから、彼らが熟議システムを代表制的なそれとして、もっと言えば代表制を必要とするような大規模な「システム」として見なしていることが推察される。実際、ドライゼクらが主として注目するのは、グローバルないしトランスナショナルな熟議システムである(Stevenson and Dryzek 2014; Dryzek 2011)。

しかし、熟議システムが代表制を必要とすることは自明だろうか。むしろ、「非代表制的な」熟議システムもあり得るのではないだろうか。もちろん、代表制にはそれ固有の意義がある(早川二〇一四)。しかし、民主主義に直接民主主義と間接民主主義があるように、熟議システムにも、代表ないし間接民主主義的なそれと直接民主主義的なそれとがあり得る、と考えることは不可能ではない。ドライゼクらは、熟議システムをあまりに間接制を必要とするような大規模なそれに限定して考えすぎてしまっているのではないだろうか。

このように考える時に、家族は重要な意味を持つ。なぜなら、家族においては、必ずしも代表制が必要とは限らないからである。たとえ家族が多義的な概念だとしても（久保田二〇一一）、それが相対的に少数の構成員から成るものであることについては、異論がないであろう。そうした少人数のユニットには、集合的意思決定を行う際に代表制を採用することは不可欠ではない。というよりも、場合によっては代表制の採用が不可能な場合さえあるだろう。もしも代表制が存在しないならば、ドライゼクらが挙げるような「決定権限を付与された空間」と「公共空間」との区別も、両者を媒介する「伝導」も必要ない、ということになる。すなわち、家族を熟議システムとして把握することは、より「非代表制的」「直接制的」な熟議システムもあり得るということを認めることである。

以上のように、家族を熟議システムとして見ることで、ドライゼクらによる熟議システムの概念化の限界が明らかになる。既に述べたように、ドライゼクらの議論の意義は、「自由民主主義的ではない熟議システム」の可能性を理論的に射程に収めるところにある。それにもかかわらず、彼らの議論において、熟議システムの構成要素は、依然として自由民主主義的な政治体制のそれからの類推によって措定されている。そのため、それが有している「自由民主主義的ではない熟議システム」の可能性は、十分に展開されていない。家族の事例が示すように、もしもその可能性を真剣に受け止めるならば、「公共空間」「決定権限を付与された空間」「伝導」といった構成要素の区別を必ずしも必要としない熟議システムもあり得る、という議論が可能になる。私たちは、「システム」を、代表制を必要とするような大規模なものとしてだけではなく、必ずしも代表制を必要としないような小規模なものまで含めて考えるべきである。これは、家族を熟議システムとして見ることから導かれる重要な知見の一つである。

ただし、だからといって、必然的に「公共空間」「決定権限を付与された空間」「伝導」の概念的区別そのものを解消・撤廃しなければならないわけではない。第一に、概念的区別そのものは維持した上で、熟議システムの種類によっては、特定の場・制度・アクターが複数の構成要素を併せ持つ、と考えることもできるからである。たとえば、家族においては、「公共空間」と「決定権限を付与された空間」とが一致している(場合がある)と考えることができる。第二に、「熟議システムとしての家族」の把握の仕方次第では、「公共空間」と「決定権限を付与された空間」とを区別して理解することもできるからである。この二点目の含意については、第四節で敷衍することにしたい。

第二節　集合的決定をめぐる疑義――拘束性と公開性

家族を国家と同様の熟議システムとして把握しようとする際に出される疑義の中で、最も大きなものの一つは、両者における集合的決定の違いを指摘するものである。その疑義とは、次のようなものである。なるほど、確かに家族における決定も、特定の個人にのみではなく、その構成員たちに関わるという意味で「集合的決定」であるという点では、国家における決定と相違はないかもしれない。しかし、両者の集合的決定は、少なくとも次の二点において大きく異なっている。第一に、両者における集合的決定は、その拘束性の有無において異なる。国家における集合的決定は、それに従わない者への制裁の行使可能性によって、その影響を受ける国民ないし居住者を強制的に従わせる力を持つ。しかし、家族における集合的決定には、そのような拘束力はない。第二に、両者における集合的決定は、その公開性の有無において異なる。国家は公的なものであり、ゆえに、そこでの集合的決定は(程度の差こそあれ)広く公開されたものでなければならない。しかし、家族は私的なものであり、ゆえに、そこでの集合的決定は広く公開されたものではない。このように、少なくともその拘束性と公開性の有無において異なる以上、国家と家族における集合的決定を同じものとして取り扱うことはできないのではないだろうか。以下では、これらの疑義への応答を試みる。

第一に、拘束性についてである。確かにとりわけ近代以降、国家による集合的決定の拘束性は、他の様々な集合的決定とは質的に異なるものと見なされてきた。しかし、だからといって、国会以外の場における集合的決定が拘束性を持たないというわけではない。たとえば、企業において、そこでなされる企業経営に関する集合的決定は、その構成員を拘束する[(1)]。同じように、家族構成員の間での集合的決定も、その構成員を拘束すると考えることは可能である。たとえば、家族構成員の間で、家事・育児の分担についてのルールを定めたとしよう。そのルールの中には、「分担を守ることができなかった場合、当該構成員は、当初定めた分担よりも多くの家事・育児役割を担うとともに、一定の「罰金」を支払う」というルールも含まれるものとしよう。この場合、家事・育児に関するこの集合的決定は、拘束性を有していることになる。この場合の拘束性は、国家における集合的決定の拘束性とは異なる、という反論も予想される。しかし、それは質的な差異ではなく、量的な差異、つまり拘束性の程度の問題ではないだろうか[(2)]。

以上の議論を補強するために、エリザベス・アンダーソンによる「統治（government）」と「国家（state）」との区別に関する議論を参照しておきたい。アンダーソンは、統治と国家を明確に区別する。統治とは、「ある人々が他の人々に、制裁（sanctions）によって支えられた命令を発する権威を持つところでは、どこでも存在する」ものである。統治をこのように定義するならば、マックス・ウェーバーが定義するような「近代国家」も、「様々な統治の中の一つの形態に過ぎない」（Anderson 2017: 42. 傍点は引用者）。アンダーソンは、このような国家と統治との区別は、一九世紀以前にはより明確であったとして、アメリカ大統領であったジョン・アダムスの、その妻アビゲイル・アダムスからの「女性のことを忘れないで」とする手紙への返事の一節を参照する。アンダーソンによれば、その手紙でアダムスは、「統治」は「あらゆるところ」にあると述べている。たとえば、親はその子どもに対して、師匠は弟子に対して、教師は生徒に対して、（当時の）後見人は（アメリカ・）インディアン（ネイティブ・アメリカン）に対して、主人は奴隷に対して、夫は妻に対して、それぞれ統治を行使している（Anderson 2017: 42-43）。アンダーソンは、このような意味での「統治」――「国家」と区別されたそれ――の理解は、一七世紀のイングランドにも見られたという（Anderson

2017: 43)。

このように、アンダーソンは、「統治」を「命令を発する権威」によって定義した上で「国家」と区別し、かつ、そのように定義された「統治」が「あらゆるところ」に存在し得ると述べている(3)。彼女の言う「統治」は、拘束性そのものに焦点を当てているわけではない。しかし、「統治」においては、「命令を発する権威」にそれを発せられた側が従うことが想定されている。これは、「統治」を行う人々の命令がそれに従う人々に対して拘束的であることを示唆していると言えよう。そうだとすれば、「国家による統治」をあくまで統治の一つの形態とするアンダーソンの議論を援用して、「国家による拘束的な集合的意思決定」はあくまで拘束的な集合的意思決定の一つの形態である、と言うことも可能になる。

第二の集合的決定の公開性の問題に移ろう。「国家における集合的決定には公開性が求められるが、家族における集合的決定はそうではない」と考える場合、その根底には公的領域と私的領域とを厳然と区別する思考法、つまり公私二元論が存在していると言える。すなわち、一方で公的領域としての国家において、集合的決定は広く公開された——その意味で「公的な」——ものであり、かつ、そうあるべきだが、他方で私的領域としての家族における集合的決定は、「隠された」——それが「私的」の意味である——ものであり、かつ、そうあるべきである。このように、「公開性」を基準として、国家における集合的意思決定＝公的意思決定、家族における集合的意思決定＝私的意思決定とする区別が妥当であるならば、両者における集合的意思決定を同一視することはできない、ということになるだろう。

しかし、このような公私二元論を基礎とした、国家と家族における集合的意思決定の差異化の議論は、必ずしも自明ではない。「公的領域」としての国家における集合的意思決定を、(常に)「公開性」によって把握することが適切かどうかについて、検討の余地が存在するからである。この点を確認するのに参考になるのが、大竹弘二の議論である（大竹二〇一八）。大竹は、一六世紀以降の様々な政治的言説についてのテクストを参照しながら、主権と立法を軸とした、近代的な政治概念の根本的な見直しを主張する。「主権的な決断はその可能性の条件としての秘密の権力空間に依存している」（大竹二〇一八：一五）。カール・シュミットの議論を参照しつつ、大竹は、「絶対的な権力者」としての「主権者のいる表舞台ではなく、それを取り囲む秘密の空間こそ、真に権力が作用する場である」と述べる（大竹二〇一八：一四）。その「秘密の空間」では、「大臣・侍従・愛妾・侍医など」（大竹二〇一八：一四）、「主権者の周りに集い、間接的に権力を行使するバロック宮廷の陰謀家たち」（大竹二〇一八：一五）、あるいは王の「取り巻き連中」「もっとも親密な存在」（大竹二〇一八：八七）が、政治的影響力を最大限に行使する。

大竹の議論が示すのは、一般に「公的領域」の最たるものと見なされる国家における集合的意思決定が、実質的には「隠された」領域で暗躍する人々によって、つまり「私的」に行われている、ということである。もしそうだとすれば、「公開性」を基準とした、国家における集合的意思決定と家族におけるそれとの区別は、意味を持たないことになる。なぜなら、国家における集合的意思決定は、必ずしも「公開性」の基準を満たすものとは限らないからである。[4] さらに言えば、（大竹自身はこのことを示唆しているわけではないが）家族における集合的意思決定を「私的」領域だからとして「公開性」の基準を満たさない、と決めつけることもできないだろう。[5]

以上、本節では、国家レベルの集合的意思決定と家族レベルのそれとに質的な違いはないことを、拘束性と公開性という二つの要素に注目して論じた。もしこれらの要素において違いがあったとしても、それは質的なものではなく量的なもの、つまり程度問題として考えるべきなのである。

第三節　システム変容

前二節では、家族もまた、（国家と同じような）一つの熟議システムであり得ることを論じてきた。しかし、だからといって、家族が常に熟議システムとして成立しているというわけではない。もちろん、このことは家族のみに当てはまるわけではない。国家もまた、常に熟議システムとして成立しているわけではない（だからこそ、たとえば「熟議の国会の実現を」と叫ばれる）。しかし、家族には、特にその熟議システムとしての成立を困難にするような諸要因が存在する。それは、「非公開性」「非制度性」「不平等性」である（田村二〇一七ａ：一六九―一七二）。その結果として、家族における「熟議」は、「浅薄な理由づけ」による「プレビシット的理由」および狭い範囲の人々にしか共有されない「私的理由」に基づくコミュニケーションとなる可能性が高く、また、そもそも「沈黙」を強いられるアクターが生じる可能性も高い（田村二〇一七ａ：一六四―一六九）。つまり、家族は「非熟議システム（a non-deliberative system）」でもあり得るのである。

家族というユニットが「熟議」システムでも「非熟議」システムでもあり得るということは、一つの論点をもたらす。すなわち、家族における熟議／非熟議を考える場合には、その「システム変容」のプロセスを見ることも課題になるのではないだろうか。換言すれば、あるユニットは、どのようにして「非熟議システム」から「熟議システム」に、あるいは逆に「熟議システム」から「非熟議システム」になるのだろうか。

このような意味での「システム変容」への関心は、熟議民主主義研究、特に熟議システム研究の中ではほとんど見られない。「熟議」と「非熟議」との関係について、しばしば語られるのは、ある「システム」における、それ自体は非熟議的な実践のマクロなレベルでの熟議的効果であり（Mansbridge *et al.* 2012; Tamura 2014）、あるいは、これとは逆に、それ自体は熟議的な実践の、マクロなレベルでの非熟議的な効果である（Dryzek 2016）。

その中で、熟議と非熟議の間の変容プロセスに焦点を当てている研究として、ユルグ・シュタイナーらの著作がある（Steiner *et al.* 2017）。シュタイナーらは、熟議の水準がそのプロセスの中で高くなったり低くなったりするのではないかと考えた。そこで彼らは、どのような要因がそうした「変容の契機(transformative moments)」になるのかを明らかにしようとする。そのために彼らは、ボスニア・ヘルツェゴビナ、ブラジル、コロンビアにおいて実施した、対立的な立場の人々を集めた議論グループにおける参加者の発話行為を分析する。シュタイナーらの関心は、理性的・合理的な理由づけ・論議と、情念に訴えかける個人的体験談(personal stories)との、どちらがより熟議の水準を高めることに貢献するかであった。

シュタイナーらの研究は、興味深い知見を含んでいる。すなわち、彼らによれば、理性的／合理的な論議も情念的な個人の経験談も、どちらも熟議の水準を高めることに貢献するけれども、個人の体験談の方が熟議の水準を低下させる場合も多い。熟議民主主義研究では、しばしば理性的・合理的な論議の排除的な傾向が指摘されてきた(田村二〇一七a：第四章、Young 2000)。しかし、シュタイナーらは、実際の熟議では、必ずしもその指摘は当てはまらないことを示したのである。

シュタイナーらの研究は、「システム」に焦点を当てたものではない。しかし、家族における熟議システム／非熟議システムの変容を考える際に示唆を与える。すなわち、彼らの議論は、熟議がコミュニケーションであるがゆえにそのプロセスの中で、より熟議的になったり、より非熟議的になったりすることを明らかにしている。そうだとすれば、家族においても、そのコミュニケーションのあり方は、常に熟議的であるとも非熟議的であるとも言えない、ということになるだろう。それがどのようになるかは、それ自体コミュニケーションのあり方に依存するのである。

ここで想起したいのは、ジェーン・マンスブリッジによる「日常的なラディカリズム(everyday radicalism)」の議論である(Mansbridge 1999)。マンスブリッジが調査を行ったあるフォーカス・グループに参加した女性は、次のように語ったという。女性がその夫とともに夫の親戚たちとの夕食会に参加した時、夫が他の親戚夫婦たちの行動を見て、女性に「皿を持ってきてくれないか?」と言ったので、女性は「いつもそのようなことをやっていないのに、どうしてやらなければならないのか?」と尋ね返した。その彼女の発言が、他の女性たちにも影響を与え、結果的に女性たちはその夫たちの皿を運ぶのをやめた。この女性の発言は、彼女の夫に発言の合理的な根拠を求めるものであった。夫は、自分の発言に合理的な根拠がないことを認識したので、自らの発言を撤回したと推測される。また、他の女性たちも、(直接言われたわけではないが)彼女の発言に合理性を見て取ったがゆえに、皿を運ぶのをやめたのであろう。このように、彼女の発言は、発言の合理的な根拠の提示とその吟味を求めるものであり、かつ、その結果として、それまで存在した「女性(妻)が皿を運ぶものだ」という夕食会参加者たち全体に(暗黙に)共有された規範を問い直すことに寄与した。このように考えると、彼女の「日常的なラディカリズム」の実践を、非熟議システムから熟議システムへの「システム変容」の事例として、すなわち理性的/合理的な論議の発生が最終的に「システム」をより熟議的に変容させることに貢献した事例として、解釈することができる。(6)

第四節　システムの境界

本章の最後に検討したいのは、熟議システムとしての家族の外延/境界はどこなのか、という問題である。(7) 一つの考え方は、法的あるいは社会通念的に「家族」とされているものを「システム」として措定し、それが熟議的である場合に「熟議システム(としての家族)」として把握する、というものである。しかし、この場合には、なぜわざわざ「システム」という用語を用いるのか、という疑問が生じ得る。「熟議システムとしての家族」は、「熟議的家族(deliberative family)」と、何が異なるのだろうか。もしも単なる言い換えに過ぎないのであれば、あえて「システム」という用語を用いる意味は存在しないのではないだろうか。(8)

この問題について、本章では、「熟議システムとしての家族」の境界は、法的ないし社会通念的な意味での「家族」の境界とは必ずしも一致しないと考える。つまり、法的ないし社会通念的な意味での「家族」の外部にも、「熟議システムとしての家族」の構成要素は存在するかもしれない。このように考えることで、「システム」という用語を用いる積極的な意味も明らかになるだろう。それは、「家族」なるものを通例的な意味に引きずられず、熟議を中心に考え直すために必要な概念なのである。以下では、このことを詳しく論じよう。

まず確認しておくべきことは、「熟議」とは第一義的には、何かの制度や構造のことではなく、あるコミュニケーションの様式だということである（Ercan and Dryzek 2015: 241; 田村二〇一七a：一九〇）。それが、理性・論議中心的なものなのか、それとも情念的なものを含むのかは、ここでの論点ではない。いずれにせよ、熟議とはコミュニケーションのことであるとの確認が重要である。そうだとすれば、「熟議システムとしての家族」とは、「家族」に関する事柄・話題について行われるコミュニケーションとしての熟議の様々な実践や、そのような実践が行われる諸制度の連関（connection）のことを指す、と解釈することができる。

重要なことは、このように「熟議システムとしての家族」を把握することで、通常の意味での「家族」の外部で行われるコミュニケーションや外部に存在する（熟議が行われる）制度も、当該「システム」の構成要素として理解することができるようになる、ということである。ここで、結婚しており仕事をしつつも、家事・育児役割は自分だけが担っている女性（妻）の事例を仮想的に考えてみよう。この女性は、「女性である以上、働いていても家事・育児を自分が担うことは当然だ」と思っている。しかし、同時にこのような形態での仕事と家事・育児との「両立」のハードさにストレスも感じている。そのような女性が、ある子育てグループに参加したところ、そこで同じようなストレスを感じている女性たちに出会い、彼女たちの話を聞いているうちに、このように彼女だけが一方的に家事・育児を担うような「両立」の仕方は問題であり、夫婦間での分担を見直さなければならない、と考えるようになった。そして、夫に対してこのことを問題提起し、話し合いを行い、その結果として、夫も以前よりも家事・育児を担うようになった。

この事例を「熟議システムとしての家族」の観点から解釈すると、次のようになる。通常の意味での「家族」の外部にある子育てグループは、熟議システムとしての家族における「公共空間」である[9]。そこでは、(主に子育て中の女性たちによる)自由なコミュニケーションを通じて、「家族」における家事・育児分担についての新たな考え方が生み出され、そこに参加した女性はそれを身につけていく。女性は「公共空間」への参加者であるとともに、そこから意見を「決定権限を付与された空間」へと「伝導」するアクターでもある。そして、夫婦間での熟議は、その「決定権限を付与された空間」に相当する。ここで決定された家事・育児の分担は、夫婦にとって一定の拘束性を有するものとして実施されるであろう。以上のように、この「熟議システムとしての家族」においては、通例の意味での「家族」からすれば外部にあたる子育てグループも、そのシステムの構成要素であると考えられるのである。第一節の最後で、「熟議システムとしての家族」において、代表制を採用していなくとも「公共空間」と「決定権限を付与された空間」とを区別することもあり得ると述べておいた。この事例は、まさにこのことを示している。

なお、このような「熟議システムとしての家族」の理解の仕方は、「家族も社会の中にある」とか「家族に由来する意見や争点が、国家における集合的決定の対象となる」といった言い方とは異なることに注意を促しておきたい。後二者の言い方は、家族を、それを取り囲む、よりマクロな状況の一部として理解するものである。それを熟議システム論の用語を用いて表現すれば、「私的領域」としての家族における出来事や意見がその外部に表出され、「公共空間」における流布・拡散を経て、議会という「決定権限を付与された空間」へと「伝導」される、ということになる。これは、通例的な意味での政治ないし民主主義のプロセスである。これに対して、本節で論じたことは、家族そのものの中に「決定権限を付与された空間」を措定し、そこに対して通常の意味での「家族」の外部にある「公共空間」から意見が「伝導」される、というプロセスである[10]。「家族も社会の中にある」という言い方では、家族はよりマクロな熟議システムにおける「私的領域」にとどまる。これに対して、ここで述べたのは、家族そのものが一つの熟議システムだということである。

以上のように、熟議システムとしての家族の境界は、通常の意味での「家族」の境界と一致するとは限らない。コミュニケーションとその諸制度の連関という「システム的な」視点から考えるならば、この「システム」は通常の意味での「家族」ではないものを含むこともあり得るのである。

おわりに

本章では、家族を熟議システムとして捉える見方をさらに発展させることを試みた。通常「私的領域」として観念される家族を、それ自体として一つの「熟議システム」と見ることは、従来の熟議システム論が「システム」をもっぱらマクロな水準にのみ見出していたことを明らかにする(第一節)。しかし、「熟議システムとしての家族」論には、なおも疑義がつきまとっている。そこで、本章ではそのような疑義の中から、(非)拘束性と(非)公開性という二つのものを採り上げ検討した。「熟議システムとしての家族」における集合的決定も拘束性を持つし、国家における集合的決定が必然的に公開性の基準を満たしているとも言えない。その意味で、国家と家族との間に「システム」としての質的な違いをアプリオリに見出すことはできない(第二節)。とはいえ、家族が常に「熟議的な」システムであるという保証はない。そこで第三節では、熟議システムと非熟議システムとの間の「システム変容」という概念を提示し、検討を行った。しかし、そもそも「システム」とは何だろうか。単なる「家族」と「(非)熟議システムとしての家族」とは何が異なるのだろうか。この問題について第四節では、「熟議システムとしての家族」の境界は、通常の意味での「家族」の境界とは必ずしも一致しないことについて論じた。「熟議システムとしての家族」の構成要素の一部は、通常の意味での「家族」の外部にあるかもしれない。このように考えることで、「システム」という用語の使用に、単なる言い換えではない意味を見出すことが可能となる。

「日常生活と政治」という観点から見るならば、本章は、「日常生活からの政治」でも、「政治の中の日常生活」でもなく、「日常生活の中の政治」に焦点を当てたものである。本章は、「熟議システムとしての家族」の概念を発展させることで、「家族」という日常生活においても、「国家」あるいは「社会」と同じ「政治」が行われ得ると考えるべきなのだ、というメッセージを発した。家族に由来する政治もあるだろうし(日常生活からの政治)、政治を行う中で家族というものの存在や役割が浮かび上がることもあるだろう(政治の中の日常生活)。しかし、「日常生活と政治」には、「日常生活の中の政治」という側面もあり、かつ、理論的にはそれは「国家の中の政治」と同型のものであり得る。このように考えることで、本章は、「日常生活と政治」というテーマを深化させようとしたのである。

＊本章は、科学研究費補助金 15K03273 および部分的に 17H01927 の成果である。

注

(1)　企業の場合、その集合的決定が拘束するのが誰であるのかは、必ずしも自明ではないだろう。それは従業員なのか、経営者なのか、あるいは株主(ステークホルダー)なのか(cf. Landemore and Ferreras 2016)。しかし、いずれにせよ、企業における集合的決定は、企業に関わる誰かを拘束するのである。

(2)　グローバル／トランスナショナル民主主義論の中にも、拘束性＝国家レベルの集合的決定とは限らないとする見解がある。たとえば、松尾隆佑は、「だが、諸個人の生は、法的な義務や物理的な強制によらずとも事実上の拘束を受けうるし、国家的主体のみに拘束されるわけでない」と述べている(松尾二〇一六：三六六)。また、「国家法以外にも人々の行為を導き、拘束し、紛争を解決する法が存在し、このような非国家法と国家法の多元的な併存を認める」(浅野二〇一五：九四)立場を採る「法多元主義」論も、拘束性＝国家レベルという想定の見直しに貢献する可能性がある。ただし、法多元主義の場合は、拘束性という要素にむしろこだわらないことで「非国家法と国家法の多元的な併存」を認めていく、というアプローチもあるようである。

(3)　さらにアンダーソンは、「公的統治」と「私的統治」とを区別している。ある統治において、その権威が「それがどのような命令を発するかあるいはなぜあなたを制裁するのかについて、あなたとは関係がないものとして取り扱う」場合に、その統治は「私的」統治である（Anderson 2017: 45）。要するに、私的統治とは、「それが統治する人々に対して、恣意的で説明のない権力を持つ統治のことである」（Anderson 2017: 45）。

（4）なお、「非公開」が必然的に問題であるとは限らない。熟議民主主義論の文脈でも、たとえばシモーネ・チェンバースは、非公開の場における議論の方が、より妥当性のある理由づけとなりやすいと述べる（ソクラテス的メカニズム）。逆に、公開の場では、より広くアピールするための「浅薄な理由づけ」が生じやすい（民主的メカニズム）（Chambers 2004）。

（5）次節でも述べるように、家族における熟議民主主義が、公開性の基準を満たしにくいことは確かである。それでも、それをより家族の外に「開いた」ものにしていく方策はあり得る。家族の外部の「サバルタン対抗公共圏」（ナンシー・フレイザー）は、そのための方策の一つとなり得る。田村（二〇一七a：一七三―一七四）では、サバルタン対抗公共圏に言及しつつも、それによって「非公開性」に由来する問題点が完全に解決されるわけではない」ことも指摘した。しかし、ここでは、そのポジティブな可能性を指摘しておきたい。すなわち、家族間での非対称的な関係ゆえに「沈黙」を強いられがちな人々が、家族の外で同じような境遇の人々と（非公開で）語り合うことのできる場を見出すことでエンパワーメントされ、そのことが家族内部における熟議のあり方を変化させるかもしれないのである。

（6）もちろん、このような熟議的なコミュニケーションを通じたシステム変容が容易に発生すると想定することはできない。既に述べたように、家族にはこのようなシステム変容を妨げる特有の状況が存在するからである。

（7）熟議システムの境界について、Smith（2016）も参照。

（8）たとえば、「政治システム」（デヴィッド・イーストン）という概念についても、「国家」「政府」「政治体制」といった概念とどこが異なるのか、単なる新奇な用語での言い換えに過ぎないのではないか、といった疑問が存在したはずである。

（9）フレイザー的に言えば、「サバルタン対抗公共圏」ということになるだろう。

（10）先に、家族としての熟議システムでは、「公共空間」「決定権限を付与された空間」「伝導」という要素の区別は必然とは言えないと述べた。しかし、ここで述べたように考えるならば、家族としての熟議システムにもこれらの要素は（ほぼ必然的に）伴う、ということになるだろう。

参考文献

Anderson, Elizabeth (2017) *Private Government: How Employers Rule Our Lives (and Why We Don't Talk about It)*. Princeton University Press.

浅野有紀（二〇一五）「法理論におけるグローバル法多元主義の位置付け」浅野有紀・原田大樹・藤谷武史・横溝大編著『グローバル化と公法・私法関係の再編』弘文堂、八五―一〇八頁。

Chambers, Simone (2004) "Behind Closed Doors: Publicity, Secrecy, and the Quality of Deliberation," *Journal of Political Philosophy*,

12(4), 389-410.
Dryzek, John S. (2010) *Foundations and Frontiers of Deliberative Governance*, Oxford University Press.
Dryzek, John S. (2011) "Global Democratization: Soup, Society, or System?" *Ethics and International Affairs*, 25(2), 211-234.
Dryzek, John S. (2016) "Reflections on the Theory of Deliberative Systems," *Critical Policy Studies*, 10(2), 209-215.
Elstub, Stephen, Selen A. Elcan, and Ricardo Fabrino Mendonça (2016) "The Fourth Generation of Deliberative Democracy," *Critical Policy Studies*, 10(2), 139-151.
Ercan, Selen A. and John S. Dryzek (2015) "The Reach of Deliberative Democracy," *Policy Studies*, 36(3), 241-248.
Felicetti, Andrea (2016) "A Deliberative Case for Democracy in Firms," *Journal of Business Ethics*, online-first, 28 May 2016.
Ferreras, Isabelle (2017) *Firms as Political Entities: Saving Economy through Economic Bicameralism*, Cambridge University Press.
早川誠（二〇一四）『代表制という思想』風行社。
久保田裕之（二〇一一）「家族社会学における家族機能論の再定位――〈親密圏〉・〈ケア圏〉・〈生活圏〉の構想」『大阪大学大学院人間科学研究科紀要』第三七号、七七―九六頁。
Landemore, Hélène and Isabelle Ferreras (2016) "In Defense of Workplace Democracy: Towards a Justification of the Firm-State Analogy," *Political Theory*, 44(1), 53-81.
Mansbridge, Jane (1999) "Everyday Talk in the Deliberative System," in Stephen Macedo (ed.), *Deliberative Politics: Essays on Democracy and Disagreement*, Oxford University Press.
Mansbridge, Jane, James Bohman, Simone Chambers, Thomas Christiano, Archon Fung, John Parkinson, Dennis F. Thompson, and Mark E. Warren (2012) "A Systemic Approach to Deliberative Democracy," in John Parkinson and Jane Mansbridge (eds.), *Deliberative Systems: Deliberative Democracy at the Large Scale*, Cambridge University Press.
松尾隆佑（二〇一六）「影響を受ける者が決定せよ――ステークホルダー・デモクラシーの規範的正当化」日本政治学会編『年報政治学二〇一六－Ⅱ政党研究のフロンティア』木鐸社、三五六―三七五頁。
松尾隆佑（二〇一九）『ポスト政治の政治理論――ステークホルダー・デモクラシーを編む』法政大学出版局。
大竹弘二（二〇一八）『公開性の根源――秘密政治の系譜学』太田出版。
Rowe, Pia (2018) "The Everyday Politics of Parenting: A Case Study of MamaBake," *Journal of Information Technology and Politics*, 15(1), 34-49.
Smith, William (2016) "The Boundaries of a Deliberative System: The Case of Disruptive Protest," *Critical Policy Studies*, 10(2), 152-170.
Steiner, Jürg, Maria Clara Jaramillo, Rousiley C. M. Maia, and Simona Mameli (2017) *Deliberation across Deeply Divided Societies:*

Transformative Moments, Cambridge University Press.
Stevenson, Hayley and John S. Dryzek（2014）*Democratizing Global Climate Governance*, Cambridge University Press.
Tamura, Tetsuki（2014）"Rethinking Grassroots Participation in Nested Deliberative Systems," *Japanese Political Science Review* (online), 2, 63-87.
田村哲樹（二〇一五）「「民主的家族」の探究――方法論的ナショナリズムのもう一つの超え方」『名古屋大学法政論集』第二六二号、一五―三七頁。
田村哲樹（二〇一七ａ）『熟議民主主義の困難――その乗り越え方の政治理論的考察』ナカニシヤ出版。
田村哲樹（二〇一七ｂ）「〈私たち〉による社会へ――参加型民主主義の構築のために」神野直彦・井手英策・連合総合生活開発研究所編『「分かち合い」社会の構想――連帯と共助のために』岩波書店、一七一―一九八頁。
Young, Iris M.（2000）*Inclusion and Democracy*, Oxford University Press.

第2章　社会運動における日常の政治

安藤丈将

はじめに

本章では、社会運動における日常の政治について考察する。政治という言葉が使われているにもかかわらず、社会運動における日常の政治というテーマは、政治学者の考察の対象から外れてきた。そもそも政治学においては、社会運動に対する関心は高くない。社会運動は、圧力団体とイコールにされ、法律や政策の決定のアリーナに影響を及ぼす場合に研究の対象になるのが一般的である。日常というのは、そのような決定のアリーナの外部と見られてきたのだ。

他方、(とりわけ社会運動の)社会学者は、運動参加者の日常に対する関心を寄せてきた。ただし、その主たるねらいは、動員の謎の解明に置かれている。彼らは日常に潜在する不満や不安に注目し、それらが組織や文化を媒介して社会運動に導かれていく過程を示してきた。それでは社会学者は、運動を対象にしながら日常のいかなる「政治」を論じてきたのであろうか。この問いに進む前に、政治という多義的な概念を整理する必要があるだろう。田村哲樹の区分によれば、政治には、まず、「主体」を形成する作用という意味、次に、紛争・対立という意味(以下、それぞれ「第一の政治」「第二の政治」と呼ぶ)がある(田村二〇〇九)。この区分に従えば、エンパワーメントと争いの二つこそが社会学者の注目する日常の政治であったと言える。

本章におけるアクティヴィストの日常と非日常の理解

日常

「人びとの日常」：仕事，家事，育児，介護など．

「運動の日常」：会議のような活動に関わる運営の作業．

非日常

集会，デモ，ロビー活動など．

だが、田村によれば、政治には集合的意思決定（「第三の政治」）というもう一つの側面が存在する（田村二〇〇九：一二三）。それは、社会運動の場合で言えば、人びとが相互に意見を交わしながら共同の決定をつくり出していくことを指す。この意味での政治は、社会運動の社会学においてもこれまで十分に論じられてこなかった。そして「第三の政治」は、仕事、家事、育児、介護といった日々の生活における活動の領域を指す「人びとの日常」と重複してはいるが、それとは独自の領域を形成する「運動の日常」において営まれる。通常、運動が公共圏で存在感を発揮するのは、集会、デモ、ロビー活動のようなイベントにおいてであるが、それは毎日起きているわけではなく、非日常的な出来事である。「運動の日常」とは、会議のような活動を運営し、イベントの準備をするためのルーティン作業を指す。

本章は田村による政治の三つの区分を議論の出発点にしながら、社会運動における日常の政治を論じていく。アクティヴィストたちは、「人びとの日常」にどう関わり合い、その中でいかなる政治を営んでいるのか。この問いを考察する際に、私はまず、運動におけるコミュニティ構築の営みに注目する。以下で論じていくように、それは運動コミュニティが「第一の政治」を創出し、「第二の政治」を点検する場であるからだ。次に本章では、運動コミュニティにおける「第三の政治」、すなわち、集合的意思決定についても考察する。「運動の日常」において、いかなる技法がつくり出されてきたのか。その技法は、意思決定の改善にどう寄与しているのだろうか。これが本章のもう一つの問いである。

社会運動における集合的意思決定（の改善）は、先行研究の盲点になっているが、それに対する関心は、近年の運動の現場において高まっている（Della Porta and Rucht 2013）。運動内部の意思決定の改善にもっとも熱心であったのは、

「アナルコ・フェミニズム」と呼ばれるアナキズムとフェミニズムの思想の影響を受けたグループである。「アナルコ・フェミニズム」の思想は、一九六〇年代以降、「新しい社会運動」と呼ばれる個人原理に基づくネットワーク型の運動が広がる中で、「アナキズム」や「フェミニズム」の呼称の付くグループの枠を超え、広範な支持を獲得していった。

歴史研究者のバーバラ・エプスタインが指摘するように、「アナルコ・フェミニズム」は、「社会関係の全体に対して平等主義的で非暴力的な価値をもたらすこと」(Epstein 1991: 16)を目指している。そのことは、支配の廃絶と言い換えられよう。支配の関係は、政府や企業のような巨大組織と個人との間のそれにとどまらない。男性と女性の間、さらには女性の間のような、人びとの「間」に存在する支配にも関わっている。

こうした理念の実現のために、アナルコ・フェミニズムの原則を掲げるグループには、相互扶助や連帯(人びとが互いに気づかい、支え合うことを指す)の技法と知恵が蓄積されてきた。これらの技法と知恵は、運動内部のみならず、より広い社会において自由や平等を実現していくうえで有用な資源である。

「社会運動」や「アナルコ・フェミニズム」という言葉を聞くと、自分からは縁遠い事柄のように思う人も少なくないかもしれない。しかし本章で論じているのは、自由意志でグループに参加した人びとが、他者との間にコミュニケーションを通じて合意をつくり出し、共に何かを実行するための技法や知恵である。それは、趣味のサークルでも、近隣の自治会でも、学校のＰＴＡでも、どこにおいても深く関わり、役に立ち得るものだ。本章では、社会運動の日常に関わる問題群を掘り起こし、政治・社会理論に依拠して論じ直しながら、相互扶助や連帯の技法と知恵の可能性を追求していく。

第一節　運動におけるコミュニティ構築の政治

コミュニティ構築の効果

社会運動において、「人びとの日常」はいかに描かれてきただろうか。運動と日常との間には、緊密な関係が存在する。社会運動は、政策や法律、体制のような日常から遠く見える事柄ばかりに関わっているわけではない。アクティヴィストたちは、「人びとの日常」における不正義を問題にしてきた。その主たるイシューは、日常批判にあったと言ってもよい。たとえば労働運動は、労働者の心身の痛みや苦しみに立脚し、それを生み出す構造を描き出し、その構造で利益を貪る者たちを批判し、さらに資本家に対する怒り、資本主義の変革につなげていった。このように考えると、運動は田村の区分における「第二の政治」、すなわち、日常の中に存在する紛争や対立の可視化を実践してきたのだと言える。

それでは、運動は「人びとの日常」における不正義をどう正そうとしてきたのだろうか。その方法の一つが自分たちのコミュニティを創出することである。ジェーン・マンスブリッジは、このコミュニティを「守られた飛び地(protected enclaves)」と呼んだ(Mansbridge 1996: 57)。よく知られる「飛び地」の代表例の一つとして、ウーマンリブのコレクティブ(生活共同体)を挙げることができる。それは女性たちが(家父長制)社会の問題を発見し、自らの意識を変革するために生活を共にする空間のことである。

「人びとの日常」を変えるためのコミュニティの構築は、とりわけ、女性、黒人、移民のようなマイノリティ(社会的少数者)がしばしば用いてきた。それは、彼らが「人びとの日常」に潜む不可視化された権力の作用に苦しめられてきたがゆえに、その可視化に熱心であったことに理由がある。しかし不正義に対する認識を共有して共に行動する仲間と集うことは、マイノリティの運動に限られた実践ではない。その実践はバリケードやシェルターのような物理的空間を構築するかどうかにかかわらず、社会運動において多かれ少なかれ行われている。コミュニティ構築は、運動の実践の中に組み込まれているのだ。

なぜコミュニティの構築が必要なのだろうか。それには以下の三つの理由があると考えられる。一つ目は、自己の利害を知るためである。ヘルベルト・マルクーゼのようなフランクフルト学派の思想家が指摘したように、「人びとの日常」は、無数の商品やサービスに溢れている。今日では、テレビやインターネット上でコマーシャルが流れ続け、人びとはネットショッピングの「購入」ボタンをクリックし、届けられた商品で時間をつぶしている。宣伝の波にさらされて、人びとは自分にとって何が利益であるかが自分自身でもはっきりわからなくなってしまい、時に自己に不利な選択をしてしまうこともある。そうならないようにするには、自分にとって何が大切なのかについて自己理解を深めなくてはならない。「人びとの日常」の喧騒から自らを切断するのは、資本主義の波を避け、自己と向き合うのに効果的な方法である。

二つ目は、仲間と団結するためである。一人で自己理解を深めるには、強い意志が必要だし、心もとない。だが同じ境遇にある人びとの存在は、自己の利害に対する気づきをより容易なものにしてくれる。対話を通して彼らと自分の悩みや苦しみの共通項を見つけ、自分の抱える問題に対してより明確な認識を持つことができる。しかし日常では同じ問題を抱える人びとを見つけるのは難しいし、見つけられたとしても忙しさに追われて、彼らとじっくり話をする機会も少ない。それゆえに、コミュニティを創出し共に時間を過ごすことは、連帯の構築に効果的である。こうして当初は違和感に過ぎなかったものが、それにより明確な言葉を与え、最後には仲間と共に解決に向けて働くようになっていく。資本主義社会においては、自分の悩みや苦しみは個人的な問題と見なされ、一人でそれを処理するように求められがちである。そのためコミュニティにおいて仲間を見つけることは、問題の私事化を予防するのに効果的な役割を果たすのだ。

三つ目は、あるべき人と人の関係を築くためである。「人びとの日常」を批判する中で、アクティヴィストたちは、本来は平等であるはずの人と人との関係が支配の関係に変わっていることを問題にしている。コミュニティづくりは、その歪みを矯正して支配なき関係を構築し、その関係をもって今ある社会の変革の道標としている。それは、未来のあるべき日常のための実験、すなわち、「予示的政治(prefigurative politics)」の実践である(Leach 2013b)。「こうあるべき」という自分たちの理想を掲げ、他者を説得し、時に共感を得たり反論を受けたりし、試行錯誤する中でその理想を次第に形にしていくのに、コミュニティの構築は有効である。

政治的資源としての「友情」

社会運動は、自発的な参加者から構成される。何が彼らをコミュニティ構築に促すのだろうか。その答えは、(政治学者が主たる考察の対象にしてきた)圧力団体のような組織の場合、共通の利害ということになる。だが、利害だけでは他の市民社会組織(たとえば企業)と何ら変わらない。社会運動におけるコミュニティ構築にユニークなのは、「友情(friendship)」の役割である。フェミニズムの政治・社会理論家は、この点に関心を寄せてきた。たとえばアン・フィリップスは、運動の小集団において友情が政治的資源として機能していることに注目している。彼女によれば、ウーマンリブの参加者は運動が「人生」の一部になり、自分以外のメンバーは「近しい友人」になる。それゆえにフィリップスは、彼女たちがグループの行動に自らの時間を割くようになると言う(Phillips 1991: 125)。

社会運動グループは、政府や企業のような大規模の組織に比べて、金銭や名声のような政治的資源に欠けるのが普通である。したがって自分たちの苦しみや怒りを社会に対して訴えていく時に、資源の不足の問題に直面を迫られる。だが友情は、その不足を補ってくれる。彼らは仲間と共に行動することに喜びを感じ、そうであるがゆえに時間と労を惜しまず、積極的に参加してグループの活動の一部を担う。

近代の啓蒙思想の伝統において、友情のような感情的な要素は、政治という公的とされる事柄とは無関係と見なされる傾向があった。すなわち、政治的コミュニケーションの基礎になるのは理性であり、感情は理性に基づく政治生活を妨げるものとして軽視される。しかし「守られた飛び地」の事例は、友情がとりわけマイノリティにとって、自らを公的な場所に連れ出すのに役立つ貴重な政治的資源であることを示している。

フィリップスが示唆するように、政治的資源としての友情には政治参加の障壁を下げるという効果がある。ユルゲン・ハーバーマスに代表されるように、民主主義の理論家たちは、政治的コミュニケーションの重要性を語ってきた。だがそこでは、自己を公共圏にさらすことの困難が見落とされている。スーザン・ビックフォードは、人びとが公共圏にいかに「現れる」のかを自分自身で統制できないことに注意を喚起する。それゆえに政治参加には、自分がどう見られ、その主張がどう解釈されるかわからない不安が絶えずつきまとうものである(Bickford 1996: 150)。その不安を和らげるのは、友情である。近しい関係があれば互いに率直にものを言えるので、自己を公共圏にさらすこともより容易になる。

このようにコミュニティにおける友情は、人びとをエンパワーメントする。彼らは、自己理解や連帯を深め、あるべき社会の関係性を議論する中で、市民としての能力を育み、公共圏で活躍することもできるようになる。友情を基盤にしたコミュニティの構築は、「第二の政治」、すなわち、紛争・対立を可視化するだけでなく、「第一の政治」、すなわち、「主体」の形成も行うのだ。

直接民主主義による意思決定

以上で見てきたように、社会運動のコミュニティ構築は、アクティヴィストたちが「人びとの日常」から自らを切断し、主体を形成し(「第一の政治」)、紛争・対立を可視化させる(「第二の政治」)。運動コミュニティを生きるようになると、構成員一人ひとりの生活の中に「運動の日常」の占める時間が大きくなる。「運動の日常」は、デモ、集会、ロビー活動のような非日常的なイベントからは区別され、イベントのための準備作業の局面を指す。「運動の日常」においては、「第一の政治」と「第二の政治」だけでなく、「第三の政治」、すなわち、集合的意思決定としての政治が現れる。それが運動コミュニティ内部であっても、誰が、どのようにその空間を構築し、運営していくのかという問題を逃れることはできないからだ。

近年、社会運動コミュニティの意思決定でもっとも人気を集めている方式の一つは、直接民主主義である。それは、コミュニティの全構成員に参加を促し、合意形成をつくり出していく意思決定の方法である。直接民主主義的な意思決定は、一九六〇年代以降、「新しい社会運動」とその実践の原則としての「アナルコ・フェミニズム」の思想が広まるに伴い、より強まっている。

直接民主主義という意思決定方式は、アクティヴィストによる代表制と官僚制に対する批判の表現である。代表制と官僚制は、第二次大戦後の先進工業国における政治的安定と経済成長の原動力と見なされてきた。代表制は、主に選挙によって多数の支持を獲得した代表が政治的な意思決定を行う制度的枠組みである。官僚制は、その決定を実行する制度的枠組みである(安藤二〇一〇：二二九―二三二)。いずれも自分に深く関わる政治的決定と実行を他者に委ねてしまうことで、集団の構成員一人ひとりがそれらの決定と実行に与える影響が限定されている。これに対して「アナルコ・フェミニズム」の思想の影響を受けた運動グループでは、「代表の選出」と「多数決」よりも直接的な参加方式である合意形成が好まれてきた。

社会運動の研究者は、直接民主主義的な方式が意思決定の質を改善することに注目してきた。第一に、参加はメンバーの献身を高める。フランチェスカ・ポレッタは、このことを「当事者意識(ownership)」という言葉で表現している（Polletta 2004: 8）。直接民主主義はアクティヴィストの間のグループに対する帰属意識を高め、その結果として、彼らはグループの活動に深く関わるようになる。より多くのメンバーがより献身的に参加することで、意思決定がよりよいものになっていくのだ。

第二に、参加は決定の理由を熟成させる。合意形成に際して、一人ひとりのメンバーは自らの考えるところに従って議論に加わる。議題に対する賛否だけでなく、なぜ自分がその選択をしたのかという理由を話し合う。その中で優れた理由はメンバー間の認識を深め、決定に取り入れられていく。こうして熟議民主主義の理論家のいう「理由の交換」がなされ、それを議論せずに多数決を取るだけの場合よりも意思決定がよりよいものになっていくのだ。

第二節　運動コミュニティにおける政治の消失

「構造なき専制」問題

ここまで見てきたように、運動コミュニティにおける意思決定は、代表制や官僚制に依拠せず、メンバーの全員参加の合意形成によってなされるのが一般的である。だが直接民主主義的な決定方式にも問題がないわけではない。それに対するよく知られた批判として、ジョー・フリーマンの議論が挙げられる。フリーマンは一九六〇年代に公民権運動に関わり、初期のウーマンリブ運動のアクティヴィストでもあった。彼女が自らの経験に基づきながらそのグループ運営における問題をまとめ、一九七〇年に記したのが「構造なき専制（"The Tyranny of Structurelessness"）」という小論である。

「構造なき専制」とは、一人ひとりが自発的に参加したグループで、それぞれが対等な関係にあるはずにもかかわらず、その意思決定において支配的な影響力を行使する者が出てきてしまうことを指す。当時、ニューレフトやウーマンリブの影響を受けたグループは、自分たちのグループの「構造のなさ」を積極的にアピールしており、これはその後の社会運動に広がっていった。「構造のなさ」という言葉には、メンバー間の関係が平等であり、変化する状況に対して柔軟に対応できるという肯定的な意味合いが込められていた。「構造なき」グループは、上意下達で硬直的な代表制、官僚制の反対物という位置づけが与えられていたのだ。

それでは、フリーマンは「構造なき」グループにおける「専制」がいかなる問題を引き起こすと考えていたのか。[1]彼女の指摘は多岐にわたるが、運動コミュニティ内部における意思決定の政治という点に即して言えば、「権力」の隠蔽の問題を指摘していることは見逃せない。「構造なき専制」問題とは、グループ内部において意思決定に及ぼす影響力の不平等が不可視化されたまま、一部の構成員が強い影響力を行使する状態と定義しておこう。

彼女によれば、「構造のなさ」という宣伝文句は、実際には「権力を隠す」ための口実になっている。公式か非公式かの違いがあるだけで、いかなるグループも、「構造化」されている。フリーマンは、「構造のなさ」を声高に唱えるのが意思決定に大きな影響力を行使する者であることを強調する。それは、「構造のなさ」を主張するのがその者にとって有利に働くからだ。

それでは、意思決定過程に対する影響力の違いは、いかにして生まれるのか。フリーマンは、「構造なき」グループの意思決定における非公式の規則の存在に注目する。彼女は非公式の規則が何かについて具体的に述べていないが、内部に特有の言葉遣い、イシューについての知識や論じ方、意思決定の暗黙のルール（構成員間の私的な会合の情報も含む）といった事柄が挙げられるだろう。彼女によれば、その規則を知る少数者が決定に大きな影響を及ぼし、それを知らない者は、自分のあずかり知らぬところで決定がなされることに困惑する。

このように彼女は、運動コミュニティにおける意思決定の透明性の欠落を問題にしている。小集団の閉ざされた環境において、意思決定はその根拠を十分に吟味することなくなされ、その結果として影響力のある者たちの私的な理由が支配する。彼ら以外の構成員は、意思決定がなされた後にその過程や結果に不満を抱き、そのことがグループ内の対立の原因となる。

「アナルコ・フェミニズム」の落とし穴

意思決定の透明性を高めるため、今日、政府や企業においてしばしば言及されるのは、「説明責任」という考え方である。それは、意思決定の責任者が、ステークホルダーに対する決定の理由や過程を説明することを指す。このことから分かるように、説明責任というのは代表制の枠組みにおいて機能する考え方である。代表する者とそうでない者に分かれるからこそ、前者が後者に説明する責任が生じる。だが（アナルコ・フェミニズム的な）運動コミュニティにおいて、すべてのメンバーは平場の関係であり、代表は存在しないことになっている。それゆえに、説明責任について議論する余地はない。

フリーマンは、次のように言う。もしリーダーの存在が公式に認められていれば、グループ内における「権力」の構造が公的な場で明るみに出され、グループの意思決定に対する説明責任が生じる。だが公式のリーダーが不在であるという建前がある場合、たとえ実質的なリーダーが存在していたとしてもその責任を問いづらい。結局、誰もグループで生じていることに対して説明をせず、責任を取らないという事態が生じてしまう。

意思決定に際して代表を置かず、全メンバーが平場でやり取りするというのは、彼らの間の平等な関係を実現すると同時に、決定の質を高めるという効果も生み出してきた。それだからこそ、直接民主主義的な意思決定の方式は、とりわけ一九六〇年代以降、マイノリティのグループに始まり、様々な運動コミュニティにおいて採用されてきたのだ。フリーマンは、そうした方式の暗黙の前提が、意思決定に及ぼす影響力の不平等の存在を見逃させ、決定の透明性を損ねるという皮肉を指摘したのである。

運動コミュニティにおける不平等の見逃しは、そこに内部対立がないという暗黙の前提に支えられている。これは、必ずしも参加者の不見識に起因するわけではなく、構造的な問題に起因している。運動コミュニティでは、社会的な問題意識を共有する階級、人種、ジェンダー、学歴の近い者が集まる傾向がある。それゆえに、そのメンバーは意見や価値を共にする人びとと接する中で、内部の関係性を調和的なものとして描きがちであるのだ。この落とし穴は、代表制と官僚制を批判し、直接民主主義的な志向を強く有する「アナルコ・フェミニズム」的なグループに多かれ少なかれ関わるものである。その志向が「アナキズム」や「フェミニズム」の名を冠したグループを超えて広がっていたことを考えれば、落とし穴は、いわゆる「新しい社会運動」後の市民社会に共通する問題であると見るべきだ。

友情の両義性

「構造なき専制」問題は、友情の両義性を示している。先に指摘したように、友情は社会運動における貴重な政治的資源である。しかしフリーマンは、その相反する効果に着目した。また彼女は、「権力」の隠蔽以外にも、近しい関係を運動グループに導入することで生み出される問題点について言及している。その一つとして、人間関係の構築の自己目的化を挙げている。それは、グループの仲間と一緒にいるのが運動の目的となることを意味する。

人間関係の構築の自己目的化は、いかなる問題をはらんでいるのか。もちろん、社会運動において人間関係の構築がそれ自体で問題になるわけではなく、運動の資源になることもある。だが人間関係の構築が運動の目的になってしまうと、関係のこじれがそのまま運動の停滞につながってしまいかねない。このことは、利益集団的な性格の強い組織と比べてみるとよく分かる。利益集団において、構成員は基本的に自分の利害を追求するために組織に参加しているので、たとえ内部で人間関係がこじれたとしても、利害の獲得のための手段であると考え、少々のことは割り切ることができる。しかし小規模コミュニティの場合、運動に参加する大きな理由の一つが、親しい友人と交流することにあるので、もし親しさが消え去れば参加の誘因も弱まってしまうのだ。

また人間関係の構築の自己目的化は、グループ内の意見や見解の多様性を切り縮める恐れがある。ポレッタは、この点で重要な指摘をしている。彼女は友情を基盤とする運動コミュニティでは、意見の相違が利害や見解の相違ではなく「感情的な裏切り」と見なされてしまうと言う（Polletta 2004: 154）。メンバーは自分のアイデンティティに深く関わることとして、そのコミュニティに参加する場合が多い。それゆえに、自分の意見が仲間と衝突することは、自己の存在基盤を揺るがすように感じられてしまうのだ。それを避けるため、参加者は他人と異なる自分の意見を表明するのをためらいがちになる。

さらに友情は、「古株」の支配という問題もはらんでいる。ポレッタは、あるグループが近しい関係にある「古株」から構成されている時、彼らが相互に「絆」を確認し合うことで「新参者」の参入が妨げられ、彼らを「排除」してしまうことにつながると言う（Polletta 2004: 154）。友情から構成されるグループには、規模の限界がある。その限界を超えると、グループ内の近しい関係が失われてしまう。それを避けようとすると、古参者は新参者に対して排他的に振る舞いがちである。このように新参者に対しても同じだけの信頼、尊重、愛情を共有するのが難しいため、古参者は、排他的な態度を取るという結果に陥る。また強固な友情を基盤にしたグループに参入することは、新規の参加者に高い障壁を課す。グループ内にはすでに確立している人間関係、独特の雰囲気、グループ内の文化（言葉遣いや暗黙のルール）が存在していて、これに順応するのに時間とエネルギーがかかる。

以上のように、友情は運動コミュニティの排他性を高め、複数性を損ねる方向に働くこともある。ふたたびフィリップスの言葉に依拠すれば、運動コミュニティにおける直接民主主義的な意思決定は「参加の逆説」を伴う。彼女は、次のように言う。「民主主義の型をよりユートピア的にすればするほど、その帰結はより権威主義的な潜在性をはらんでしまう」（Phillips 1991: 135）。「ユートピア」の追求が「権威主義」を招いてしまうことの「逆説」。本章の論旨に絡めれば、それは運動コミュニティにおける集合的意思決定としての政治（「第三の政治」）の追求がコミュニティ内部の紛争・対立の政治（「第二の政治」）を消し去り、その消失が主体形成の政治（「第一の政治」）を損ねてしまうことと言い換えられる。

「プロセスへの没頭」

このように直接民主主義的な手法は、万能薬ではなく両義性を有している。それにもかかわらず、人びとは直接民主主義という魔術的な言葉にひかれ、意思決定に際してひたすら合意形成を追求し続ける。このことは、なぜ生じるのだろうか。ポレッタは、この問いに対して「プロセスへの没頭（preoccupied with process）」という答えを示している（Polletta 2004: 214）。

ポレッタは、運動における「戦術（tactics）」をもっと論じる必要を訴えている。彼女によれば、アクティヴィストたちは自ら「戦術」を選択するが、必ずしもその「戦術」に効果があるという判断のもと選択しているのではなく、そこに象徴的な意味があるから使うことがある（Polletta 2004: 21）。

「戦術」としての直接民主主義に関して言えば、それは既存の代表制と官僚制に対する批判という象徴的な意味を含んでいる。参加者はその象徴性に魅かれたがゆえに、その「戦術」を採用する（Polletta 2004: 22）。ポレッタの議論に付け足しをすれば、一度採用された「戦術」は、ルーティンになりがちだ。新たな「戦術」の導入は、自分以外のメンバーを説得して実際に運用していかなくてはならず、コストのかかることである。それを避けるため、グループにおいて既存の「戦術」が変わらず採用される。こうして、その「戦術」がどれだけグループの意思決定を改善して成果を達成したのかを検証することなく、直接民主主義という「戦術」が修正なく採用され続ける。

これが「プロセスへの没頭」である。ポレッタは、それが運動の衰退期に深刻化すると言う。当局から譲歩を勝ち得たり、大衆的な動員を引き起こしたりする可能性がなくなると、そのグループは内向きになり、連帯を固めることでメンバーの満足を得るようになる。その結果、当初の運動の目的は、ますます不明確になっていくのだ(Polletta 2004: 214)。

第三節　意思決定過程の定式化

フリーマンが先鞭をつけ、その後、フィリップスやポレッタら政治・社会理論家が考察してきた運動コミュニティにおける「構造なき専制」問題は、「アナルコ・フェミニズム」的な運動においても反省的に捉えられてきた。ただし理論家たちは、この問題が必然的に生じるものではないと理解している。フィリップスは、先に引用した「参加の逆説」問題への言及の後に次のように述べている。「それ〔参加の逆説〕は、ユートピアの実践者が他の者よりも悪いからではない。皮肉屋が必然的な帰結と想定するものから自らを十分に守ることができないためにその帰結が生じてしまうのだ」(Phillips 1991: 135)。もし「ユートピアの実践者」が「参加の逆説」問題の予防に努めれば、これらの問題を根絶とまで行かなくても、緩和することはできるはずだ。

近年では、「構造なき専制」問題を取り扱うための手法が様々な社会運動の現場で創出され、練り上げられている。これらの手法は、運動コミュニティ内部の不平等に対する異議申し立てに応える中で発展してきた。本章の残りのパートでは、その中でも二つの手法に注目する。一つは「定式化」であり、もう一つは「傾聴」である。両者において、いかなる「運動の日常」の政治が営まれているのだろうか。また、「構造なき専制」問題のような意思決定をめぐって生じる欠陥にどう対処しているのだろうか。

ＯＷＳの意思決定の方式

一つ目の方法は、意思決定過程の定式化である。それは決定のルールの明示を意味する。定式化の事例として広く知られているのが、アメリカの「オキュパイ・ウォール・ストリート（ＯＷＳ）」である。ＯＷＳは、二〇一一年九月一七日、ウォール街近くのズコティ・パークの占拠に始まった。占拠者たちはアメリカ国内における貧富の差の拡大に抗議していたが、彼らの不満は自分たちのメッセージに耳を傾けない政治エリートに向けられた。そのため、ＯＷＳの中では民主主義の実験的な試みがなされ、主たる意思決定の方法として直接民主主義が採用されたのである。

社会運動の研究者たちはＯＷＳに関心を持ってきたが、その時に彼らは内部における直接民主主義の実践方法のユニークさに注目してきた。たとえばダーシー・リーチは、オキュパイが「新しい社会運動」の側面と「古い社会運動」の側面との異種混交であると言う（Leach 2013a: 182）。「新しさ」とは、リーチの言うところの「アナキズム的な戦略」、すなわち、意思決定における合意形成の重視を指す。「古さ」に関して、彼女はＯＷＳの意思決定のプロセスにおける「構造化」に注目する。

この「構造化」は、意思決定過程の定式化と言い換えることができる。ＯＷＳにおける定式化をはっきりと示すのは、「オキュパイ・プロセス」の存在である。新規参加者は、この習得を求められる。特に意思決定のプロセスに関して言えば、実際の会議に臨む前には、ファシリテーション役割、手信号、「スタック」のやり方を学ばなくてはならない（Leach 2013a: 184）。

ファシリテーター（進行役）は、異なる意見に開かれた合意形成の過程をつくり出すよう訓練を受ける。発言したい者は、「スタック」と呼ばれるリストに自分の名前を連ねる。聴衆は「賛成」「反対」「話がずれている」「聞こえません」「もっと大きな声で」を意味する手の動きを通して、発言者にメッセージを送ることができる。また、会議の進行役であるファシリテーターには誰でもなることができるが、その前にトレーニングを受けることが求められる（安藤二〇一二：一三）。

会議での意思決定は、多数決ではなく参加者全員の合意によってなされる。だがもし一名の参加者がある提案に異議を唱えた場合、事前に決められた時間を延長して議論を続けたり、提案を修正したりする。これを「ブロック」と言う。「ブロック」は、民主主義論の中で「多数者の専制」と呼ばれるものからの防衛策である。すなわちそれは、多数決による決定に終始せず、少数者の意見を尊重するための方法と見ることができる。

以上のように、ＯＷＳは意思決定に対する参加の方法が定式化されている点にその特徴を見て取れる。

定式化の効果

定式化された規則には意思決定を平等にする側面がある。ポレッタによれば、社会運動の研究者は、グループにおける公式の規則の制定が必然的にメンバー間の関係の序列化や多数者による意思決定の支配を引き起こすと考える傾向がある。これに対して彼女は、規則が平等な決定のために使われることもあると言う（Polletta 2004: 218）。

それでは、定式化された規則はいかにして平等な意思決定を生み出すのだろうか。マックス・ウェーバーの言葉を使えば、「構造なき専制」の問題は、「アナルコ・フェミニズム」的なグループの合法的支配の欠落に起因する。近しさを基盤にしたグループにおいては、行政機関や大企業に象徴される形式的な性格が嫌悪される。規則はグループの有力者の支配を正当化するための道具であり、構成員が刻々と変化する状況に柔軟に対応することの障害物と見られがちである。

だが、フリーマンが指摘したように、公式に明示された規則の拒否は、規則に従って任務を正確にこなすことの欠落と裏表だ。その結果として、資源と情熱にあふれる一部のリーダーたちがグループの決定に大きな力を及ぼし、グループ内部の複数性が奪われることが起こり得る。「構造なき専制」問題の生じるメカニズムは、こう説明できる。

これに対して、グループにおける明示された規則の存在は、構成員に対する公正な扱いを促すのに役立ち得る。それは、グループ内の権力の行使の仕方、意思決定のなされ方、メンバー同士の関係（たとえば、代表や事務局員とその他のメンバー）を定める（Doyle 2000: 75）。ウェーバーの古典的な議論に依拠すると、意思決定過程の定式化のメリットが見えてくる。それは、社会運動コミュニティにおいても公開性や透明性の確保を可能にするのだ。

意思決定過程の改善に向けて

しかし、意思決定過程の定式化にも問題がないわけではない。よく指摘される問題点は、定式化を過度に推し進めた場合、官僚制的な組織に近づいてしまうことである。これではグループにおける政治的な資源の不足を補っていたメンバー間の友情が失われ、親密な関係を基盤にするグループの強みを奪うことになる。どのように定式化を進め、親密な関係の余地を残しておくのかというのは、社会運動の中で常に慎重に吟味されなくてはならない問題である。

アクティヴィストたちは、いかなる方針のもとに定式化をめぐるジレンマに向き合っているのだろうか。それは、ＯＷＳでは「ブロック」をめぐって顕著に表れる。「ブロック」は、多数決による決定に安易に依存せず、構成員一人ひとりの意見を尊重するというグループの原則を示しているが、原則に忠実に従えば、全員が拒否権を持つことになり、グループ内の決定作成が著しく困難になる。

「ブロック」をめぐる問題に関して、自身もＯＷＳに関わった人類学者のデヴィッド・グレーバーは、重要なのは全員一致に固執することではなく、意思決定の過程を改善させることであると言う（Graeber 2014: 216＝二〇一五：二五六）。彼によれば、ＯＷＳにおいても多数決を絶対に避けるわけではなく、時にはそれを使用することもある。それでも、「ブロック」の発動に対応することは重要である。その発動は、合意形成のプロセスに何らかの欠陥があったことを示しているからだ。こうしたプロセスを経ながら、最終的には「可能な限り多くの参加者が賛成できる内容へと議案を修正し、反対する人を最小限に抑える」ことを目指している（Graeber 2014: 224＝二〇一五：二六五）。

このように「アナルコ・フェミニズム」的なグループにおいて、合意形成の理解の仕方に変化が生じている。それは、必ずしも多数決を避けた全員参加の意思決定とイコールではない。ポレッタによれば、合意形成において大事なのは、その決断に至るまでに様々な観点が開かれ、統合されることなのである（Polletta 2004: 192）。

意思決定をめぐる状況は、常に理想的であるわけではない。メンバーは、時に難しい判断を迫られることがある。時間の限られた中で方針を決定しなくてはならないとか、会議の最中に出た異論をどう扱うのかといった問題が出てくる。グレーバーやポレッタが言うように、そのような場合にも、「プロセスへの執着」に陥るのではなく、構成員が意思決定の過程を点検してその改善を指針とすることで、より柔軟で開かれた判断に至ることができる。

本節の議論をまとめよう。ＯＷＳで見てきたように、意思決定過程の定式化には、その過程を目に見えるものにするという効用がある。また過度に複雑でない、明示化された規則を習得すれば、グループが新参者にも開かれて小規模集団における排他性の問題を緩和することができる。社会運動における日常の政治という主題に即して言うならば、定式化は「運動の日常」における「第三の政治」の営みが「第二の政治」の消失を引き起こしたり、「第一の政治」の創出を妨げたりしないようにするための知恵と技法である。ただし定式化は、政治的な資源の源泉である近しい関係を除去しかねないので、アクティヴィストは友情と定式化との間のジレンマに立たされる。ＯＷＳの事例は、意思決定過程の改善という観点を常に念頭に置くことが、ジレンマの中で判断する際の指針となることを教えてくれる。

第四節　「傾聴」のトレーニング

非暴力トレーニング

「構造なき専制」問題へのもう一つの対策は、社会運動コミュニティにおける「傾聴（listening）」の導入である。先行研究は、グローバル・ジャスティス運動のような近年の社会運動において傾聴が重視されていることを指摘している。たとえば、クリストフ・ハウクとディーター・ルフトは、二〇〇六年五月のアテネにおけるヨーロッパ社会フォーラムの調査をもとにしながら、「構造なき専制」の防止策として「共感のある聞き手」の存在を挙げている(2)（Haug and Rucht 2013: 207）。

こうした議論を踏まえながら、本節では、「非暴力トレーニング」を事例として取り上げる。非暴力トレーニングは、特に北米の「アナルコ・フェミニズム」的な運動の周辺で発展してきた。非暴力の思想はアメリカの市民社会の歴史に根ざしており、クェーカー教徒などの実践例がある。一九六〇年代には公民権運動やベトナム反戦運動の中で非暴力行動が広がり、七〇年代になるとその手法はトレーニングとして体系化された。トレーニングは、現地で直接行動を実践する反原発や反戦のグループに影響を与えてきた。

非暴力トレーニングは、通常三日間ほどかけて行われる。そのプログラムは、自己やグループの形成に始まり、非暴力行動の現場の模擬訓練、ビラやパンフレットの作成などの項目に及ぶ。トレーニングにおける重要項目の一つが、会合の進め方についてである。「話し合いの平等な参加」では、少人数で車座になり、参加者はマッチ棒を同じ数だけ持つ。発言したら、マッチ棒を真ん中に置く。マッチ棒がなくなったら、発言できない。全員のマッチ棒がなくなったところで、話し合いは終了する。これは、参加者が話す機会を平等にするための仕掛けである（阿木二〇〇〇：七八）。

平等に話す訓練は、聞く訓練とセットになっている。「良い聞き手になる訓練」では、二人ずつペアになって、快適な場所で向かい合って座る。一人一〇―一五分ずつ、特定の問題やテーマについて話す。聞き手は話し手の邪魔をしたり自分の意見を述べたりせず、注意深く、しかもくつろいだ雰囲気で耳を傾ける。話し終わったら、聞き手は話した内容を要約する。話し手にその要約が正しいかを尋ねる。それが終わったら、今度は交代して同じことを繰り返す（阿木二〇〇〇：七九―八〇）。

傾聴を訓練する

非暴力トレーニングにおける傾聴の重視は、話し合いへの参加の平等をはかるためである。そもそも、社会運動の中で話し合いの技術に対する関心は、決して高くない。参加者が話し合いのできる能力を持つことが、暗黙の前提になっているからだ。それゆえに、その技術をトレーニングするなど思いも及ばない。

しかし、ある主題について参加者が意見を交わして合意を形成していくことは、そんなに簡単なことではない。その障害の一つが、話す能力の個人差である。理性とレトリックを駆使しながら自己の主張を整然と述べるには、技術や経験を要する。話し合いには不平等が伴うのだ。結局、会議中、建前上は全員が平等に発言できることになっているが、発言し続ける人がいる一方でずっと黙っている人がいる。そう考えると、社会運動においては万能の主体像が想定されていると言える。だがその想定は、話し合いにおいて実際に生じてしまう不平等を放置してしまうことにつながりがちだ。

これに対して非暴力トレーニングは、話し合いの高度な能力の保持を所与の前提にしない。話す能力を高めることは容易ではないが、聞く側が話し手に快適な環境を整えることで、それを追求する。傾聴は、その環境の整備に寄与する。こうして参加者は、等しく話すことができる。以上のように、傾聴の訓練は参加の平等化の機能を果たす。傾聴の民主主義的な意義について論じたアンドリュー・ドブソンが言うように、傾聴への注目は、あるべき公共圏のイメージに変化をもたらす。政治学における理想の公共圏とは、誰もが声をあげることができ、その声の満ちる場を指す。だが発せられた声は、それが聞かれることなくては、政治や社会に影響を及ぼさないままである（Dobson 2014: 99）。すなわち、民主的な公共圏には声だけでなく傾聴も必要なのだ。

政治理論家たちは、参加の平等を担保すること以外にも傾聴の果たす機能を指摘する。それは、人びとの間における「違い（differences）」の発見機能である。ドブソンは、「良き傾聴」が人びとの「差異に対する感受性」を高めると言う（Dobson 2014: 60）。彼はさらに、傾聴が「不一致」を露わにすると続ける。他者の話を注意深く傾聴することで、聞き手は話し手と自己との間に存在している「衝突」や「争い」の存在により自覚的になる（Dobson 2014: 60）。傾聴は、人びとが互いの相違を感知するきっかけになる。それは、差異の発見装置のような機能を果たしているのだ。

ドブソンは、「不同意は、政治生活の基本である」と言う（Dobson 2014: 10）。自他の差異の存在を認めるからこそ、傾聴を必要とする。彼の議論の対象は、特に社会運動に限定されるものではないが、傾聴は運動に導入される時には効果的である。なぜなら、先に論じたように運動コミュニティにおいては、問題関心や価値意識を共有する人びとが集うがゆえに、メンバー間の相違を見逃し、衝突や対立を軽視しがちであるからだ。「構造なき専制」問題は、これらの見逃しや軽視に起因するものであった。相違の見逃しや軽視は、コミュニティ内部における運動の正統性を揺るがすものであり、運動の持続と拡大に深刻な影響を及ぼす。

これに対して傾聴は、運動コミュニティ内部における自己と仲間との差異を発見する。傾聴によって感受性を磨くことで、メンバーは内部に存在する相違の存在を反省的に捉えるようになる。こうして「構造なき専制」問題の深刻化が予防されるのだ。

「良い聞き手」

ドブソンは、「注意深い傾聴が、社会的差異を超えた理解を改善する」と言う。傾聴には差異を発見するにとどまらず、そこからさらに相互理解に進んでいくことが期待されている。ただし、彼はここでも慎重である。傾聴を通しての相互理解は、差異を「取り扱う(handle)」ことを可能にするが、それを「克服する(overcome)」ことはできない(Dobson 2014: 60)。このように傾聴は単に聞けばよいというのではなく、自他の差異に対して向き合いながら、どう聞いていくのが望ましいのかという問題に関わる。

ドブソンは「良い聞き手」という言葉を使うが、それは何を意味するのか。彼は、傾聴を「同情的(compassionate)」「肯定的(cataphatic)」「否定的(apophatic)」の三つに区分する。「同情的傾聴」は、「自分の考え、判断、感情をすべて解除して、他人の痛みをただ受け止める」(Dobson 2014: 64)。話し手には、以前には発することのできなかった自分の声を聞かれる空間の創出という利点がある。

だがドブソンは、「同情的傾聴」における相互性の欠如という問題点を指摘する。それは、有意義な対話を掘り崩す危険性がある。対話というのは、二つの異なる観点があって成立するからだ(Dobson 2014: 64)。彼は、この傾聴を「セラピー的」とも言っている(Dobson 2014: 65)。聞き手は、自分を語らず、聞き、時にその後に診断を下すのみである。二人の相互的なやり取りの中で「痛み」の原因が社会化されることはなく、「痛み」はあくまで個人のものとされる。

次に、「肯定的傾聴」では、聞き手の課すカテゴリーに基づいてその話が組織される(Dobson 2014: 67)。話し手は注意深く自分の声を聞かれることなく、聞き手の観点が会話を支配する。ここでも傾聴は、対話的な関係にはなっていない。

最後に、「否定的傾聴」は、「他者に自己を開き、自分自身のカテゴリーを一時的に停止する」(Dobson 2014: 68)。既成のカテゴリーを使い、経験や情報をカテゴリー化すれば、なにか新しいことを聞くのは不可能である。それゆえに聞き手は、自己のカテゴリーを停止する。ただし聞き手のカテゴリーの停止は、話し手が声を発するスペースをつくるための、あくまで一時的なものである。聞き手はその後に話されたことを処理し、自分の言葉で説明し、明確化のための質問を通して理解する(Dobson 2014: 68)。ドブソンは、「否定的傾聴」がより望ましい聞き方であると考えている。そこには、対話が存在するからだ。それは話し手との距離感を保ちながら(相手はあくまで自分とは異なる他者として捉えられる)、自分の言葉で話し手の声を聞く行為である。

以上の議論をもとにすると、非暴力トレーニングの傾聴をどう見ることができるか。トレーニングでは、聞き手が話の最中で中断や介入せず、傾聴することをルール化している。それによって、話し手の声が聞かれる余地を与えている。話し手がうまく伝えられず、悲しみやいらだちの感情を露わにする時にも、聞き手はそれを受け止めることが期待される。このように、共感を持って聞くことが推奨されている。

トレーニングにおいて二人でペアを組む場合、一方の話が終わったら聞き手に回り、もう一方が今度は話し手に回る。これには、セラピーの相談者とカウンセラーのような固定した関係性を避け、相互作用を生み出す効果がある。また聞き手は、話が終わった後に聞いた内容を要約し、話し手にその要約が適切であるかを確認する。これは、聞き手の観点が話されたことの理解を支配してしまうのを予防する。以上は、「同情的傾聴」と「肯定的傾聴」に陥るのを避けるため、非暴力トレーニングにおいて使われている技法である。

非暴力トレーニングは、ドブソンの言う「セラピー的な傾聴」に陥りがちである。セラピー化は、一人ひとりの抱える「痛み」の社会的な側面を捨象し、「痛み」の私事化、すなわち、個人の努力や心の持ち方によって解消することを提唱する。これでは、傾聴から社会変革という側面が失われてしまう。これに対して社会運動のプログラムの一部としての傾聴には、対話が不可欠であり、相互のやり取りを通して「痛み」の社会的な文脈が発見されるのだ。

本節での議論をまとめよう。非暴力トレーニングでは、傾聴が重視されている。その効用は、第一に、話し合いにおける参加の平等を担保することである。第二に、構成員間の違いを発見することである。特に問題関心や価値意識を共有する人びとが集う社会運動のコミュニティでは、メンバー間の相違の見逃しや軽視が生じやすい。非暴力トレーニングにおける傾聴の訓練は、それを予防するのに効果的である。このように非暴力トレーニングは、「良い聞き手」になる訓練をプログラムに導入することで、「構造なき専制」問題に対処している。社会運動における日常の政治という主題に基づいて言い直せば、定式化と同じく傾聴も「運動の日常」における「第二の政治」の消失と「第一の政治」の機能低下を予防する。

おわりに

本章は、社会運動における日常の政治について考察した。運動は「人びとの日常」における不正義に注目し、紛争や対立の可視化（「第二の政治」）に主たる関心を寄せてきた。「人びとの日常」から自己を切り離すために、社会運動においてはコミュニティ構築という手法が取られている。それは、主体形成としての政治（「第一の政治」）を促す。

運動コミュニティにおいては、会議のような活動を運営し、イベントの準備をするためのルーティン作業を行う「運動の日常」の占める時間が大きくなる。「運動の日常」においても、意思決定をめぐる政治（「第三の政治」）の存在を無視することはできない。フリーマン、フィリップス、ポレッタといった政治・社会理論家は、グループ内部において意思決定に及ぼす影響力の不平等が不可視化されたまま、一部の構成員が決定に強い力を行使する「構造なき専制」の問題を指摘してきた。それは、不正義を正すためにつくられたコミュニティ内部において新たな不正義が再生産されている点で皮肉である。

近年の「アナルコ・フェミニズム」的なグループでは、平等や公正を追求する中で「構造なき専制」の問題に対する実践的な対処法が生まれている。私はＯＷＳや非暴力トレーニングの実践の事例から、コミュニティ内部における権力の隠蔽や複数性の縮減を予防する技法や知恵が創出されていることを示してきた。それらは「運動の日常」における「第三の政治」の中で「第二の政治」が消失し、その結果として「第一の政治」も機能低下になるのを避けるねらいがある。このように運動の中から生まれた技法や知恵は、新たな不正義の生産を予防する役割を果たしているのだ。

注

（1）フリーマンの「構造なき専制」の論考に関しては、下記のウェブサイト（http://www.jofreeman.com/joreen/tyranny.htm）を参照した（二〇一九年一〇月一日閲覧）。

（2）ハウクとルフトは、その他にグループ内の「異質性」、聴衆にも開かれた討論の「公共性」、「率直さの文化」の存在、（言葉、イデオロギー、レトリック、技術ではなく）政治的な経験や実践的な関与の重視の四つを加えている（Haug and Rucht 2013: 206-210）。

参考文献

阿木幸男（二〇〇〇）『非暴力トレーニングの思想——共生社会へ向けての手法』論創社。
安藤丈将（二〇一〇）「社会運動は公共性を開く」齋藤純一編『公共性の政治理論』ナカニシヤ出版、二二三—二四一頁。
安藤丈将（二〇一二）「社会運動のレパートリーと公共性の複数化の関係——「社会運動社会」の考察を通して」『相関社会科学』第二二号、三—二一頁。
Bickford, Susan (1996) *The Dissonance of Democracy: Listening, Conflict, and Citizenship*, Cornell University Press.
Della Porta, Donatella and Dieter Rucht (2013) *Meeting Democracy: Power and Deliberation in Global Justice Movements*, Cambridge University Press.
Dobson, Andrew (2014) *Listening for Democracy: Recognition, Representation, Reconciliation*, Oxford University Press.
Doyle, Timothy (2000) *Green Power: The Environment Movement in Australia*, University of New South Wales Press.
Epstein, Barbara Leslie (1991) *Political Protest and Cultural Revolution: Nonviolent Direct Action in the 1970s and 1980s*, Universi-

ty of California Press.
Graeber, David (2014) *The Democracy Project: A History, a Crisis, a Movement*, Penguin Books（木下ちがや・江上賢一郎・原民樹訳『デモクラシー・プロジェクト——オキュパイ運動・直接民主主義・集合的想像力』航思社、二〇一五年）.
Haug, Christoph and Dieter Rucht (2013) "Structurelessness: An Evil or an Asset? A Case Study," in Della Porta and Rucht (2013), 179-213.
Leach, Darcy K. (2013a) "Culture and the Structure of Tyrannylessness," *Sociological Quarterly*, 54, 181-191.
Leach, Darcy K. (2013b) "Prefigurative Politics" in David A. Snow, Donatella della Porta, Bert Klandermans, and Doug McAdam (eds.), *The Wiley-Blackwell Encyclopedia of Social and Political Movements Volume III*, Blackwell Publishing, 1004-1007.
Mansbridge, Jane (1996) "Using Power / Fighting Power: The Polity," in Seyla Benhabib (ed.), *Democracy and Difference: Contesting the Boundaries of the Political*, Princeton University Press, 46-66.
Phillips, Anne (1991) *Engendering Democracy*, Polity.
Polletta, Francesca (2004) *Freedom is an Endless Meeting: Democracy in American Social Movements*, University of Chicago Press.
田村哲樹（二〇〇九）『政治理論とフェミニズムの間——国家・社会・家族』昭和堂。

第3章　共同生活と集合的意思決定
――「家族の政治学」に向けて――

久保田裕之

はじめに――家族はなぜ「政治の場」とみなされてこなかったのか？

共同生活を基盤とした集合的意思決定の場であるにもかかわらず、家族という日常的な共同生活は長いあいだ「政治の場」であるとはみなされず、直接には政治学の対象とされてこなかった。ここでいう「政治の場」とは、成員間の集合的意思決定に基づき、その結果を成員に強制する仕組み全般を指す。

その理由は、第一に、公共領域と家内領域を峻別する近代的公私二元論の想定によって、家族はそもそも政治の場であるための前提を欠くと考えられてきたことが挙げられる。すなわち、私的な共同生活は、当然に夫婦のような親密な性愛関係を含み、当然に子育てなど非対称なケア関係を含むがゆえに、純粋な意味での政治の場とはみなせず、それゆえ政治学的な分析に馴染まないことが、明に暗に想定されてきたのである（Okin 1989＝二〇一三、野崎二〇〇三、岡野二〇一二など）。その場合、家族にはそもそも利害対立がないと想定されるにせよ、家族に利害対立があったとしてもそれは権力（強制）によって調停されるのではない（愛によって？）と想定されるにせよ、家族は「前政治的」な場でありり政治学的な分析にはなじまないと考えられてきた。この点については、これまでも多くの議論が蓄積されてきた。

のみならず第二に、近代家族的生活を、実質的に他者との私的な共同生活と同一視することで、共同生活の分析が家族的過程の分析と混同されてきたという、分析上・方法論上の制約を指摘することができる。本章では、とりわけこの第二の点に関して議論を進めたい。すなわち、多くの場合家族が共同生活を営むからといって、共同生活が常に家族だとは限らない。たとえば、近年注目を集めているシェアハウスやコレクティブハウスといった新しい共同生活実践を俟つまでもなく、性愛関係にも血縁関係にもない他人との（短期的・長期的な）共同生活関係は、従来の間借りや下宿、学生寮や社員寮、長期滞在型のゲストハウスといった形で、昔から世界の至る所で実践されてきた。にもかかわらず、こうした共同生活は、家族研究において経験的研究の対象となってこなかっただけでなく、政治学においても集合的意思決定の場としての地位を与えられてこなかった[1]。すなわち、現実的・統計的に、共同生活を家族による共同生活と同一視してきたために、家族との共同生活の特徴のうち、どこまでが家族であることに起因していて、どこまでが相対的に私的な共同生活であることに起因しているかを、分析的に捉えることが難しくしてきたといえる。

そこで本章では、こうした制約を取り除いたうえでみえてくる「家族の政治学」の可能性、すなわち、「家族の政治学」なるものが可能なのか、可能だとすればそれはどのようにしてか、可能であるにもかかわらずそれを困難にしてきた原因があるとすればそれは何だったのかを、明らかにしたい。

具体的にはまず、家族概念のオルタナティブとして近年政治学・社会学分野を中心に議論されてきた親密圏概念についての議論を整理し、親密圏概念によって家族概念が抱えていた問題を回避しうるのかを批判的に検討したうえで、親密性・ケア・共同生活という家族的諸機能を分節化するアプローチを採用する（第一節）。そのうえで、家族から切断された共同生活の具体例として、シェアハウスやコレクティブハウスといった非家族的共同生活における集合的意思決定の場面の検討を通じて、まずは共同生活における政治学の可能性について検討する（第二節）。翻って、家族を集合的意思決定の場として捉えることを難しくしてきた近代家族の共同生活体としての諸特徴について検討する（第三節）。こうした作業を通じて、「家族の政治学」の可能性に向けてどのような示唆を導けるのかを議論したい（結語）。

第一節　公共圏／親密圏／家族

親密圏(intimate sphere)／親密性(intimacy)は、もともとハンナ・アーレント、ユルゲン・ハーバーマス、リチャード・セネットらによる政治学・社会哲学の中で、公共性／公共圏(öffentlichkeit)と対置されて議論されてきた。この背後には、資本主義やシステムによる親密な空間の解体といった「疎外」論の文脈と、人々の公共空間からの逃避／私的空間への退避といった「私化批判」の文脈が存在し、どちらの場合でも近代家族における親密性の理想を強調しつつ、親密圏は実質的に近代小家族と同一視されるものとして定義されていた(齋藤二〇〇三：i、中村二〇〇九：一一四)。

これに対して、『親密性の変容』(Giddens 1992＝一九九五)の中で描かれたのは、そうした既存の家族関係から「脱埋め込み」された新しい親密性の理想であり、欧米におけるその後の親密性の議論は現在もギデンズの議論の延長線上で展開されている。具体的には、ギデンズは親密性を、むしろセクシュアリティを中心とした夫婦・男女・同性カップルを含む性的親密性として抽象的に把握したうえで、結婚や生殖といった外部の目的を廃した、関係を維持するという目的のためだけに維持される関係性を「純粋な関係性(pure relationship)」と呼び、親密性の規範的なモデルとして設定した(Giddens 1992＝一九九五)。たとえば、野口裕二が指摘するように、こうした純粋な関係性をモデルとする親密性の抽象化は、親密性から不純なものとして廃される法的結婚や経済関係に基づく共同性との分離に帰結する。野口はまた、関係性の不安や離婚の増大を促すとともに、共同性と親密性を意図的に分離する戦略としてグループホームやシェアハウスの試みを挙げている(野口二〇一三：一九〇)。

他方で、日本の文脈では親密性は必ずしも性的親密性やセクシュアリティと直結しない形で議論され、むしろ、家族のオルタナティブとして人間の具体的生や安全を担う場＝親密圏として議論されてきた。たとえば、齋藤純一によれば、親密圏とは「具体的な他者の生／生命――とくにその不安や困難――に対する関心／配慮を媒体とする、ある程度持続的な関係性」（齋藤二〇〇三：二一三）であるとされる。ここで重要なのは、齋藤の議論における親密圏の主眼は、ハーバーマスやセネットと同様に公共圏との対比を意識しながらも、親密圏を近代家族と同一視することから逃れようとする点である。たとえば、それ以前の定義では、公共圏が「人びとの〈間〉にある共通の問題への関心によって成立する」非人格的な関係の領域とされているのに対して、親密圏とは、「具体的な他者の生／生命への配慮・関心によって形成・維持される」「間‐人格的」で「人称」的な関係の領域であり、両者は、「重なり合いながらも分析的に区別できる」とされており（齋藤二〇〇〇：九二、傍点は原文）、別の箇所で齋藤は、親密圏の特徴を、①他者の具体性・人格性、②身体性、③相対的安全性として定式化している（齋藤・竹村二〇〇一）。こうした一連の定義の試みからは、私たち、とりわけ脆弱な立場の者には親密圏が必要不可欠であるが、しかしそれを手垢のついた家族よりも抽象的な位相で概念化したいという意図を読み取ることができる。

もし、齋藤が試みたように親密圏を家族概念から独立して概念規定することができ、そのことに認識上の利点があるとすれば、「親密圏の政治学」は、「家族の政治学」を考えるうえでの重要な足がかりとなりそうである。以下では、齋藤純一を中心とした日本での親密圏をめぐる議論の展開とその批判を整理しながら、分析概念としての親密圏の有効性と代替アプローチについて検討したい。

家族と親密圏の「あいだ」？

従来の家族との差異を重視するとき、親密圏は従来の家族概念と二重の意味においてズレを生じることが重要である。この点、田渕六郎（二〇一四）は「家族と親密圏のズレ」を図式化するなかで、家族と親密圏を一部重なり合うべン図で描くことで、Ｂ：家族でも親密でもある領域（親密家族）の両側に、Ａ：家族であるが親密圏には属さない領域（非親密家族）と、Ｃ：親密圏ではあるが家族には属さない領域（非家族親密圏）と呼んで整理している。田渕は、従来想定されてきた親密家族（Ｂ）ないし、家族や親密性にかかわる領域全体（Ａ＋Ｂ＋Ｃ）に対して、相対的に非親密家族（Ａ）ないし非家族親密圏（Ｃ）の比重が拡大してきたことが、家族研究者が親密圏に着目する理由であるとする。田渕はまた、親密圏／親密性概念は「関係に属する当事者たちによって、再帰的に構築され、選択される関係として位置づけられてきた」がゆえに、分析概念というよりも理念（イデオロギー）としての色彩が強いことを難じている（田渕二〇一四：六一―六二）。

こうした田渕の整理を敷衍するならば、理念としての親密性／親密圏の概念規定においては、①非親密家族の可能性＝家族であっても親密圏でない場合があるという「家族批判」のベクトルと、②非家族親密圏＝家族でなくても親密圏である場合があるという「家族外関係の再評価」というベクトルを析出することができるだろう(2)。すなわち、親密圏が家族概念とは異なる概念としての実益を持つためには、家族と親密圏を同一視することを避けること、具体的には、家族ならば親密圏であるという誤りと、家族以外に親密圏はないという誤りを回避することが重要になる。

親密圏概念と親密圏をめぐる議論の問題点

これに対して、親密圏をめぐる議論に関して既にいくつかの重要な批判も提起されている。たとえば、上野千鶴子は、「家族」研究を「親密圏」研究に還元することに警鐘を鳴らし、その理由として、①ほとんどの場合「親密圏」が「家族」の単なる代替用語として用いられており、新しい概念を採用する積極的意義と効果がないこと、②「親密圏」を採用することで、公私の領域分離を維持・再生産し、「公の不介入原則」を支持してしまうこと、③実際には少しも「親密でない」関係を「親密圏」と誤認する可能性が高いこと、④自律した成人のあいだでなら成り立つかもしれない「親密圏」の概念を、子どもや高齢者など依存的な存在にまで拡張することが可能とは思えないことを挙げている（上野二〇〇九：六―七）。上野の批判のうち、①単なる家族の代替用語、③親密な関係の誤認の可能性については、概念の現実の運用上の問題であるのに対して、④依存者の扱いと、②公私二元に取り込まれる危険は、概念規定上の問題であるため、概念規定に関する問題と、用語の運用に対する問題とを、分けて検討していこう。

まず、親密圏の概念既定については、その定義が曖昧であることや、どこまでが親密圏概念に含まれるのかについての批判が重要である。たとえば、田渕は「家族と同程度あるいはそれ以上に意味内容が確定しにくい「親密圏」概念によって「家族」概念を「置き換える」ことは理論的に困難」と論じている（田淵二〇一四：六二）ほか、竹村和子も齋藤純一との対談の中で、親密圏に身体性を読み込むことに早い段階で慎重な姿勢を示している（齋藤・竹村二〇〇一）。とりわけ、齋藤による初期の親密性概念が、身体性の名の下にケアとセックスを包含しようとしている点は、親密圏概念の危うさをよく示している。この点、大島梨沙は、親密圏概念の内実を検討するなかで、直感的にではあるが、「親密圏」という言葉の中に含まれるより具体的な意味」を六つの要素から分析している（大島二〇一四）。具体的には、①継続的な性的関係を取り結ぶ領域（セックス単位）、②子どもを作る領域（生殖単位）、③子どもを育てる領域（子育て単位）、④同居共同生活をする領域（生活単位）、⑤家事や介護等のケア労働を提供し合う領域（ケア単位）、⑥親密な感情によってつながった領域（愛情単位）の六要素を抽出する（大島二〇一四：六五）。この分析が適切であるとすれば、一見して分かるとおり、親密圏という言葉の中に含まれている具体的な意味は、ほぼ伝統的な家族という言葉の中に含まれている具体的な意味内容と重なる。同じ意味内容を含んだ二つの概念が、いかなる意味で別の概念なのか疑問だが、ここで重要な点は、家族概念と親密性概念の差異を、これらの要素の積集合か和集合かという違いに求めていることである。すなわち、「これら六つのすべてが揃わなくても、いずれか一つの意味において「親密圏」という言葉を使うこともできれば、六つすべてが揃ったものを指して「親密圏」と呼ぶこともできるというような状況」（大島二〇一四：六五）であり、それぞれの要素の発展形態としてシェアハウス（④生活単位）や、高齢者間シェアハウス（⑤ケア単位）などを例として挙げている。

しかし、こうした「ひとつでも親密圏」「すべて揃っても親密圏」というチェックボックス式の概念規定の仕方は、一九八〇年代からの家族の概念規定が抱えたのと同じ問題を抱えることになる。すなわち、家族の諸要素として規範化されてきた、①親密性、②共同生活（経済）関係、③ケア関係のうち、どれかひとつでも当てはまれば家族であると考える「家族の多様化」論は、結局のところ、「すべてが揃った完全な家族」を絶えず参照せざるを得ないがゆえに、多様な家族というかけ声とは裏腹に、伝統的家族を「典型化」「中心化」「特権化」したまま温存してしまう。そもそも、「この関係が家族と呼ばれないのはおかしい」という異議申し立ては、前提として「家族と呼ばれなければ価値がない／福祉へのアクセスが認められない」状況を追認してしまうおそれがあるからである（cf.久保田二〇〇九c）。これと同様に、家族とは独立に概念化しようとして、結局は家族と同じ内実から単に「ひとつでもいいし、全部でもいい」という形で規定されることで、親密圏概念は結局のところ家族のPC（政治的に正しい）表現にしかならないだけでなく、皮肉にも「全部が揃った完全な親密圏」を参照点として温存してしまう。この点は、上野が批判する親密圏概念の運用上の問題、ないし、それでは結局家族と変わらないのではないかという不信感とも関連している。

とすれば、問題はやはり親密圏の概念既定の仕方に、とりわけ、親密圏がその名に冠した親密性以上のものを内部に取り込み、結果として、注意深く「原則として従来の家族的ニーズの束を包含できるように」規定されてしまったことにある。言い換えると、齋藤をはじめ親密圏を論じる者の多くが、私たちの生を支えるための「親密圏」の中に、（かつて家族がそうであったように）対等な成人間の生活の共同、情緒的・感情的支え合い、依存関係にある者の身体的・精神的ケアといった様々なものを取り込んだこと、むしろ、取り込まねばならぬと思い込んだことが問題なのである。考えてみると、ギデンズは従来の愛情深い家族の中から、セクシュアリティと性的親密性をまとめてとりだしたかもしれないが、共同生活や生殖やケアといった家族に期待されてきた他のニーズを慎重に捨象することで、親密性「だけ」を概念化した。これに対して、日本の文脈における親密圏論は、「それでは人間の生／生命を支えられない」として、他の家族的諸要素を親密圏概念の中に「残した」のである。

ここで問題なのは、従来家族に期待されてきたニーズの束（ここでは「家族的ニーズ」と呼んでおく）が、「家族の中で担われる」か「家族の外で担われるか」ということではなく、それがなんであれ「一箇所でまとめて担われる」という想定である。たとえば、シェアハウスや学生寮にみられるように親密性と共同生活は切断可能であり、専門職による高齢者介護にみられるようにケアと親密性も切断可能である。とすれば、別々の場所で担われうる別々の機能を、あえて「親密圏」というひとつの概念の中に放り込むことに実益があるようには思えない。いわば、「親密圏」を文字通り親密さ（これ自体多義的な概念であるが）に基づいて再定義したうえで、他の家族的ニーズはそれぞれの機能に応じて個別に概念化していくほうが、よほど有益にみえる。もちろん、従来型の家族の理想のようにこれらのニーズを複数、あるいはまとめて担うような場合もあるだろう。しかし、むしろそちらを例外として、個別に概念化された複数の圏域の偶発的な重なり合いとして検討するほうが、上で述べたような「すべて揃った完全な家族」「すべて揃った完全な親密圏」の「典型化」「特権化」「中心化」を回避できると考えられる。

「ケア」と「親密性」と「共同生活」の切断可能性——三圏鼎立アプローチ

それでは親密圏の内実を、これまでの家族的ニーズの束から離れて規定することは、どの程度可能なのだろうか。まず、マーサ・ファインマンによる「性関係とケア関係の切断」にむけた議論（Fineman 2004＝二〇〇九）は、これまで夫婦を中心とした性的な家族の中で充足することが期待されてきた依存的な立場にある者のケアのニーズに着目し、法的保護の対象を性愛関係からケア関係へと直接シフトすることを提案するものである。こうした議論は、制度的な

「性愛」と「ケア」の分離可能性を主張すると同時に、両者の一致が規範であり、シングルマザーをはじめ必ずしも現実に当てはまらないことに目を向けてくれる点で、極めて重要である。また、エリザベス・ブレイクの最小結婚論は(Brake 2012＝二〇一九)、従来の婚姻制度を異性愛規範性(heteronormativity)の観点からのみならず性愛規範性(amatonormativity)の観点から批判し、従来型の異性愛カップルのみならず、同性カップルや、ポリアモリー、必ずしも依存者のケアを担わない成人同士のネットワークを包摂する「最小結婚」(minimal marriage)を構想するなかで、これまで重視されてこなかった多様な友人関係の再評価を行っている。こうした一対一の性愛に還元されない友人関係や独身者のネットワークは、必ずしも共同生活を伴うわけではないが、共同生活はひとつの重要な共同の基盤として想定されている。

こうした議論を踏まえて、筆者は、もっぱら親密性を軸として家族を「親密圏」へと抽象化するのではなく、〈ケア圏〉〈(共同)生活圏〉〈親密圏〉といった三つの圏域へと分節化しつつ抽象化するべきとする、三圏鼎立アプローチを提案している(久保田二〇一一)。すなわち、現代における家族の変化を、法律婚や血縁関係に基づく家族であることと家族の機能を果たすことが現実的・規範的に分離した(家族構造からの家族機能の分化)だけではなく、家族に期待される機能を、まとめて、一カ所で／同じ関係の中で充足することもまた想定できなくなっている(家族機能相互の分化)という意味で「二重の分化(doppelte Differenzierung)」過程として把握する立場から、これまで家族に期待されてきた機能の束を、家族の構造から離れて議論する(形式化)だけでなく、相互に切り分けて分析的に議論する(分節化)ことの双方が必要であると主張する。具体的には、家族に期待されてきた諸機能を、以下の三つの圏域に抽象化する。

〈ケア圏〉(caring sphere)：依存者とそれをケアするものの関係

〈(共同)生活圏〉(co-/living sphere)：主として成人間の共同生活関係

〈親密圏〉(intimate sphere)：成人間の性愛を含む親密性に基づく関係

こうした作業を通じて、従来は私的領域の中心／典型の座にあった家族を、多様な親密性の／多様なケアの担い方の／多様な共同生活の偶発的な重なり合いとして、多様な共同性のあり方の中の特殊な一形態へと格下げすることが必要になる（久保田二〇一一）。

この節の目的は、親密圏を家族概念から独立して概念規定でき、そのことに認識上の利点があるとすれば、「親密圏の政治学」は、「家族の政治学」を考えるうえでの重要な足がかりとなりうるかを検討することであった。結果として、親密圏概念は家族から十分独立して概念規定ができず、むしろ親密圏の束からケアや共同生活を分離した新しい枠組みから議論をすすめるべきことをみてきた。すなわち、家族を身体的・性的な「親密圏」として抽象化するのではなく、〈親密圏〉や〈ケア圏〉と概念上独立した、〈（共同）生活圏〉の特殊事例として検討するためには、さしあたり「家族ではない共同生活」の実態から共同生活における集合的意思決定の構造を抽出していく必要があるだろう。

第二節　非家族的共同生活における集合的意思決定

冒頭でも述べたように、「家族の政治学」を困難にしてきた要因のひとつは、家族と共同生活を同一視することで、家族という特殊な生活の共同と、生活の共同一般を混同してきたことにある。すなわち、近代家族の規範の下で結び合わされた、排他的な性的親密性、ケア、共同生活を三位一体とみる地平のもとで、性的に親密でない共同生活や、ケアを担わない共同生活が等閑視されてきたということができる。加えて前節では、こうした家族的ニーズの結合が、家族のオルタナティブとして議論されている親密圏概念においても温存される傾向があり、それゆえ、そのままでは親密圏概念も家族概念と同じ失敗を運命づけられていることをみてきた。

そこで、親密圏概念を純粋に親密性にかかわるものとして再定位しなおし、政治をひとまずケアでも親密性でもなく、共同生活にかかわる問題として再設定したとき、どのような問題がみえてくるだろうか。すなわち、家族の想定を離れてみるならば、共同生活はどのような意味で政治的なものだといえるのか。本節では、既存の研究と筆者によるこれまでの調査からいくつか特徴的な事例を紹介しながら、集合的意思決定の場面に焦点を当てつつ議論を進めていきたい。

事例①：コレクティブハウスにおける民主的な住宅運営

ひとつめは、一九九〇年代から日本でも展開されている「コレクティブハウス」と呼ばれる非家族的共同生活実践における民主的意思決定の事例である。コレクティブハウスとは、多世代の集住による生活の合理化と民主的な運営を標榜する、北欧をひとつの起源とした共同生活を指し、家族生活と単身生活に続く「第三の住まい」（小谷部二〇〇四）とも呼ばれている。それゆえ、後述するシェアハウスが、比較的世代的同質性の強い共同生活であるのに対して、コレクティブハウスでは、単身高齢者世帯、子育て夫婦世帯、子どもの居ない夫婦世帯や、若者のシェアハウス世帯などが寄り集まって生活している。また、コレクティブハウスを特徴付けるもののひとつである「コモンミール」と呼ばれる共同の炊事と食事は、すべて世帯単位ではなく個人単位であり、炊事当番は夫婦それぞれが既定の回数こなさなければならないことになっている(3)。全員で食事ができる共同のキッチンやリビング、風呂トイレが存在し、当番制による掃除やメンテナンスが行われているものの、理念として個別の区画にも台所風呂トイレなどの生活設備を備え、独立した生活も可能な二重構造になっているため、非家族的共同生活実践の中では比較的住居費が高いという特徴もある。

理念にもあるとおり、多世代による民主的で合理的な生活運営を目的とするコレクティブハウスの試みは、現時点で最も組織化・制度化された非家族的共同生活実践であると考えられる。具体的には、住居によって違いはあるものの、共同生活における様々な集合的決定は、月に一度のミーティングで、すべての住人(八―四〇人前後)が集まって共同で行う(小谷部一九九七、二〇〇四)。理念から、多数決的意思決定を採用せず、全員一致を目指して議論を行うため、丸一日を会議に費やすことや、毎週集まって会議を継続することもあるものの、こうした議論の積み重ねの中から民主的な生活運営の基盤を生み出そうとしている。たとえ家族が縮小し閉塞していくとしても、それを包含する生活共同体が民主的に運営されることで、家族内部の個人の意見が家族の境界を越えて生活に反映される可能性が示唆されている。

事例②：アメリカ合衆国のコープ住宅における第三者介入と「コープ連合」

ふたつめは、報告者自身が二〇〇六年から調査に入っていたアメリカ合衆国ボストンのコープ住宅と呼ばれる協働住宅の試みである。コープ住宅とは、独身者を中心とした中規模な住宅をつかって、八―二〇人程度の共同生活を営むものである。コレクティブハウスと同様、週に三回程度の共同の炊事「コモンミール」と、月に一回程度の定例会議を含む、コミューナルな共同生活を実践している(cf.小林二〇〇六、久保田二〇〇七)。強いていえば、組織化の程度の強いシェアハウスともいえるが、トクヴィルが憧れたようなアメリカ東海岸の自治の伝統を引き継ぎ、生活の合理化というよりも「共同性の理念」を体現しようという組織的な目標が前景化している。学生が多いかとおもいきや、学生には学生寮が権利として与えられているため、学卒後の若者や、労働時間が短くコミュニティワークの時間が割ける公務員や、遠隔勤務可能な会社員、離死別後の高齢者の存在が大きいようである。生活協同組合などと連携している場合も多く、周囲の一般的な賃貸に比べて低廉な家賃で、性的マイノリティといった住宅弱者にとっても安全な住居の提供を目指している。

この点、コレクティブハウスと同様に、共同の炊事や雑事（chore）を分担する以上は、集合的意思決定の場である定例会議は重要な位置を占めていて、企業の会議のように制度化されており、ホワイトボードの議事次第に従ってすすめられ、議事録も保存されて共有される仕組みになっていた。とりわけ、筆者が調査にはいったボストン・ハーバード大学周辺のケンブリッジとよばれる文教地区では、十数のコープ住宅が緩やかなネットワークを作りながら、二カ月に一回コープ住宅同士の会議が開催され、いずれかのコープ住宅の居住者は自由に参加し、合同のプロジェクトのほか、生活上の悩みについての相談も行う。場合によっては、各コープ住宅の会議に他のコープから経験者や専門家が同席し（議決権はない）、「以前の自分が知っているケースについてはこう解決した」といったアドバイスを行うこともある（cf.久保田二〇〇七）。

事例③：ホームシェアにおける「中間事業者」の役割

みっつめは、海外でも大きくとりあげられ、近年日本でも注目されている「ホームシェア」と呼ばれる高齢者と若者の共同生活の事例である。ホームシェアとは、典型的には独居高齢者の家の空き部屋を、住居のニーズを持った若者や学生に無償ないし格安で貸し出す代わりに、高齢者の生活上の不便の解消や見守りを担ってもらおうとするプロジェクトである。一般的に、配偶者と死別した高齢者と、進学などで家を探している若者・学生の間を、マッチングとファシリテーションを行う中間事業者が媒介することで、多世代間の共同生活を運営していく仕組みを持っている（久保田二〇一二b）。大陸ヨーロッパやアメリカ合衆国などに複数の起源を持つとされるが、一九九〇年代にスペインとフランスで大きく展開して話題になったあと、日本でも二〇〇〇年代から世田谷区、練馬区、中野区などで事業者が試験的な運用をはじめ、二〇一七年から京都府が「京都ソリデール」として大規模な事業展開を行ったことで大きく前進した。

もっとも、上でみたコレクティブハウスやコープ住宅と比べると、高齢者の持ち家に若者が間借りするというモデルに近く、居住者が集合的意思決定を行うというほど大げさな仕組みは存在しないことが多いようである。ただし、入居に際して中間事業者が最低限のルールをとりまとめて書類にしたり、問題があれば朝食や夕食(義務ではない)を取りながらルールの見直しをしたりといった契機に開かれている。また、トラブルに際しても、中間事業者が双方のヒアリングを行って解決に尽力し、場合によってはマッチングをやり直すことまで行う。特に、身体的・体格的な意味での高齢者の劣位と、経済的・実質的な間借りという意味での若者・学生の劣位という、居住者間の不平等を、中間事業者が外部からサポートするという仕組みが、ホームシェアにとって不可欠である。それゆえ、ヨーロッパやアメリカの一部では、高齢者と若者の一般的なホームシェアのみならず、一人暮らしのシングルマザーと高齢者マッチングや、障害を持った高齢者や、障害を持った学生とのマッチングも存在し、ある意味で居住者内部の不平等を外部からサポートする仕組みが幅広く応用されている。

事例④：日本のシェアハウスにおける「ゆるやかな政治」

最後にとりあげるのは、近年日本でも広がっているシェアハウスの事例である。日本のシェアハウスは、学生寮の不足や外国人留学生に対する住宅差別などを背景として学生街などで古くから行われてきた「自主運営型のシェアハウス」と、一九九〇年代から長期滞在型ゲストハウスから発展してきた「事業者介在型のシェアハウス」で、大きく異なっている点に注意が必要である。前者は、それまでの人間関係を基礎とした「友人同士の共同生活」に近いのに対して、後者は事業者が大規模な社員寮や学生寮、あるいは家族向けの一軒家を改修して「バラ貸し」するため「事業者を介して見ず知らずの人と住む」形に近い。一九九〇年代後半から市場の拡大とともに存在感を増し、シェアハウスブームとでもいうべきものを形成したのは、主に後者の事業者介在型のシェアハウスである。統計も十分なものが存在せず、事業者介在型に限るとある時点では、居住者の九割が三〇代以下、八割が首都圏に集中し、女性が七五％、正規雇用率も七五％程度であるという(ひつじ不動産二〇一〇)。また、都内の単身者向け住宅の〇・三％を占めるという推計もある。

それゆえ、シェアハウスにおける集合的意思決定のプロセスも、自主運営型か事業者介在型かで大きく異なっている。一方で、自主運営型はアメリカのコープ住宅ほどではないものの、毎月の定例会や、食事会を利用した情報共有の場を設けている場合もあるほか、事前のルールの策定や明文化、画一的執行といったような意味で制度化され、共有のノートや、SNS、ホワイトボードなどを使ったコミュニケーションと了解を通じた「ゆるやかな政治」が行われている(久保田二〇〇九a、阿部・茂原二〇一二)。これは、家族的な共同生活とも連続する部分があるだろう。他方で、事業者介在型のシェアハウスにおいては、居住者は相互に責任を負う以上に家賃の支払いを通じて事業者に対して責任を負っているため、居住の基本部分について居住者同士が集合的意思決定を行うことは少ない。反面、集合的意思決定を通じて居住者間のコミュニケーションを喚起できないため、事業者はメンテナンスコストや居住者間のコンフリクトを削減するために、レクリエーションやパーティーなどを企画する必要にも迫られている。

第三節　家族という共同生活における意思決定

ここまで、家族批判としての親密圏概念の展開とその批判から検討したうえで(第一節)、家族の想定を離れた共同生活における集合的意思決定がどのようになされているのかを実例を交えて検討してきた(第二節)。すなわち、これまでの親密圏をめぐる議論の中から、親密性とケアの問題をひとまず棚上げして、さしあたり共同生活における集合的意思決定の問題について検討するというアプローチをとってきた。

この点、田村哲樹は、家族を「親密圏」へと抽象化したうえで、この意味での「親密圏」における対話・討議の独自の意義について、ジェーン・マンスブリッジのアプローチに依拠しつつ整理を試みている。すなわち、家族を含む親密圏は、「「他者」が「他者」として現れる場であり、今日における熟議／対話の重要な課題の一つは、まさに異質な他者たちの間の関係をいかにして熟議・対話によって調整していくか、という点にある」とし、親密圏の中の熟議が、それ自体で独自の意義を持つことを主張する(田村二〇一〇：七五)。ただし、家族を含む親密圏は、その構造特性として「非公開性」「非制度性」「不平等性」といった阻害要因(制約条件)に服することに注意が促されている(田村二〇一〇：六一―六四)。

以下では、これらの諸要素を手がかりにして、非家族的共同生活の事例においては必ずしも問題とならないこれらの阻害要因が、家族的共同生活においていかなる条件のもとで阻害要因へと転じるのかを検討していきたい。

意思決定過程の非制度性と非公開性――なぜ家族会議には専門家が同席しないのか

まず、ひとつめの論点は共同生活における意思決定過程の制度化にかかわるものである。当然ながら、一般的に大規模な居住生活になるほど、一定の公式的な制度化は効率的であるばかりか不可欠でもあるだろう。たとえば、自治会やマンションの管理組合のみならず、大規模な学生寮や社員寮といったものには、明文化された規則や約款などが存在し、定期的に定められた手続きで意思決定のための会議が開催されるなど、公式的・制度的な組織運営がなされている。これと同様に、今回とりあげた非家族的な共同生活の中で最も制度化されているコレクティブハウスでは、明文化されたルールや運営がなされ、定例会や議事録なども存在している。また、規模に幅のある北米のコープ住宅では、アメリカ的な組織運営文化の影響はあるかもしれないが、八人程度の小規模な共同居住の運営においても、公式なアジェンダの設定や議事録などがあるだけでなく、家事分担についても詳細なルールが存在し、絶えず見直しや改訂が行われている。

これに対して、比較的小規模な非家族的共同生活においては、制度化のメリットは小さく、結果として非公式的な制度化にとどまったり、むしろ制度化を忌避したりする傾向もみてとれた。ただし、ここで重要なのは、共同生活における意思決定が、それ自体必然的に非制度的なわけではなく、また、制度化が不可能なわけでもないという点である。実際、家族における家事分担や家計の分担を実効的なものにしていこうとすれば、ある程度の制度化が求められることになるはずである。また、こうした「制度化への抵抗」はシェアハウスの中にもみられ、たとえば、ルールを決めることはよいが罰則を決めることは嫌がり、ペナルティを決めることはできても罰金のような貨幣を介在した制度は「家の中が息苦しくなる」といった理由で忌避される場面もあった。未成熟子と性愛夫婦といった核家族の場合のみならず、直系家族や三世代同居のように規模も大きく利害が錯綜するような家族的共同生活の場合であっても、家族の定例会議や家族の議事録を取ることが忌避されるのはなぜだろうか。

むしろ、制度化や公開が可能であり有用であるような場面においてさえ、居住生活とプライバシーを結びつける規範や、家族と親密性の規範が、制度化に抵抗する場面があるというほうが正確かもしれない。ひとついえるのは、家族だからといって制度化できないわけでも、親密だからといって制度化できないわけでもなく、共同生活の制度化の度合いは、共同生活の規模や組成といった構造的要因のみならず、公平性や効率性、透明性といった共同生活の他の要請とのバランスの上に成り立っているという点であろう。

同時にまた、家族的共同生活において、外部の専門家の意見や、経験者の意見を参考にしながら意思決定を行う機会がまれであるという非公開性の問題点にも注意が向けられる。たとえば、コレクティブハウスやコープ住宅の定例会においては、外部の識者や経験者、専門家の意見を聞きながら、最終的に居住者同士の集合的意思決定をよりよいものにするためのアイデアを取り入れることができた。もちろん、外部から識者を招いたとしても、最終的な議決権を渡さなければ、集合的意思決定は依然として居住者の中に留まることになる。国会でも、企業でも、自治体などの各種委員会でも、議決権を持たない専門家をアドバイザーとして活用することは当然のように行われているのに、家族的共同生活においてこうした技術が活用できないとすれば、それはなぜだろうか。たとえばまた、ホームシェアにおいても中間事業者がルールの策定やトラブルの解決に主導的にかかわり、こうした関係はとりわけ立場の弱い居住者との対等な関係を築くことに一役買っていた。これらの点からみると、家族が制度化されないままにおかれるのも、非公開のままにおかれるのも、家族の中の弱い立場の人間に不利に働いているようにみえる。

意思決定単位の極小規模性と「二人性」——なぜ家族はこんなにも小さいのか

非制度性、非公開性の背後には、制度化したり公開したりすることのコストを上げて効率性を下げるような、家族的共同生活の小規模性が関係している。拡大家族（直系家族）から核家族への長期的な移行という意味だけでなく、家族内部の子どもの数の変化という意味でも、家族という共同生活はますます規模の小さいものになっている。一人暮らしを含む世帯の平均人数も、二人以上の世帯の平均人数も、年々減少している。

この点、筆者は日本におけるシェアハウスの実践から反射的に近代家族の構造的困難を抽出する中で、共同居住の正員が二人しか存在しないことに起因する問題を「二人性（twoness）」として定式化してきた（久保田二〇〇九ｂ）。すなわち、①家計費の共有において、共同生活体の中でも最も非効率であるという「最小限度の規模の経済」、②家事の協働において、協働のメンバーが二人しか存在しないために分業が匿名化されず、厳密な互酬性への圧力に晒されるという「家事の非匿名性と互酬への圧力」を指摘し、これに加えて、③共同的意思決定に際して多数決も仲裁も存在しえないという「合議体としての機能不全」を指摘した（久保田二〇〇九ｂ）。具体的には、実際に三人のシェアから二人のシェアへ移住した経験のある人への聞き取りを元に、たった二人の共同生活体では各人が五〇％の票しか持たず、意見の対立は構造的に票決不意一致を生むために、そもそも議論を避け、双方の無関心を帰結する可能性について論じている[4](久保田二〇〇九b：一二六―一二九)。たしかに、三人以上であれば二人の場合よりも意見が偶然一致する可能性は低いかも知れないが、意見が異なる場合には、説得や仲裁など様々な戦略が採用しうる。最悪の場合は、結果を受け入れることに同意したうえで、多数決を取ることも可能になる[5]。

ここで、成員(member)と正員(full-member)の区別に留意されたい。確かに、高齢者や子どもが同居する三人以上の家族であっても、共に家計を担い、家事労働を分担し、意思決定に参与する対等な資格を持った成員は、夫と妻の二人である場合が少なくないだろう。家事研究においても、日本の子どもの家事時間の少なさは両親の家事を「手伝う」ことはあっても、「分担する」ことは稀であり、まして両親との「分担の公平性」が問題になることはほとんどない。また、不況の折、親元で暮らしながら家計に収入の一部を入れることはあっても、「家計費の分担」という程の額ではなく、また、「家計費の分担の公平性」が問題になることも少ないだろう(cf.宮本・岩上・山田一九九七、岩上二〇一〇)。

だとすれば、実質的に夫婦が中心となって家計費や家事の分担とそれに関する意思決定を二人で行っているならば、そうした家族は成員が三人以上であっても正員が二人であることになり、ここでいう「二人性」に起因する構造的困難を免れないことになる。たとえば、「夫婦でよく話し合う」ことが推奨されるときでも、夫婦でいったいどのように話し合えばよいのかは示されない。話し合った結果、たまたま合意に至るようなケースを除いて、意見が一致しない問題は、決定されないか、決定されない結果、時に伝統的な役割を経由して／時に女性の経済的な劣位を理由として、なし崩し的に女性の肩にのしかかることになる。こうした夫婦における「非決定」の権力に関する問題(Okin 1989＝二〇一三：第七章)の背後には、夫婦を中心に運営される家族が、合議体として「決定しにくいように」構造化されていることが関係していると思われる。

依存を含む集合的意思決定――家族内代理における「利益相反」問題

家族的共同生活における意思決定が抱えがちな構造的な困難のもうひとつは、依存的な立場の成員が存在し、もっぱら他の成員が彼ら／彼女らをケアする役割を担っているという意味での非対称性ないし「不平等性」であろう。とりわけ、身体的な依存のみならず、幼少や高齢であるために一人で意思決定を行うことができない／できたとしてもパターナリスティックな介入を必要とする成員は、自らの「利害をよく知る」誰かに補佐／代理してもらわなければ、自らの利害を共同的決定に反映させることができない。家族が常にでないにせよこうした依存をケアする役割を与えられ、時に積極的に引き受けていることは、家族的な共同生活をその他の共同生活から根本的に異なるものとして区別するさいの根拠とされてきた。

とはいえ、組織や集団の内部に単独では意思決定ができない依存的な成員が存在するということ自体が、ただちに共同的な意思決定を不可能にするわけではない。たしかに、人がみな依存的な状態で生まれ、多くが依存的な状態を経て死んでいくこと自体は普遍的なものであり、政治哲学が長く前提としてきた自律的に意思決定を行う原子的な自己への批判も積み重ねられている（Kittay 1999＝二〇一〇）。しかし、さしあたり近代的な自己像を念頭に置いたとしても、現に未成年の親権者や成年後見人が行っているように、法的擬制であれそこに依存的な成員の意思を反映させることは決して不可能ではない。むしろ、なぜ家族の中の依存者だけが、他者の後見や支援を受けながら、ある種の擬製された対等性を持って意思決定過程に参与できないのかという点が問われるべきであろう。

おそらく原因は、上で述べた非公開性に加えて、家族のように依存者の「利害をよく知る」家族成員は同時にまた「利害が対立する」成員でもあるという法定代理の構造的なディレンマにある。たしかに、家族の外部に対しては、依存者の「利害をよく知る」者であり、かつ「利害が対立しない」者として、家族正員が対外的に依存者を代理できるかもしれない。しかし、家族内部の意思決定過程に参画する場合においては、家族正員は依存者の「利害をよく知る」者であるかもしれないが、同時に「利害が対立する」存在となる。たとえば、家族の外部では、民法上制限を受ける利益相反取引の例として、「自己契約」と「双方代理」の二つが挙げられている。「自己契約」とは「自分が当事者となる契約について、その相手方の代理人となること」であり、「双方代理」とは「当事者双方の代理人となること」である。ともに、契約に関する基本法である民法一〇八条で禁止されている（内田一九九四：一三九―一四〇）。ともに、代理する者が、代理される者よりも自己の利益を優先しがちである点に鑑みて、こうした利益相反取引を制限する趣旨からくるものである。にもかかわらず、こうした利益相反が、家族においてはむしろ当然とされ制度化されていることで、家族内部の意見や利害の対立をみえなくしてしまう。ふつう、親は子の法定代理人として契約や身分行為の一部を法的に承認・代理するが、これが利益相反とみなされることはない。この背後には、家族は利害が対立しないもの、親は自分のことよりも子のことを優先するはずという思い込みが存在すると思われる。しかし実際には、事故や病気で意識を失った子どもに変わって治療や延命の可否を代理する場面に象徴的なように、代理される子と代理する親の利害が対立する場面は少なくない。

しかしこうした家族内部の利害対立と代理の問題は、原理的に調停不可能にみえるかもしれないが、何らかの制度的手当は不可能ではないように思える。この点、善積京子によるスウェーデンの養育訴訟の調査は、ひとつの重要な示唆を与えてくれる。善積によれば、離婚や親権・面接交流などにかかわる裁判で何よりも「子の最善」を重視するスウェーデンでは、社会福祉サービス機関のソーシャルワーカーによって選出される「コンタクトパーソン」と呼ばれる一般人（ほぼ）ボランティアが、非常に大きな役割を果たすという。コンタクトパーソンは、子どもにかかわる仕事をした経歴があり、こうした業務に関心がある応募者の中から任命することも、親の知人の中から任命することもあるという。コンタクトパーソンは、子どもの関心や子ども自身の奪い合いになりがちな泥沼の中で、子と別居親との面接に同席したり、子どもと継続的に接しながら子の意見を裁判所に伝える役割を果たしたりすることが求められている。なおコンタクトパーソンに渡される少額の手当は公費によって賄われ、誰でも無料で利用できるという（善積二〇一三：四三―四四など）。これは、子の代理にかかわる「利害を最もよく知る」人と「利害が対立しない」人というディレンマを、第三者を制度的・継続的に介入させることで克服しようとする事例であるが、同時にそもそも「親以外に子どもの利害をよく知る者が存在しなかったこと自体が問題なのではないか」という疑問を投げかけもする。具体的な制度的提案は本章の趣旨から外れるが、たとえば子どもが一人産まれる度に、コンタクトパーソンが一人担当者として裁判所から選任され、毎月一回子どもと面談を行うという仕組みはどうだろうか。家族の外部に、子どもを含めた依存的立場の「利害をよく知り」かつ「利害が対立しない」存在を制度的に担保することは決して不可能ではない。

政治的意思決定と経済的不均衡――なぜ夫婦の経済力が意思決定に影響するのか

関連して、家族的共同生活における成員の平等とは何かについて若干の検討を加えておきたい。職場における女性の不利な立場を家庭内の不公正な不払い労働の分配に求める議論（Okin 1989＝二〇一三）や、逆に、職場での賃金や地位の低さが家庭内での家事分担の根拠になるとする議論（森二〇〇五）は、こうした職場と家庭における従属的な地位の悪循環を示してきた。それゆえ、家庭と家庭内の平等や夫婦の対等性を達成するためには、家庭における無償労働の分担と、職場における同一価値労働同一賃金の原則が、処方として示されることになる。（6）

しかし、そもそもなぜ家庭内での政治的な発言権や勢力が、家庭外の経済力によって影響を受けてしまうのか、このことは当たり前にみえて実は奇妙なことである。たとえば、企業の経営における発言権や決定権は、個人の所得や売り上げ、企業への貢献度によって直接規定されるのではなく、役員会や成員資格といった政治的身分によって決定されている。あるいはまた、国政や地方自治体などの政体において、仮に政治的影響力が経済力によって影響されることはあっても、むしろ政治的権利は「たとえ経済的には何分の一の力しかなくとも、政治的には一人一票」を行使できることこそ、個人の政治的平等を担保している。(7) このことはまた、集合的意思決定が制度化されているコレクティブハウスやコープ住宅でも、制度化の度合いが緩いシェアハウスにおいても、当然のように担保されていることとも関連している。たとえばコープ住宅の居住者は、たとえ大きな所得格差を抱えていても、まずは正員として議決権において平等であるし、家賃や共益費という家計寄与において平等であるし、家事や雑事の分担において平等である。

これと比べると、家庭内で不利な立場に置かれた妻が「私は経済的には力はないが、それでも同じ一票を持っている」という形で平等な権利を行使できないのは、そもそも夫婦二人からなる共同生活体においては多数決が機能しないこと、それにより、「同じ一票」という形での政治的平等が家庭内で観念しにくいことと関係していると考えられる。家族的共同生活が夫婦二人によってではなく、四人か五人の合議体によって形成されていたならば、経済合理性に抗ってでも平等を優先する決定を、多数決で達成することも可能になったかもしれない。現状で家族における意思決定が、「政治的にではなく経済的に」決定されているとすれば、そのこと自体が家族という合議体が政治的に機能していないことの結果であると考えることもできる。

この節では、親密圏における熟議に付随する問題とされてきた「非制度性」「非公開性」「不平等性」を、共同生活における意思決定の問題に位置づけ直すことで、こうした制約条件はそれ自体、必ずしも共同生活に付随するものでもなく、あらゆる親密性に必然的に伴うものでもなく、むしろ、どのようなサイズの共同生活か、どのようなタイプの依存者を含むのかといった様々な外的条件に依存することをみてきた。とりわけ、非家族的な共同生活実践が、その規模に応じて、様々な制度化の試みや、意思決定の過程を外部に開く試み、あるいは、共同生活内部の依存や不平等にもかかわらず対等な意思決定主体であるための様々な工夫を組み込んでいることと対比すると、家族的共同生活がこうした「非制度性」「非公開性」「不平等性」の問題を緩和できる構造にないことがみえてくる。

結語――「家族の政治学」に向けて

本章では、「家族の政治学」の可能性を検討するうえで、親密圏に関するこれまでの議論を批判し、家族に還元されない共同生活における集合的意思決定の場面を検討する必要性を主張するとともに（第一節）、非家族的な共同生活の場面としてコレクティブハウスやシェアハウスの実践を集合的意思決定の側面から紹介し（第二節）、翻って家族という共同生活体における意思決定の特徴と制約について検討してきた（第三節）。もちろん、本章で扱おうとした〈共同生活圏〉の政治学は「家族の政治学」に向けた一つのアプローチに過ぎず、再定位された意味での〈親密圏〉の政治学や、〈ケア〉の政治学からのアプローチも別途可能であろう。

もっとも、こうした議論に対して、非家族的な共同生活実践がそれ自体、ときに親密性やケアを含まないがゆえに、それは「家族」の政治学とは無関係なのだ、むしろそれは対等な個人が集まり議論する「公共圏」や「公共性」の問題なのだと、考えられるかもしれない。たしかに、大規模なコレクティブハウスやコープ住宅は、たとえそこに独身者や子育て世帯が混ざり住むとしても、むしろ私たちがよく知るマンションの管理組合や自治会のような、家族や世帯を包含する一段大きな集合体の方に類似しているようにみえるかもしれない。そこでは、共同生活の内部に親密な家族は温存されており、「家族の政治学」の可能性を検討するならばその内部をみなければいけないのではないかと、思われるかもしれない。

しかし、家族の規範や家族のプライバシーから一定の距離をとり、共同生活の境界と家族の境界のズレを意識しながら日常生活を営まざるを得ない非家族的共同生活実践からは、通常の家族では通常の家族であるがゆえに取り得ない／取りにくい様々な工夫や制度化の試みが行われていた。たとえば、定期的な会議や、議事録の保存、外部の専門家の助言や、周囲の共同生活体との連携、さらには、依存的であり不平等であるからこそ外部に開かれた集合的意思決定の仕組みは、本来ならば家族のような小規模で脆弱で不平等が顕在化しがちな共同生活体にこそ、必要とされているノウハウであるようにもみえる。

その意味でも、共同生活の様々なグラデーションの中に従来の家族と家族における集合的意思決定を位置づけることは、家族には集合的意思決定の場として何が欠けているのか、集合的意思決定の場として家族が構造的にどんな制約を背負っているのかを浮き彫りにしてくれる。家族というものは、いわば人間の生活上の様々なニーズが歴史的に絡み合った結び目のようなものである。結び目がほどけてしまったあとで「結び目はどこへ消えたのか？」と問うことがナンセンスであるように、時代が下り、私たちの生活上のニーズが必ずしも家族という結び目を経由しなくなった現代において、「家族はどうなってしまったのか？」と問うことはナンセンスである。なぜなら歴史的に、家族は親密性の特殊な一形態であり、出産・育児・介護といったケアの特殊な一形態であり、共同生活の特殊な一形態であったにすぎないからである。それゆえ、「家族の政治学」を構想するには、こうした家族というニーズの束の歴史的偶発性を考慮に入れる必要がある。

それでもなお「家族の政治学」と呼びうるものがあるとすれば、それは、共同生活関係の政治学と、ケア関係における政治学と、親密な関係性における政治学の個別の探求の傍らで、ときにその偶発的な関連性を検討していくこと以外に方法がない。これらはすべて、家族の外にも親密性があり、家族の外にもケアがあり、家族の外にも共同生活があるのだという、考えてみれば当たり前の洞察から始まっている。家族をみようとして、家族しかみない者は、家族さえみることができないのである。

注

（1）　当初は国勢調査をはじめ世帯類型として一定の地位をもっていた学生寮や下宿、軍隊や病院における共同生活が、家族的な世帯類型に収斂させられていく課程については、久保田（二〇一一a）を参照。

（2）　もっとも、機能としての親密「性」と、そうした機能を担保するための空間・領域としての親密「圏」という二種類の議論には少なくない力点の違いがあるが、本章では重ねて扱える場面では親密性／親密圏と表記する。

（3）　夫婦が個人として共同の家事を分担することに異存はないとしても、子どもも同じように個人として（何歳から）共同の家事を分担すべきかについては、コレクティブ内でも争いがあるという。

（4）　これまでも、社会学における二人／三人という形式的な人数による集団の構造的な特質は、ゲオルグ・ジンメルによっても早くから指摘されていたが、直接家族集団に適用されることは少なかった（Simmel 1908＝一九九四）。近隣分野では、経済学者ゲイリー・ベッカーが、「家族の経済学」を論じる中で、子どもを家計内生産（household producitn）の主体としてではなくむしろ客体として位置づけたうえで、家族（世帯）を夫婦二人からなる「小さな工場」と呼んだことは本章のアプローチに近い（Becker 1991［1981］）。さらにまた、政治哲学者スーザン・モラー・オーキンは、経済学者アルバート・オットー・ハーシュマンの組織／集団における voice（発言／異議申し立て）と exit（退出）に関する議論を引きながら、「結婚のような二人のメンバーからなる制度の場合には、一方の退出によって制度が弱体化するのではなく制度自体の解散につながってしまうことに起因する、特殊な力学が働くことになる」（Okin 1989＝二〇一三：二二五）と述べ、ゲーム理論でいういわゆる「威嚇点／交渉決裂点（disagreement point）」のジェンダー差が夫婦の権力関係を支えていることを指摘している。

（5）　この点、意思決定方法の中で多数決の優位性を認めない立場からは、そもそも多数決であれ、くじ引きであれ、全会一致であれ、予め意思決定方法が決まっていなければ何人いても決められないのではないかという批判をいただいた。その意味では、本章での議論は多数決に一定の優先度を与える特定の立場を採用しているといえるかもしれない。二〇一七年に研究会を開催してくれた早稲田大学大学院（当時）の石山将仁氏と齋藤ゼミの方々からの指摘に感謝したい。

（6）　しかし、たとえ男女の平均的な賃金格差がゼロになったとしても、賃金の分散がある以上は個別の夫婦の間の賃金格差は残る。偶然にも同じ賃金の夫婦が結婚するのでない限り、個別の夫婦においては賃金格差を背景とした家庭内の不平等が温存されることになる。これを防ごうと思えば、男女の平均的な賃金格差ではなくすべての人の賃金を等しくするか、賃金格差のある夫婦の結婚を禁じるほかはなくなる。

（7）　野崎（二〇〇三）などでも論じられているように、平等について「等しいものを等しく」扱う（アリストテレス的）平等に対して、「異なるものを等しく」扱うアーレント的平等を対置したことを想起されたい。経済的に様々な地位にある者たちを、「にもかかわらず」等しく扱うことに平等の意義があるのであって、もし経済力が釣り合わなければ平等にならないとすれば、家庭内の政治的平等のために家庭外の経済的平等を達成しようとすることは、一見すると女性の地位向上を目指すようにみえて、そもそも経済的平等が政治的平等の前提になっていること／経済的に平等でなければ政治的に不平等であっても仕方ない側面があることを含意してしまう。

参考文献

阿部珠恵・茂原奈央美（二〇一二）『シェアハウス――わたしたちが他人と住む理由』辰巳出版。

Becker, Gerry（1991 [1981]）*A Treatise on the Family*, Harvard University Press.

Brake, Elizabeth（2012）*Minimizing Marriage: Marriage, Morality, and the Law*, Oxford University Press（久保田裕之監訳『最小の結婚――結婚をめぐる法と道徳』白澤社、二〇一九年）.

Fineman, M. Arbertson（2004）*The Autonomy Myth: A Theory of Dependency*, New Press（穐田信子・速水葉子訳『ケアの絆――自律神話を超えて』岩波書店、二〇〇九年）.

Giddens, Anthony（1992）*The Transformation of Intimacy: Sexuality, Love and Eroticism in Modern Societies*, Polity（松尾精文・松川昭子訳『親密性の変容――近代社会におけるセクシュアリティ、愛情、エロティシズム』而立書房、一九九五年）.

ひつじ不動産監修（二〇一〇）『東京シェア生活』アスペクト。

岩上真珠編著（二〇一〇）『〈若者と親〉の社会学――未婚期の自立を考える』青弓社。

Kittay, Eva Feder（1999）*Love's Labor: Essays on Women, Equality, and Dependency (Thinking Gender)*, Routledge（岡野八代・牟田和恵監訳『愛の労働――あるいは依存とケアの正義論』白澤社、二〇一〇年）.

小林秀樹（二〇〇六）「世界のコープ住宅」本間博文・小林秀樹・藤本信義編著『新訂生活科学Ⅱ――住民主体の居住環境整備』放送大学教育振興会、一八―三三頁。

小谷部育子（一九九七）『コレクティブハウジングの勧め』丸善。

小谷部育子（二〇〇四）『コレクティブハウジングで暮らそう――成熟社会のライフスタイルと住まいの選択』丸善。

久保田裕之（二〇〇七）「共同居住と家族――東京・ボストンのフラットシェアの事例から」大阪大学大学院人間科学研究科修士論文。

久保田裕之（二〇〇九ａ）『他人と暮らす若者たち』集英社。

久保田裕之（二〇〇九ｂ）「若者の自立／自律と共同性の創造――シェアハウジング」牟田和恵編『家族を超える社会学――新たな生の基盤を求めて』新曜社、一〇四―一三六頁。

久保田裕之（二〇〇九ｃ）「『家族の多様化』論再考――家族概念の分節化を通じて」『家族社会学研究』第二一巻一号、七八―九〇頁。

久保田裕之（二〇一一）「家族社会学における家族機能論の再定位――〈親密圏〉・〈ケア圏〉・〈生活圏〉の構想」『大阪大学大学院人間科学研究科紀要』第三七号、七七―九六頁。

久保田裕之（二〇一二ａ）「世帯概念の再編――非家族世帯と『家計の共同』をめぐって」『年報人間科学』第三三号、一七―四二頁。

久保田裕之（二〇一二ｂ）「高齢者の『見守り』と多世代型共同居住――コレクティブハウスから学ぶもの」とよなか都市創造研究所

『ＴＯＹＯＮＡＫＡビジョン22』第一五号、四二―四九頁。

南野佳代（二〇一四）「親密圏と家族をどう捉えるか」『法律時報』第八六巻三号、八一―八三頁。

宮本みち子・岩上真珠・山田昌弘（一九九七）『未婚化社会の親子関係――お金と愛情にみる家族のゆくえ』有斐閣。

森ます美（二〇〇五）『日本の性差別賃金――同一価値労働同一賃金原則の可能性』有斐閣。

中村由香（二〇〇九）「親密性としての〝性－愛〟論の構図」『生涯学習基盤経営研究』第三四号、一一三―一二二頁。

野口裕二（二〇一三）「親密性と共同性――「親密性の変容」再考」庄司洋子編『親密性の福祉社会学――ケアが織りなす関係』東京大学出版会、一八七―二〇三頁。

野崎綾子（二〇〇三）『正義・家族・法の構造変換――リベラル・フェミニズムの再定位』勁草書房。

岡野八代（二〇一二）『フェミニズムの政治学――ケアの倫理をグローバル社会へ』みすず書房。

Okin, Susan Moller（1989）*Justice, Gender, and the Family*, Basic Books（山根純佳・内藤準・久保田裕之訳『正義・ジェンダー・家族』岩波書店、二〇一三年）.

大沢真理（二〇〇二）『男女共同参画社会をつくる』ＮＨＫ出版。

大島梨沙（二〇一四）「親密圏の多様化に家族法はどう対応するのか――日仏比較の視点から」『法律時報』第八六巻三号、六五―六九頁。

齋藤純一（二〇〇〇）『公共性　思考のフロンティア』岩波書店。

齋藤純一編（二〇〇三）『親密圏のポリティクス』ナカニシヤ出版。

齋藤純一・竹村和子（二〇〇一）「対談　親密圏と公共圏の〈あいだ〉――孤独と正義をめぐって」『思想』第九二五号（公共圏／親密圏）、七―二六頁。

Simmel, Georg（1908）*Soziorogie: Untersuchungen über die Formen der Vergesellschaftung*（居安正訳『社会学――社会化の諸形式についての研究』上・下、白水社、一九九四年）.

田渕六郎（二〇一四）「世代間関係の変容と親密圏――世代間アンビバレンスの視点から」『法律時報』第八六巻三号、六一―六四頁。

田村哲樹（二〇一〇）「親密圏における熟議／対話の可能性」田村哲樹編『政治の発見５　語る――熟議／対話の政治学』風行社。

上野千鶴子（一九九四）『近代家族の成立と終焉』岩波書店。

上野千鶴子（二〇〇九）「家族の臨界――ケアの分配公正をめぐって」牟田和恵編『家族を超える社会学』新曜社、二―二六頁。

内田貴（一九九四）『民法Ⅰ　総則・物権総論［第二版増補版］』東京大学出版会。

善積京子（二〇一三）『離別と共同養育――スウェーデンの養育訴訟にみる「子どもの最善」』世界思想社。

第4章　紛争社会でつくる日常の平和
――南部フィリピンにおけるムスリムとクリスチャンの共棲――

吉澤あすな
日下　渉

はじめに

クリスチャンが多数派のフィリピンでは、南部のムスリムによる分離独立や自治を求める武装闘争が一九七〇年頃から継続してきた。フィリピン国家はムスリムに自治を付与して和平を実現しようとし、NGOも相互理解の促進に取り組んできたものの、平和構築は一進一退を繰り返している。ただし南部の日常生活では、異教徒同士が隣人、恋人、家族などとして共に暮らしてきたことも事実である。紛争と暴力に囲まれながらも、なぜ一般の人々は異教徒とも日常の平和をつくってこられたのだろうか。逆に、日常の平和にもかかわらず、なぜ紛争が継続してきたのだろうか。本章では、国家と市民社会による平和構築の課題を指摘したうえで、ミンダナオ島中北部の地方都市イリガンに暮らすムスリムとクリスチャンが、いかに「共棲」を築いてきたのかを明らかにしたい。

イリガンを取り上げるのは、ムスリムとクリスチャンが比較的平和に共存してきたからである。吉澤はここで二〇一三年から一年半かけてムスリム家族と暮らしつつフィールド調査を行った。フィリピンのムスリムには一〇以上の言語民族集団があるが、イリガンにはマラナオ(ラナオ湖周辺を伝統的居住地とする国内最大のムスリム民族)が多い。二〇一〇年現在、イリガンの人口は三二万一一五六人で、八九・七%がキリスト教諸派(七九・三%がカトリック)、ムスリムが九・五％、山岳先住民のアニミズムが〇・八％である。統計上、全国平均の五・六％よりややムスリムの割合が多い程度だが、実際にイリガンで暮らすと三、四割はムスリムだと感じる。イリガンには大学や就労の機会が集まっており、多くのマラナオが一時的に近隣から来て居住しているからだ。

第一節　宗教少数派と生きる――差異の翻訳か共棲か

南部フィリピンにおける武装闘争の継続は、自由民主主義の制度がムスリムの代表に失敗してきたことを意味する。その原因は、フィリピン国家だけでなく、自由民主主義そのものの課題に由来するかもしれない。近年、世俗主義を前提とする自由民主主義は、宗教少数派の利益を代表できず、社会統合を促進するよりも、分断を生んできたのではないかとの疑念が高まってきたからだ（高田二〇一三、二〇一五）。

西洋の自由民主主義は政治から宗教を切り離すことで成立したし、宗教は近代化の進行と共に私事化され、公共圏の討議は理性的な世俗言説によって行われると期待された。だが、宗教は公共圏でその価値や規範を主張し続けている。フィリピン、韓国、東欧、ラテン・アメリカでは、民主化闘争でキリスト教が大きな役割を果たした。中東ではイランのイスラーム革命以降、イスラーム化が進んでいる。イスラーム主義は宗教に基づいて望ましい政治を実現しようとするので、そもそも政教分離にそぐわない。アメリカでも新保守主義と結託したキリスト教原理主義が政治過程に影響力を行使している。ホセ・カサノヴァは「ポスト世俗主義」の状況で、宗教が自由民主主義や近代の諸価値を支える公共的な役割を果たしうると主張したが（カサノヴァ一九九七）、宗教が自由や人権といった規範、民主主義を脅かす事態も起きている。

自由民主主義は宗教をいかに扱うべきかをめぐって、宗教言説は公共的理性に基づく討議を妨げるので、公共圏から締め出すべきだと訴える世俗主義者もいる。他方ユルゲン・ハーバーマスは、対立する宗教的見解は基礎付けられた合意に達することができないので、公共圏に参入する宗教言説は一般的に受容可能な世俗言説へと「翻訳」されなくてはならないとする（ハーバーマス二〇一四）。しかし、宗教市民に世俗的な翻訳の義務を負わせる一方で、自由民主主義と世俗市民には根源的な変容を求めないのは公正ではない、という批判がある（高田二〇一五）。

さらに世俗主義そのものを根底から批判する議論もある。チャールズ・テイラーは、中立性を掲げる世俗主義が、公的領域から宗教言説を排除して自らを絶対化するのは矛盾だと指摘する（テイラー二〇一四）。タラル・アサドは、「世俗／宗教」の二項対立と、前者の後者に対する優越性を虚構と批判する（アサド二〇〇六）。政治と宗教を分離させる世俗主義は、西洋で形成された宗教概念にすぎないというのだ。サバ・マフムードも、二〇〇〇年代中頃に欧州で論争と暴力を巻き起こした「ムハンマド風刺漫画掲載問題」を取り上げ、ムスリムの身体化された「傷」や「痛み」は、自由民主主義の制度内では聞き入れられなかったと論じる（Mahmood 2009）。彼らによると、自由民主主義が宗教少数派のムスリムを代表できないのは、世俗主義者のいうように、宗教言説との討議が不可能だからではない。むしろ、世俗主義が自らのキリスト教的背景を自覚せぬまま、その制度や規範をムスリムに強要しているからである。

西洋の自由民主主義はそうした課題を内包しつつも、一九七〇年代以降、少数派を包摂すべく多文化主義を発展させてきた。だが塩原良和が指摘するように、国家の主導する公定多文化主義は、多数派による管理を前提すると共に、集団間の差異を固定化して対立を昂進する危険を孕む。しかも一九八〇年代以降、新自由主義のもとで福祉を削減し、熟練移民労働者を優遇する一方、非熟練労働者を排除してきた。そうしたなか、人々が近隣、学校、職場などで文化的多様性を経験・交渉し、社会関係とアイデンティティを形成、再形成していく「日常の多文化主義」に関心が集まっている（塩原二〇一六）。熟議民主主義の文脈でも、ハーバーマス的な公共圏が少数派を排除する危険への認識が深まるにつれて、日常の場における非公式な公共圏が多文化主義に寄与する可能性が論じられている（Deveaux 2017）。

ただし、非公式な日常の熟議は、家族や職場の上下関係によって妨げられることも多い。また熟議を行う間もなく決断を迫られることもある。

ジュディス・バトラーは、熟議に拠らぬより根源的な多元社会の理念として、多くのユダヤ人がディアスポラのなか実践してきた他者との「共棲《co-habitation》」を訴える（バトラー二〇一四）。彼女によれば、私たちは共に棲む人々を前もって決めることはできず、熟議や社会契約で選ぶこともできない。私たちが見知らぬ他者と結びつけられているというのは存在論的条件であり、「他者の破壊は私の生の破壊である」のだから、隣り合う他者との共棲は普遍的な権利であり義務でもある。それゆえイスラエルによる暴力的な領土への「帰還」と国民国家建設は、パレスチナ人だけでなく、ユダヤ人による共棲の伝統と価値への攻撃でもある。共棲が成立しうるのは、本来の場所や帰属、さらに敷衍して言えば本来の望ましき自己のあり方から追い払われたという、彼我の収奪《dispossession》の歴史が、危機の瞬間において忘却の彼方からひらめきのように想起される時である。収奪の受難はそれぞれ固有で共通性を持たないが、彼我を結びつける普遍でもあるというのだ。以下では、この議論を手掛かりに、南部フィリピンにおける異教徒の共棲を検討したい。

第二節　南部フィリピンにおける異教徒の対立と共棲

南部フィリピン史の再検討

南部フィリピン史は収奪に彩られている(1)。一六世紀後半、スペインはフィリピン中北部でキリスト教化を進め、南部ではイスラーム諸王国の平定に乗り出す。スペイン人は、八世紀にイベリア半島を征服した北アフリカのムスリム「ムーア人」にちなんで、フィリピンのムスリムを「モロ」と呼んだ。スペイン人がムーア人に抱いた敵対心はフィリピンのムスリムにも投影され、「モロ」は対話不可能な敵だとされた。この「モロ戦争」で、スペイン軍はムスリムの集落を襲ってモスクを破壊した。ムスリム諸民族はこれに激しく抵抗し、侵略に対する報復と労働力調達のため、キリスト教化したフィリピン人の集落を襲った。

一八九八年から植民地統治を開始したアメリカは、全国的な食糧危機を解決するため、クリスチャンの貧農を中北部からミンダナオに入植させた。独立後の政府も、共産主義の拡大を封じ込もうと、大地主支配の下で苦しむ土地なし農民を入植させ続けた。その結果、ミンダナオではムスリムとクリスチャンが混住し、一九七〇年代までにムスリムは少数派となった。一九五〇年代以降は、多国籍企業による土地の収奪と自然破壊が、ムスリムや山岳先住民の生活を破壊した。現在でも、南部フィリピンは全国で最も貧困率が高い。資源の豊かな故郷で貧困に苦しむという被奪感は、自分たちの土地と権利を取り戻したいという想いに繋がり、武装闘争による分離独立運動を支えてきた。

こうした経緯に基づき、南部の紛争の起源は、植民地期に形成されたクリスチャンとムスリムの敵対心にあるとの言説が支配的になってきた。しかしパトリシオ・アビナレスは、こうした言説では、独立後一二〇万人ものクリスチャンが南部に入植したにもかかわらず、一九三〇年代から一九六〇年代まで両者が平和的に共存していた事実を説明できないと批判する(Abinales 2016)。そのうえで、この平和の背景には、ムスリムとクリスチャンが、機能しない国家への怒りと窮乏を共有したことがあったと指摘する。

すなわち、植民地政府と独立後の政府も、予算不足や汚職によって入植政策を適切に実施しなかったので、クリスチャン入植者は飢饉に苦しみ、ネズミなどによる作物の食害がそれに追い打ちをかけた。また支配的言説によれば、クリスチャンは非合法にだけでなく、行政書類を用いて合法的にムスリムの土地を収奪していったとするが、そもそも国家は土地所有を司る法を実施できていなかった。こうした状況下で、クリスチャンはムスリム多数派の地域を避けて入植したし、両者はもっぱら市場での収穫物や物品の取引を中心に交流した。ムスリム・エリートも、中央エリートとのパトロネージを強化すべく、入植者を保護し票田として取りまとめようとした。こうして、入植地でも飢餓に苦しんだクリスチャンと、近代化の波に呑まれ困窮化していったムスリムは、平和に共棲したというのだ。

一九七〇年代初頭に平和が破綻したのは、アビナレスによると、未開拓の入植地が不足すると同時に、クリスチャン・エリートが台頭してムスリム・エリートの脅威となったためである。両者のエリートはそれぞれ私兵を雇い武装化を進めた。しかも同時期、戒厳令を布告したマルコス大統領は、ミンダナオ開発のため大量の国際資本を動員し、反対勢力を鎮圧すべく軍事力を強化した。またマルコスは同盟を結んだ地方エリートを優遇したため、エリート間の競争が激化した。つまり、土地と国家資源へのアクセスをめぐる競合の高まりが、日常の平和を崩したというのだ。

こうしたなか、マニラや中東で教育を受けた若手ムスリム・リーダーが伝統的エリートに代わって台頭し、困窮したムスリムに新社会のヴィジョンを提示した。彼らは侮蔑語「モロ」を、誇り高き「バンサ《国・国民・民族》・モロ」と読み替え、モロ民族解放戦線（ＭＮＬＦ）を創設した。ＭＮＬＦは先祖伝来の土地と資源を奪還すべく、武装闘争を伴う世俗的な人民解放を目指した。またＭＮＬＦから一九七七年に分派し一九八一年に結成されたモロ・イスラーム解放戦線（ＭＩＬＦ）は、シャリーア（イスラーム法）で統治される高度な自治政府の獲得を求めてジハードを展開しつつ、住民に治安維持、社会福祉、宗教活動を提供してきた。

国家による平和構築

フィリピン国家は選挙制度と自治政府の設立によって、南部における国民統合と平和構築を模索してきた。だが、それらの制度が自らの困窮を改善するとは信じぬムスリム勢力の離反を招き、ムスリムとクリスチャンのみならず、ムスリム内部にも分断を生んだ。

第一に、選挙制度は南部では北中部から半世紀遅れて一九五八年に導入されたが、代表制によって社会集団間の対立を調停するという機能を十分に果たさなかった。選挙を通じて地方首長や国会議員になったムスリム・エリートは、教育の拡大などを促進する一方、中央の有力政治家を支える集票人となることで、地域における税収、ビジネス許認可権、開発利権、暴力を独占していった。他方、貧しい大多数のムスリムは、エリートの資源配分と暴力・強制に支配されて、選挙で自らの利益を表出できなかった。しかも、一九六六年、国軍によって数十人ものムスリム訓練兵が殺害されても、ムスリム・エリートは有効な打開策を打ち出せず、ムスリム庶民の不満は頂点に達した。選挙制度に幻滅した人々は、ムスリム庶民の立場から社会変革を訴えたMNLFの武装闘争に、希望を見出した。一九七二年から一九八六年までのマルコス独裁期を経て再開された選挙制度も、反政府勢力のリーダーを武装闘争から選挙政治に誘い込めなかったし、選挙職を争うムスリム・エリート間の暴力を激化させた。

第二に、歴代政権はムスリム自治地域の設立による和平を模索してきたが、これを拒絶する勢力が相次いだ。まず、反政府勢力のリーダー間では、和平交渉への参加や自治政府の利権をめぐる熾烈な闘争が生じた。そして和平交渉が進展するたびに、交渉の場から外された勢力が暴力で不満を表明してきた。一九七六年には、マルコス政権とMNLFが南部一三州九市を自治地域に定めたトリポリ協定を締結する。しかし、合意に不満を抱くサラマト・ハシム派はMNLFから離れ、一九八一年にMILFを結成した。MNLFが主にスールー諸島に多いタウスグとサマによって構成される一方、MILFの中心はマギンダナオとマラナオであり、この分派は民族・地域の亀裂にも基づいていた。一九九〇年には、コラソン・アキノ政権がムスリム・ミンダナオ自治地域(ARMM)を設立するも、MNLFはその内容を不服として参加を拒否した。一九九六年、ようやくMNLFのヌル・ミスアリがARMM知事に就任するが、二〇〇一年にMNLF内の闘争で敗れて知事職を失うと、ホロ市の国軍基地を襲撃する。他方、武装闘争を継続してきたMILFは、二〇一二年にアキノ三世政権とのバンサモロ枠組み合意に至る。だが、これに反発して、スールーのスルタン末裔を名乗る一派やMNLFミスアリ派などによる蜂起が続いた。

次に、自治政府設立をめぐる交渉は、MNLFとMILFにフィリピン国家内の自治政府を受け入れるという現実的な妥協と「世俗化」を強いてきたし、高度に専門的な和平交渉は一般民衆の切実な関心から乖離していった。そして、世界的なイスラーム復興のもと、イスラーム独立国家の設立による新たな社会の実現を訴える急進派が次々と生まれると、長年にわたる紛争と貧困に苦しんできた人々の間で支持が広がっていった。とりわけ旧来の勢力に共感できない若者は、MNLFから分派したアブサヤフや、イスラーム国(IS)に忠誠を誓うマウテ・グループなど、新興武装集団の勧誘対象となってきた。

そして草の根レベルでは、自治地域への参加を問う住民投票が、クリスチャンとムスリムの共棲を脅かした。クリスチャン住民は、自治地域設立をムスリムのためのものと認識し、域内少数派となって不当に扱われるかもしれないと不安を抱いたのである。二〇〇八年八月、アロヨ政権とMILFは、先祖伝来の領地に関する合意書(MOA-AD)に署名を行う計画だった。MOA-ADは、バンサモロ司法体の領域をARMMとこれに隣接する六町に広げたうえで、ムスリムが多数派の地域を中心に七三五自治体で住民投票を行い、参加賛成多数の地域をこれに加えるとした。しかし、既得権が失われると危機感を抱いた地域有力者や、ムスリムに土地を奪われるとの誤った情報を信じたクリスチャンらが猛烈な反対運動を起こした。イリガン市長などの政治家の申し立てに基づき、最高裁判所もMOA-ADに違憲判断を下した。他方、MOA-ADを反故にされたと反発するMILFが政府軍と衝突し、数十万の難民が発生した。あるクリスチャンのNGOスタッフは「当時、合意の内容をよく理解せずに不安や恐怖から反対運動に参加してしまった。そのせいでイリガンでもムスリムとクリスチャンとの対立が深まった」と語る。

このように、選挙と自治地域は、ムスリムを、これらの世俗制度の中で利益を実現しようとする者と、そこから疎外されイスラーム主義による新たな社会秩序に希望を見出す者とに分断してきた。また、自治地域をめぐる住民投票は、共棲してきたムスリムとクリスチャンの不信と対立を醸成した。ただし、この帰結はアサドやマフムードが示唆するように、自由民主主義の制度そのものが抱える限界のためだとは必ずしも言えない。後述するように、二〇一〇年代に入って、より多様な住民を包摂した和平の進展が見られるからである。

市民社会における異宗教間理解

イリガンの市民社会では、宗教間の相互理解を促進しようと活動しているNGOがある。ムスリムが歴史的な不正義に対して異議を申し立てるほど、「野蛮、暴力、危険」といったクリスチャンによるムスリムへの偏見を強化してしまうジレンマを取り除こうとしているのだ。ミンダナオ国立大学 - イリガン工科校付設のミンダナオ平和開発協会(Institute for Peace and Development in Mindanao)は、ムスリムとクリスチャンの学生に南部の平和をテーマに絵画や映像を作成させたり、マニラの学生と平和について議論させて、平和教育と異宗教間の対話に取り組んでいる。同協会は、こうした活動が可能な理由として、ミンダナオ国立大学ではミンダナオ史が必修となっており、話し合いの土壌が醸成されていることを指摘する。ただし、この授業は学生にとってセンシティブなテーマなので、対話がただの口論になってしまわぬよう、教員の研修にも力を入れている。

こうした活動は、宗教間の不信に一定の歯止めをかける役割を担っている。同協会のワークショップでは、異なる信仰を持つ生徒が互いの意見に耳を傾け、信頼関係を築く様子を目の当たりにした。ただし、彼らの語る共生のヴィジョンは、あまりに理念的で、日常生活の実態から遊離しているように思えた。彼らは「あるべきクリスチャン」と「あるべきムスリム」が調和的に共生する社会を理想とするが、そこには差異をめぐる日々の葛藤や、規範から外れる行いや価値観が存在する余地はない。理念的かつ固定的な差異を前提とする共生のヴィジョンは、多様な人々が複雑に絡まり合った社会関係という現実に反して、宗教間の差異を明確化・固定化してしまいかねない。その点で、自治地域設立を目指す国家の和平プロセスと同様の脆弱性を内包しているのではないか。

マラナオ系のNGOカパマググパ会(Kapamagogopa Inc.)は、大卒のムスリムに訓練で意識変革を促したうえで、他のNGOに研修生として派遣し、就業の機会を与えようとしている。同会は、二〇一三年に国連「文化の同盟」とBMWグループの「異文化イノベーション賞」を受賞した。この活動の背景には、ムスリム学生への就職差別がある。とりわけ大企業や政府系での就職活動において、面接を拒否されたり、クリスチャンが優先されたりする理不尽を経験する者は多い。それゆえ優秀なムスリムほど、社会的に地位の高い仕事を得て、経験を積むことができないというジレンマに直面する。同会の創設に参加した女性スタッフも、国営製鉄公社での就職活動で、最終選考に残った同じ大学の卒業生三名のうちムスリムの彼女だけ採用されず、差別を感じたという。

同会から他のNGOに派遣された研修生は、そこで高い評価を得ると正規スタッフとして採用される。これは彼らにとって魅力的な機会だ。外国の支援を得て活動するNGOは、比較的高い固定給を得つつ、故郷の平和と発展に尽くせる社会的評価の高い仕事である。それゆえ採用一〇名の枠に対して、毎年一〇〇名前後の申請がある。応募者の約八割が女性で、採用比も同程度だ。女性が多いのは、ムスリム家族の多くが、大学まで進学できた娘を、学校教師、NGO、海外出稼ぎといった固定給の得られる仕事に就かせようとするためである。ムスリム女性にとっても、NGOに就職すれば、親族集団の社会規範から距離を置き、移動や交友関係の自由を享受できるメリットもある。

選抜の合格者は、勤め人としての一般的な作法、異宗教や異文化への寛容などを学び、価値観を広げることを求められる。またコミュニティ開発、プロジェクトの立案や運営といったソーシャル・ワーカーに必要なスキルも学ぶ。同会は、訓練を受けた研修生を、クリスチャン多数派地域のNGOや、ムスリム・スタッフの全くいないNGOに送り込むことを重視している。より幅広い価値と知識を身に着けた「善きムスリム」を派遣することで、受け入れ先NGOや、その地域住民の偏見を取り除こうというのだ。実際、異なる環境への適応、日々の偏見、クリスチャンの言語の習得といった困難に打ち勝って成功する研修生が次々と生まれている。

大卒のムスリム若者が支援の対象になるのは、出身集団の文化のみに拘泥せず、柔軟な「善きムスリム」として、クリスチャンと理性的に討議したり、一緒に働いて偏見を除去していけると期待されているからだ。ハーバーマス的に言えば、彼らは宗教言説を世俗言説へと翻訳する訓練を受けている。しかし、この「善きムスリム」の鋳型からこぼれ落ちる者は、和平への「邪魔者」や「劣った」存在として他者化されかねない。また、異宗教間理解のために、ムスリムにより大きな自己変革の負担を要請するのは非対称だ。もっとも、この非対称性は、ＮＧＯの限界や偏向ではなく、むしろムスリムが周縁化されている程度の深さを反映している。

第三節　日常生活における異教徒の共棲

収奪が支える相互扶助

国家の平和構築が逆に人々の分断を助長したり、市民社会における和平への取り組みが明確な差異で区切られた理想的な主体を要請したりするのとは異なり、イリガンの日常生活では、反目や対立も孕みつつ差異の境界線を撹乱していく異教徒間の諸実践が日々の共棲を支えていた。それらの中でも、最も頻繁に目にしたのは日々の助け合いだ。

マラナオのムスリム女性、ナフィ一家がイリガン市内で引っ越しをすると、近所にクリスチャンの老女グシーナが住んでいた。グシーナは家の軒先で野菜や調味料を売っていたが、ナフィが買い物に来ても警戒して話そうとさえしなかった。彼女の娘は「マラナオを信用したら駄目よ」と声を潜めて言った。しかし借家の家主の都合で、ナフィ一家が家を出て行かなくてはならなくなると、グシーナの態度が変わる。家主は、糖尿病で足の切断手術をすることになり、費用を工面するためナフィに借家の質入れを要求したのだ。ナフィは金策に奔走しつつ、金を得られなかった時に備えて空き家を探し回った。そんな姿に同情したのか、グシーナはナフィに情報を提供したり、愚痴を聞いたりするようになった。立ち話が長くなって眠くなったナフィの子供がぐずると、「坊や、ここに来て休みな」と、グシーナは店の中の長椅子に寝かせた。

ナフィが、隣に住むクリスチャン女性のレイチェルを助けたこともある。レイチェルは夫と別れ、幼い娘、恋人と暮らしているが、恋人とは金銭をめぐって口論が絶えない。ナフィは「マラナオだったら困った親戚がいれば援助する。クリスチャンは親戚に問題が起きても助けないから薄情だ」と突き放しつつも、レイチェルの窮状を気にかけていた。レイチェルの娘が小学校に入学するので制服代など入学資金が必要になると、ナフィら近所の人々は、レイチェルの家にある扇風機など日用品の質入れ先となり、お金を貸すことにした。店への質入れとは異なり、友人への質入れであれば、金を工面できなければ返済期間を延ばしてもらうこともできる。こうした貸し借りは、継続的に関係を持ち、信用がある相手同士だからこそ可能となる。

このように、ムスリムとクリスチャンが互いによく知らぬ他者として関わる際、「信用するな」という警戒心と、「異教徒も悪い人ばかりじゃない」という想いが入り乱れる。そして何らかのきっかけで小さな交流が始まると、完全には気を許さず陰口も言い合うが、次の瞬間には仲良くしていたり困っていたら助けるといった関係がつくられていく。国家の福祉機能が不全なので、とくに貧しい人々にとって、人とのつながりが生存保障や機会の獲得にとって最も重要な役割を果たすからだ。ただし、貧困地域ならば異教徒同士の相互扶助が常に成立するわけではない。

異教徒の混住が暴力に転化した事例も少なくないなか、なぜイリガンでは異教徒間の助け合いが可能なのだろうか。まず、イリガンは「流民の共同体」としての特徴を持つ。そこではバトラーの言うように収奪の歴史が共棲を支えている。マラナオには、貧困、紛争、農地の喪失、窮屈な親族関係など様々な理由で故郷を追われ、より快適な生活や仕事の機会を求めてイリガンに出てくる者が多い。彼らは入居可能な空き家を見つけて暮らすので、ムスリムの集住地区を形成しない。他方クリスチャンの多くは、大地主支配から逃れて南部に入植してきた貧農の子孫だ。彼らも就学や就労のため近隣地域からイリガンに出てくる。両者ともイリガンを終の住み処と見なしているわけではなく、より良い機会を求めて移動を繰り返す。とりわけ貧困地域では、金が尽きて借家から追い出されたり、台風で被災したりして、人々の出入りが激しい。

こうした環境では、ムスリムもクリスチャンも新たな人間関係をつくりやすい。出身地の農村部では、二つの宗教集団の間で農地や政治権力をめぐる争いや緊張関係が頻繁に存在する。だが、イリガンではそうしたしがらみからある程度自由になれるのだ。ＮＧＯによる宗教間対話やナフィたちの相互扶助が可能なのも、そのためだと言えよう。

次に、マラナオからすれば、イリガンでは親族外のマラナオよりも、クリスチャンの方が隣人として信用できる。マラナオの濃密な親族関係内では、共同体の規範による相互監視と、それを破る者への制裁があるので、人々は適切に振る舞わざるをえない。親族内では、親族関係の抑止力ゆえに他者を信用できるのだ。だが、彼らがイリガンで出会う親族外のマラナオには、その抑止力が効かないので不信感が募る。

また、マラナオをめぐる自己・他者表象が暴力を強調することも、知らないマラナオへの不信感を高めている。メディアがムスリムの暴力性を強調するだけでなく、多くのマラナオ男性自身も「タフ・ガイ」として自らを誇示する。銃の所有や昔のケンカ話を吹聴したり、自分自身や仲間がリド（親族集団間の暴力も含む抗争）や犯罪に関わったり、武装組織に参加していると自慢げに語る。ビジネスでの成功者は、いかつい米国車ハマーをこれ見よがしに乗り回す。暴力と隣り合わせの環境の中で生まれ育ち、公式の制度では対処できぬ理不尽な危機がいつ迫ってくるか分からないという予感と不安が、暴力による強さを彼らに強調させているようだ(2)。そして、こうした言説の蓄積が、知らないマラナオよりもクリスチャンの方が信頼できるという感覚を生み出している。

「幸せへの道」としての差異

では、相互扶助とは異なり、信仰に根差した差異や齟齬に対して、人々はどのように対処しているのだろうか。まず着目したいのは、改宗によって「クリスチャン／ムスリム（マラナオ）」という二項対立の境界線を侵食し、異教徒の他者性を中和していく宗教実践である。イリガンでは、自らの宗教に疑問を抱いたクリスチャンの中からイスラームに改宗する者が増えている。彼らは「バリック《戻る・帰る》・イスラーム」を自称する。重要なことに、バリック・イスラームとクリスチャンの多くは、二つの宗教の差異を、排他的な二項対立ではなく、より善き生と死を希求するなかで歩いていく、繋がり合った「幸せへの道」として認識している。

バリック・イスラーム組織の布教セミナーは、キリスト教とイスラームが、唯一神、天国、地獄といった世界観を共有していることを強調し、聖書の内容に訴えかけてイスラームの優越性を主張する。例えば、一神教のキリスト教が「父・子・精霊」の三位一体説を唱えるのは矛盾であり、「ただ一つの神アッラー」に祈るイスラームの方が正しいというのだ。「三位一体の教えは正しいと神父が言っていた」との疑問に対しては、聖書にその教えは載っていないと答えて納得させる。またキリストが四〇日間断食したエピソードや、聖母マリアがヴェールをかぶっていることを指摘して、イスラームの方がキリストやマリアに近い実践をしていると説く。聖書の内容に詳しい敬虔なクリスチャンほど、イスラームに関心を抱き、改宗していく傾向がある。

他方、教義や実践にこだわらず改宗する人々もいる。ある日、布教セミナーに集まった高齢者たちは、断食や喜捨といったムスリムの義務を説明されている最中、「そんなこと言ったって、うちらはもう年寄りだし祈るだけさ。ムスリムになれば天国に行けるともう分かったから早く改宗したい」とじれったそうにつぶやいた。ある初老の女性は、中東に出稼ぎ中に改宗した長男の話を聞いて、自身も改宗を望むようになった。シャハーダ（信仰告白）のあと、彼女は晴れやかな顔で「もう年だから断食とかはできないけど、やっと自由になれたってことよね」と語った。人々は「生前も死後も幸せでいたい」と願っている。そして、改宗を通じてやっとその願いを叶えられる道に辿り着けたと確信した時に出たのが、「自由になれた」という言葉なのだろう。

では、なぜイリガンでは、宗教紛争にも至ることのある二つの信仰が、繋がった「幸せへの道」として認識されるのだろうか。まず、社会が世俗化されておらず、多数派のクリスチャンも「世俗」を標榜しないので、両者の差異が「世俗／宗教」という偽りの対立に陥っていないことがある。アサドやマフムードが批判するように、「世俗」を標榜するクリスチャンが多数派の社会では、イスラームの声は聞かれない。しかしイリガンでは、職場や街角で相手の信仰について尋ねたり、宗教を話題にするのは日常的な風景だ。会話の中には、しばしば偏見や誤った認識もあるが、だからこそ規範的な語りだけではなく、正しい宗教をめぐる雑多な論争が日常的に行われる。宗教が共通の関心であるからこそ、少数派のムスリムは、世俗主義の圧力によって声を封じ込められることなく、クリスチャンとも対話の回路を持つことができるのだ。

次に、イリガンでは多様なキリスト教集団が存在しており、より善き生と死を願う人々の受け皿になっている。ある男性はもともとカトリック信徒だったが、聖書に忠実な教えに魅力を感じてエホバの証人に改宗した。だが酒を飲み過ぎて病にかかった時、ボーン・アゲイン・クリスチャン(新生の概念を強調するプロテスタントの教派)の信者から祈禱を受けて快復したのをきっかけに再び改宗する。ボーン・アゲインの礼拝ではバンドに合わせて歌や踊りが行われるので、彼は歌唱力を生かして礼拝リーダーになった。その後、聖書の勉強を深く進めるうちにユダヤ教に移り、そしてイスラームに辿り着いた。彼のように、改宗を繰り返す元カトリック信徒は少なくない。彼らは、キリストやマリアの聖像崇拝への違和感や、権威的なカトリック教会への反発を口にする。聖職者と一般信徒が対等な立場で聖書の教えを理解し、それに則って正しい宗教実践を行いたいと願う者たちを、プロテスタント諸派やイスラームがすくい上げているのだ。

イリガンのように南部の地方都市で宗教が社会的紐帯の結節点となっているのは、国家や市場が人々の「幸せ」を保障しないからだろう。だからこそ人々は、それぞれの宗教集団に属して「幸せに生き、死にたい」という願いを仲間たちと共有していく。

ただし、「幸せへの道」としての異宗教の共存は、集団間の差異を解消するわけではない。バリック・イスラームは、ムスリムを「真実の宗教を知る仲間」、クリスチャンを「まだ真実を知らぬ存在」として見なして、両者の連続性だけでなく優劣も強調する。また彼らは、アラビア語に堪能だったり、イスラームの知識に詳しい敬虔なマラナオを尊敬する一方、礼拝やクルアーンの勉強をしないマラナオを他者化する。彼らのせいでムスリムのイメージが悪くなってしまうというのだ。バリック・イスラームは、宗教を越境しつつも、「真実の宗教」への近さや「敬虔さ」によって、「我々／彼ら」の境界線と階層秩序を再生産している。だが、「彼ら」を仲間に加えようとはしても、敵として排除するわけではない。また、何が「真実の宗教」なのか確信しきれないので、バリック・イスラームはキリスト教の知識にも関心を抱き続けている。イリガンの多宗教社会では、自らの信仰の揺らぎと異なる教えに対する好奇心が、異宗教間の他者性を弱めて結節点をつくりだしているのだ。

多宗教家族の「曖昧な執行」

次は、家族の中で異なる宗教を共存させようとする実践を取り上げたい。多宗教家族は、家族の誰かが改宗するか異宗教間結婚することで生まれる。バリック・イスラームは、宗教の境界線を越境すると同時に、家族の中に新たな境界線を生み出す。またイリガンでは、異教徒同士が恋に落ち、結婚することも多い。ただし、ほとんどがクリスチャン女性とムスリム男性の結婚だ。ムスリム男性は、「啓典の民」(ユダヤ教徒、クリスチャン、ムスリム)ならば異教徒の女性とも結婚できる。ムスリムと結婚するクリスチャン女性には、イスラームに改宗する者としない者がいる。(3) ただし、ムスリム女性はムスリム男性としか結婚できない。クリスチャン男性もイスラームに改宗すればムスリム女性と結婚できるが、マラナオの親族関係や規範のため、実際には相当困難だ。

多宗教家族は、普段は家族内で複数の信仰を並存させておけるが、葬式の儀礼や子供の宗教選択などでは困難に直面する。そうした家族内の合意がほぼ不可能な契機において、なおも二つの宗教を両立させようとする実践として「曖昧な執行」がある。

マリアムはバリック・イスラームで、母も彼女の誘いでイスラームに改宗した。だが、クリスチャンの兄たちは「お前は俺たちから母さんを奪った」と怒っていた。母が亡くなると、どちらの宗教で葬儀を行うかをめぐり、兄たちと激しく対立した。イスラームでは死後の翌日までに埋葬するが、キリスト教では一週間ほどの通夜の後に埋葬式を行う。結局、十分に話し合う機会もなく、兄たちの強い希望によりキリスト教式の葬儀が行われた。通夜では、花や写真で飾られたキリスト教式の白い棺が安置される一方、部屋の壁にはクルアーンの章句が書かれた額がいくつもあった。日曜日に兄たちが神父を招いてミサを行う一方、マリアムは別の日にイスラームの布教セミナーを開いた。近親者の死は「真実の宗教」を知りたいという人々の気持ちを高める。そんな精神的な地場のなか、二つの宗教が争っていた。

キリスト教の墓地に向かう途中、家族と別のジープに乗り込んだマリアムは、「私の兄たちはちょっと違うから」と呟いた。しばらくして彼女は「痛い」と言いながら自分の胸の辺りを強く押さえた。墓地に到着後、マリアムは遠慮がちに列の最後尾にいたが、兄たちを説得して元牧師のバリック・イスラームによる説教を認めさせた。元牧師は「宗教間の争いがあるというけれど、ムスリムとクリスチャンは神を同じくするきょうだいだから共に暮らせる」と説いた。埋葬の後、マリアムは墓をコンクリートで塗り固めている業者に、十字架の飾りを付けないよう何度も念を押した。このように、異なる宗教の教義や規範によって妥協できない状況が生じた時、今後も家族として生活していかなくてはならないからこそ、ギリギリの調整のうえ曖昧な執行を実践するのだ。

異なる信仰を持つ夫婦にとって、子供の宗教選択も困難な課題だ。夫婦間では互いの信仰を尊重し別々の宗教実践を行うことも多く、周囲の理解も得やすい。しかし、子供をムスリムもしくはクリスチャンにするべきだと主張する祖父母や親戚からの介入は避けられない。それぞれの宗教が、子供を敬虔な信徒にするのは親の責任だと定めていることも、周囲からの圧力を強める。

アリは結婚した時はカトリック信者だったが、子供が生まれてからイスラームに改宗した。妻はクリスチャンのまま。小学生の子供三人は、祖父母の希望で洗礼を受けて、金曜日にイスラームの礼拝、日曜日に教会のミサに通う。アリは自身がクリスチャンとして育ち、成人してからイスラームを学び改宗したことから、子供にも両方の知識を与えたうえで自由な選択をさせたいと願っている。「子供たちが成長して理解できるようになれば、自然にイスラームに入ってくれると信じているよ」と言うのだ。これは、子供の宗教選択を先送りするという実践だ。「子供をムスリムとして育てるべきだ。妻子が教会に行くのを許すなんてあり得ない」といった外部からの批判は多いが、アリは「信仰は神と自分との関係なのだから、他人にとやかく言われたくない」と強い口調で言い切る。

多宗教家族の子供たちが、自らの信仰について戸惑ったり決めかねたりするのは当然のことだろう。サハラは、「あなたはムスリムなの、クリスチャンなの」と問われると、「分からない」と答える。両親は長らく別居しており、クリスチャンの母はマニラに暮らしている。父はムスリムだが、宗教実践をほとんどしない。一緒に過ごすことの多い父方の親戚は「ヒジャーブをしろ、礼拝をしろ」と叱るだけで、誰もムスリムとしての生き方を教えてくれなかったし、悩みも聞いてくれなかった。マニラで母やその親戚と一緒にいる時は、自分だけ豚肉を食べないなど、クリスチャンとも違うと思う。彼女は自身の信仰についてこう話す。

ムスリムとクリスチャンは、ただ祈りの方法が違うだけで何も変わらないと思う。なんで神様は人々を二つに分けたのかな。地獄も天国も一つずつ。神様も一つなのに。私は自分が祈りたい時に祈る。毎日神に感謝して、自分の行為を反省して、もっと良いことがあるようにお願いして。それだけじゃいけないのかな。

サハラの信仰解釈は、宗教の違いによって家族が引き裂かれたという辛い経験に由来する。彼女の姉にはクリスチャンの婚約者がいたが、激怒した父によって別れさせられた。その経験がよほど辛かったのか、姉は母が暮らすマニラに移り住んだ。それ以来、姉と父は全く連絡を取っていない。サハラは良好な家族関係を願っているからこそ、できるだけ宗教の帰属を曖昧しておきたいのだ。

異なる宗教間で揺れる「ハーフ」の子供たちは、選択を迫る圧力と日々対峙しながら暮らしている。サハラは短パンにTシャツを着ていることを父の親戚に咎められたが、「気持ちがないのに他人に言われて服装だけ変えるのは嫌だ。自分が心から納得した時にヒジャーブをしたい」と反発する。ファストフード店で働く別の女性は、客として訪れたバリック・イスラームの男性に宗教を問われ、「キリスト教とイスラームの両方から祝福されたハーフ・ムスリムです」と答えると、「宗教にハーフなんてあり得ない」と強く咎められた。

異なる宗教の要素を繋ぎ合わせたり、選択を保留したりする曖昧な執行は、「どちらかを選べ」という圧力に抗して、家族の中で何とか複数の信仰を併存させようとする苦難に満ちた実践なのだ。

一夫多妻と「差異の交差」

ただし、一夫多妻だけは曖昧な執行を許さず、時に家族の決裂さえもたらす。制度的に、ムスリム男性は、一九七七年ムスリム身分法に基づき四人まで妻帯できる。異宗教間結婚の場合、民法に基づく婚姻なら妻は一人だけだが、ムスリム身分法で婚姻登録したり、イスラームの結婚式を行えば、一夫多妻が可能だ。ただし宗教上は、第一夫人の了解を得たうえで、すべての妻と子供に、食事も服も教育も、会う時間もかける愛情も平等に与えなくてはならない。

マラナオ社会では、一夫多妻の利点を重視する考えも根強い。多くの妻を持てば、親族関係を拡大して、相互扶助を強化できる。一夫多妻には、夫を失った寡婦を経済的に支える役割もある。さらに、男性が結婚後に別の女性と恋に落ちても、クリスチャンのように「愛人」を持つ大罪を犯すことなく、第一夫人に納得してもらえば正式に複婚できる。しかも一夫多妻は善行として宗教的な価値を持つ場合もある。例えば、男性が寡婦を第二夫人としたり、第一夫人がそうした結婚を受け入れれば、「リワード（報い）」があるというのである。

ただし実際には、イリガンのマラナオは、一夫多妻について多様な意見を持つ。貧しい男性は妻と子供を増やすのは現実的でないと語るが、ビジネスで儲けたり、軍や警察で出世したマラナオの中には一夫多妻を誇示する者もいる。しかし、妻は一人の方が望ましいとクルアーンに書いてあるとして、そうしたマッチョな態度に眉をひそめる者も多い。また当事者となった多くのマラナオ女性も、夫の複婚を拒絶する。ファティマは、夫が勝手に第二夫人と結婚したのを許さず、彼らを別れさせようとしている。夫は毎週月曜日に第二夫人の家に通うが、ファティマを恐れて午後三時には帰ってくる。マラナオ男性のイスマエルは、弁護士であるにもかかわらず、第一夫人に知られるのが怖いので、別の妻との婚姻をシャリーア裁判所に届け出ていない。

宗教の壁を越えてムスリムと結婚したクリスチャン女性の多くも、その他の宗教実践については折り合いをつけられても、一夫多妻だけはどうしても認められないと話す。一夫多妻は世界観をめぐる対立を先鋭化させ、時に夫を共存不可能な他者にしてしまうのだ。リンダは、大学の同級生だったマラナオ男性と結婚した。夫側の親戚付き合いを多少煩わしく感じたものの、夫婦関係は良好だった。だが夫は二人目の妻と結婚してから、彼女と子供たちにあからさまに冷たくなる。離婚手続きを始めた彼女はこう話す。「私に相談もなく他の女と結婚するなんてひどいでしょ。夫の親戚は私が受け入れるべきだというけど、私には耐えられない」。ただし夫婦の関係が決裂したのは、イスラームのせいではなく、男性優位的なマラナオ文化の問題だとリンダは考えている。彼女があえてイスラームを責めなかったのは、異宗教間結婚を決断した自身の尊厳ゆえだろうか。

ジンジンは、夫が二〇歳ほども若い女性と結婚したと知って打ちのめされた。夫は自分の両親らには伝えていたが、彼女には何の相談もなかった。だがジンジンは、自分の兄から説得されて、何とか夫の行為を理解しようとイスラームの教義を学び始めた。数カ月後には改宗し、今ではヒジャーブもしている。夫の複婚は辛い経験だったが、良いこともあったという。夫婦でイスラームの勉強会に行くなか、夫は飲酒や夜遊びをしなくなり宗教活動に精を出すようになった。夫婦ともに敬虔なムスリムになれたというのだ。彼女がイスラームを拒絶するのではなく、むしろ受け入れたのは、キリスト教の価値の中では苦しみを受け止められなかったからだろう。一夫多妻は、いわゆる「愛人」とは異なり、イスラームでは制度的・道徳的に「正しいこと」だと周囲から説得されるので、ジンジンがクリスチャン女性として感じた苦しみは共感されないのだ。しかし、イスラームに改宗し「善きムスリム妻」として苦しみに耐えれば、リワードがもたらされ、社会からの共感と尊敬も得られる。

このように、異宗教結婚したクリスチャン女性にとって、一夫多妻は、夫とイスラームを受け入れ難いものとして距離を置くのか、それとも理不尽な行為をした夫とイスラームの価値をより深く受け入れるのか、という困難な選択を迫る。そして、家族内における複数信仰の共存を破綻させ、一夫多妻を拒絶するクリスチャンと、それを認めるムスリムという二項対立を前景化させてしまいかねない。ただし、リンダが離婚の原因をイスラームではなく、男性優位なマラナオ文化のせいだと強調したように、受け入れ不可能な差異を他者化する言説では、宗教だけでなく民族やジェンダーといった境界線も動員されている。

バリック・イスラームの女性は、敬虔な信徒として一夫多妻を理解しようとしつつも、本心では受け入れがたいと思っている。ある日、マリアムらバリック・イスラームの女性が、モスク建設に多額の寄付をした裕福なマラナオ男性の家に、お祝いで訪れた。すると彼には三人の妻がいるという。それを聞いたマリアムたちは騒然となった。一人が「私なら絶対認めないわ。嫉妬するもん。あなたはどう」とマリアムに問う。彼女は「妻なら夫を助けるのが真のムスリムよ。寡婦や貧しい女性との結婚なら慈善の価値があるし」と言うも、歯切れは悪い。彼女は「私の夫は若いから他に女をつくって私を捨てるかもしれない。もしそうなったら、イスラームの専門家に判断してもらうわ」と付け加えた。彼女たちは一夫多妻を恐れつつも、イスラームが常にそれを認めるわけではないことを頼りにしている。

このように、一夫多妻に対する人々の考えは、宗教、ジェンダー、民族、階層、当事者性などによって多様である。そして、女性たちは受け入れ難い一夫多妻に対して、複数の差異を参照しつつ何とか対処しようとする。だからこそ、宗教をめぐる差異のみが先鋭化して致命的な関係の決裂が生じることが防がれている。そのことは、イリガンの多文化社会にも当てはまる。イリガンの人々は、様々な他者や受け入れがたい差異と日々出会うなか、複数の社会亀裂を参照しつつ、反目や偏見も含んだ他者化の言説を盛んに交わし合う。にもかかわらず、いやむしろ、だからこそ、日常の共棲がつくられ維持されてきたのだ。

おわりに

南部フィリピンでは、紛争が継続してきたにもかかわらず、ムスリムとクリスチャンが、生活のために助け合う隣人として、「幸せへの道」を共に歩む仲間として共棲していた。家族の中で複数の信仰をめぐる対立が先鋭化した時でさえ、「曖昧な執行」や「差異の交差」によって、異なる信仰を苦し紛れに共存させ、関係の致命的な決裂を避けていた。こうした他者との共棲を支えているのは、無限の差異に耐えられる強い個人ではなく、むしろ傷つきやすく、自己の在り方が常に揺らいでいる弱い個人だった。彼らは貧困や紛争を背景に、それぞれの収奪――本来持っていたはずの豊かさや望ましき自己を奪われて「幸せ」を希求する状態――を抱いた隣人と向かい合っているからこそ、明確な区分けの言説を拒んで差異を絡まりあわせ、複数の価値が交渉され続ける場を開き続けてきた。

他方、自治地域の設立といった国家の平和構築は、多宗教社会の複雑に絡まり合った日常の平和を不安定化する危険性を伴ってきた。これは自治地域の設立という公式の制度が、錯綜した日常の社会関係を、制度的・理念的に「我々／彼ら」に区切られた関係へと常に置き換えようとするからではない。むしろ、自治地域の領域内で自身が少数派になってしまい、多数派の住民が優遇されるのではないかという不安を住民の間で引き起こしやすいからである。とりわけ二〇〇八年のMOA‐ADをめぐっては、政権とMILFが、クリスチャン議員と他ムスリム勢力からの妨害を防ぐべく、秘密裡に和平交渉を行ったため、不安に駆られたクリスチャン住民らによる反対運動を招いた。

しかし、この反発は、国家の平和構築をより包摂的なものへと発展させた。まず、MOA‐ADの失敗を受けて、政府とMILFは、二〇一二年設立予定の新自治地域組織法で、「バンサモロ」[4]、「入植者コミュニティ」、「非モロ先住民」などの代表が自治政府に参加する制度を採用した。次に、非ムスリムの不安を取り除くため、自治地域への参加を問う住民投票の対象地を狭めた。そして、自治地域内における非ムスリムの権利保障について住民に周知した。ただし、この制度の下でも、複雑に絡まりあった社会関係を制度的・理念的に区分けしていく共存モデルは残存しており、それは日常の共棲との間で緊張関係にある。また、自治地域を拒絶して暴力に訴えるイスラーム勢力をいかに包摂していくのかという課題も残る。そして、和平プロセスを包摂的にすればするほど、合意形成が困難になるというジレンマもある。真の和平への道は、いかに国家の平和構築が日常の共棲を尊重しつつこうした課題に取り組み、複雑に絡まりあった住民全体に資する改革を実現できるかにかかっている。

注

（1）南部の歴史について、石井（二〇〇二）、早瀬（二〇〇三）、川島（二〇一二）参照。

（2）女性は公式の生計で、男性は非公式な手段で不安定な状況を生き抜こうとするマラナオのジェンダー規範がある。

（3）　国や地域によっては女性の改宗が必要なこともある。

（4）　二〇一八年バンサモロ組織法によれば、「バンサモロ」とは、スペインによる植民地化の時点で南部に居住した人々である。そして、その子孫（他地域出身者との混血も含む）は、自分自身、配偶者、子供を「バンサモロ」と定義する権利を持つ。ただし、非ムスリム先住民はバンサモロと定義されることに慎重であるため、これは実質的に伝統的なムスリム集団を示す概念となっている。

参考文献

Abinales, Patricio N. (2016) "War and Peace in Muslim Mindanao: Critiquing the Orthodoxy," in Paul D. Hutchcroft (ed.), *Mindanao: The Long Journey to Peace and Prosperity*, Anvil Publishing.

アサド、タラル（二〇〇六）『世俗の形成――キリスト教、イスラム、近代』中村圭志訳、みすず書房。

バトラー、ジュディス（二〇一四）「ユダヤ教はシオニズムなのか？」ユルゲン・ハーバーマスほか『公共圏に挑戦する宗教――ポスト世俗化時代における共棲のために』箱田徹・金城美幸訳、岩波書店、七五―一〇二頁。

カサノヴァ、ホセ（一九九七）『近代世界の公共宗教』津城寛文訳、玉川大学出版部。

Deveaux, Monique (2017) "Deliberative Democracy and Multiculturalism," in André Bächtiger, John S. Dryzek, Jane Mansbridge, and Mark E. Warren (eds.), *Oxford Handbook of Deliberative Democracy*, Oxford University Press.

ハーバーマス、ユルゲン（二〇一四）「「政治的なもの」――政治神学のあいまいな遺産の合理的意味」ユルゲン・ハーバーマスほか『公共圏に挑戦する宗教』箱田徹・金城美幸訳、岩波書店、一五―三二頁。

Harris, Anita (2013) *Young People and Everyday Multiculturalism*, Routledge.

早瀬晋三（二〇〇三）『海域イスラーム社会の歴史――ミンダナオ・エスノヒストリー』岩波書店。

石井正子（二〇〇二）『女性が語るフィリピンのムスリム社会――紛争・開発・社会的変容』明石書店。

川島緑（二〇一二）『マイノリティと国民国家――フィリピンのムスリム』山川出版社。

Mahmood, Saba (2009) "Religious Reason and Secular Affect: An Incommensurable Divide?" *Critical Inquiry*, 35, 836-862.

塩原良和（二〇一六）「共生と対話――多文化主義の刷新のために」『TASC monthly』第四九一号、一二―一八頁。

高田宏史（二〇一三）「公共宗教と世俗主義の限界――ホセ・カサノヴァとチャールズ・テイラーの議論を中心に」日本政治学会編『年報政治学 二〇一三―I 宗教と政治』木鐸社、三八―五九頁。

高田宏史（二〇一五）「宗教と代表制は共存できるか？」山崎望・山本圭編『ポスト代表制の政治学――デモクラシーの危機に抗して』ナカニシヤ出版、一七九―二一〇頁。

テイラー、チャールズ（二〇一四）「なぜ世俗主義を根本的に再定義すべきなのか」ユルゲン・ハーバーマスほか『公共圏に挑戦する宗教』箱田徹・金城美幸訳、岩波書店、三三―六二頁。

第Ⅱ部

政治の中の日常生活

第5章　政治課題としての日常生活

はじめに――政治課題としての「生活」と現代日本政治

武田宏子

二〇一四年七月、集団的自衛権の行使の容認とそのための関連法制の整備の開始を閣議決定した後に行われた記者会見の冒頭で、安倍晋三首相は「いかなる事態にあっても国民の命と平和な暮らしを守り抜いていく」と宣言し、その上で、戦後日本の安全保障政策の大転換を意味するこの政治的決定を下した理由を以下のように説明している。

集団的自衛権が現行憲法の下で認められるのか。そうした抽象的、観念的な議論ではありません。現実に起こり得る事態において国民の命と平和な暮らしを守るため、現行憲法の下で何をなすべきかという議論であります（安倍二〇一四）。

首相である自分、そして、連立内閣を組む自由民主党と公明党の政治家たちは、「国民の命と平和な暮らしを守る」という政治課題を遂行する責任を負っている。日本を取り巻く状況が厳しさを増す中、この政治課題を達成するために従来の安全保障体制に変更を加えることは現実的で、不可欠な選択であり、したがって、戦後憲法体制において一貫して否定されてきた集団的自衛権の行使を認めるということさえも正当化される。こうしたロジックで構成された一〇分ほどの冒頭発言の中で、安倍首相は「国民の命と平和な暮らしを守る」という文言を正確に五回繰り返しており(1)、その政治課題としての重要性を殊更に強調している。

安保関連法制をめぐるその後の政治過程の展開は、しかしながら、少なくない数の国民がこうした日本政府側のロジックを受け入れなかったことを示している。「だれの子どもも、ころさせない」という合言葉に共鳴して、日本各地の母親たちが「安保関連法案に反対するママの会」に集ったのは、安保関連法案とこの法案の成立を推し進める安倍政権が子どもたちの命や生活を脅かす危険な存在であるという認識からであった。ママの会の発起人である西郷南海子が繰り返し述べているように、彼女たちの観点からすれば、安保関連法案の成立は「誰かに命令されて殺したり、殺されたり」する生や「誰かの利益のための道具としてのみ、人間が生きることを許されるような世の中」を生きることを「だれの子ども＝すべての人」に強いる社会の現出を意味しており、だからこそ彼女たちはデモに参加し、法案に対して反対の声を上げた(西郷二〇一五：一四二―一四三)。豊かで、善き生を守るためには安保関連法制を廃案にする必要があると訴えるママの会の主張は、安倍政権のロジックと真っ向から対立していた。そして、こうしたスタンスは、「命を馬鹿にする政治が許せなかった」(大澤茉実二〇一五：五三)とそのメンバーが書き残しているSEALDsの政治活動にも共通していたように見える(cf.大澤茉実二〇一六、奥田・猪瀬二〇一五：五一)。このように見ていくと、政治課題としての「生活」は、憲法や安全保障と並んで、安保関連法制をめぐる政治過程が展開する際の主要な軸であった。

翻って、この数年の日本の政治過程を振り返ると、政治的対立の軸が「生活を守る」ことをめぐって現出した二〇一五年の安保関連法制をめぐる政治状況が特に例外的なものであったわけではないことに気づかされる。むしろ、民主党が二〇〇九年に実現した政権交代に向けて「生活維新」や「国民の生活が第一。」という選挙スローガンを用いて以来、統治する側と統治に対抗する勢力の双方がともに政治課題としての「生活を守ること」の重要性を強調し、政治言説として頻繁に利用してきた。その最もわかりやすい例であったのが民主党から分裂し、新たな対抗勢力を形成しようとした小沢一郎らが、政党の名前に「生活」ということばそのものを使用し、「生活を守る」政党としての「真正さ」を主張することにより、政党としての存在意義を正当化しようとしたことであろう。こうした動きに対して、自由民主党も政権奪還を目指した二〇一二年の総選挙のマニュフェストにおいては、「自民党は、実現不可能な政策ばかりで国民生活を台無しにした民主党に代わり、着実に解決策を進めて、暮らしの安心を取り戻します」（自由民主党二〇一二：一五）とアピールし、政権に返り咲いた後も冒頭の安倍首相のスピーチに表れているように、「生活を守る」政党であるという建前は現在に至るまで維持されている。[2] このように、「生活」ということばは、この数年の日本の政治過程において異なる政治勢力を横断し、相争うように使用されてきており、万能かつ便利な政治言説として機能してきたと言える。

第一節　「生」／「日常生活」と政治理論の展開

「生」と「日常生活」をめぐる政治課題、特に「生活を守ること」が政治過程において前面化した現在の政治状況は、一九八〇年代から一九九〇年代へという時代状況の中で、日本内外で展開した政治の質の変化に関する理論的議論によって予告されていた。例えば、アンソニー・ギデンズは、冷戦終結後の一連の著作で、高度近代の状況では従来の「解放の政治（emancipatory politics）」ではなく「生と生活の政治（life politics）」が重要となると指摘している（Giddens 1991: Ch. 7; 1994）。彼によれば、後者が前者から区別されるのは、それが「いかに生活するのか」という問題について取り組むこと、言い換えればライフスタイルや自己実現、アイデンティティといった個人の日常生活のあり方の問題を政治課題として取り上げる点にある（Giddens 1994: 14-15）。こうした政治の質の時代的変化に関するギデンズの理解と軌を一にして、ウルリッヒ・ベックは、同時期に、「個人化」、すなわち「家族の内外で個人は教育と市場に媒介された自分たちの生存状況を保障し、それと関連する人生設計と組織化を執り行う行為者となる」という状況が昂進することにより、分配に代わって、個人の生と日常生活の再帰的構築に関する問題が主要な政治的課題として現れる「リスク社会」の到来を議論している（Beck 1992: 90＝一九九八：一四一―一四三）。興味深いことに、こうしたギデンズやベックの議論の数年前に、日本では篠原一が「ライブリー・ポリティクス」ということばを使って、イデオロギーや宗教に基づく「高等政治《ハイ・ポリティクス》」や「利益政治《インタレスト・ポリティクス》」と区別される「ポスト産業社会」の政治のあり方について論じている（篠原一九八五：七―九）。篠原が「ライブリー・ポリティクス」の例として挙げたのは、エコロジストの活動、自主管理運動、地方分権運動、地域的民族自治、フェミニズム、原発反対運動の活動であり（篠原一九八五：四）、こうした理解はギデンズの「生と生活の政治」やベックの「リスク社会」の「サブ政治（subpolitics）」の整理に重なっている[3]（Giddens 1991: 223-231; Beck 1992: 191-199＝一九九八：三八九―四〇三、1999: Ch. 5）。

他方で、国家に関する理論的議論の近年の進展は、生と日常生活の政治についてギデンズ、ベック、そして篠原が一九八〇年代から一九九〇年代にかけて、どちらかと言えば統治に携わる従来の政治勢力に対抗し、参加民主主義を志向する視座から議論した際には充分には分節化されていたとは言えない、次の二点の問題を提起した。第一に、統治する側の視点から考慮すると、カール・ポランニやミシェル・フーコーによって既に示されていたように、「生活を守ること」に関する国家の役割は、その時々の歴史的状況において解釈される経済的合理性を基準として判断される「統治の合理性」を参照し、異なる統治技法に結びつけられながら構想され、制度化されてきた（Polanyi 2001 [1944]＝一九七五、Foucault 2007; 2008）。イモジェン・タイラーが指摘するように、T・H・マーシャルによる三段階の市民権発展論は、ケインズ主義的再分配を国家の制度として制度化したベバリッジ報告を基礎とするイギリスにおける福祉国家の成立を文脈として議論されたものであり、したがって高度に歴史的な側面を持つ（Tyler 2013: 50）。実際、「政治プログラム」としての新自由主義の影響力の拡大によって（Harvey 2005; Peck 2010）、一九七〇年以降、高度産業社会で進行した「第二の大転換」（Blyth 2002）によって福祉国家制度が徐々に再編成され、その結果、国家の政府は国民の日常生活を「包括的に」保護するという役割を果たすことから撤退した一方で、「人的資本」や「企業家精神」の考え方が強調されることを通じて、教育や健康管理、コミュニケーション行為、消費活動などの生活に深く関わる政策領域へのコミットメントが強化されたことも指摘されている（Jessop 2002; 2008; Dean 2009）。こうした歴史的な過程を踏まえると、「生と日常生活」をめぐる政治について論じる際には、その政治過程にどのようなアクターがどのように関わっているのか、そこではどういった「統治の合理性」が共有され、実践されているのか、そして問題とされている日常生活はどのように構想されているのかという点について慎重に検討することが必要となる。

関連して、第二に、福祉国家制度に対するフェミニストの批判は、制度構築それ自体が「男性稼ぎ主型」家族という特定の家族モデルを前提として行われた結果、この家族モデルから外れた個人、特に生活を分かち合う他者を持たない女性に対しては、個人を保護するはずの福祉国家制度がしばしば逆機能してきたことを明らかにした（O'Connor, Orloff, and Shaver: 1999; Lewis 1992; Orloff 2010）。ここから示唆されるのは、第一に、「生活を守る」政治は個人のおかれた社会的および経済的立場によって作用の仕方が異なるということであり、より重要な論点として、第二に、ケインズ主義的福祉国家体制という生活を守るはずの政治制度が特定のタイプの個人を排除することによって、一定の規範的な権力を行使してきたということである。ニコラス・ローズによれば、新自由主義的改革の進行[4]によってケインズ主義的福祉国家が再編成されると、規範的権力は個人に対して特定のタイプの主体形成を促す主体内部のダイナミクスとして内在化され、したがってその権力性はさらに「高度化」された（Rose 1996; Miller and Rose 2008: Ch. 8）。こうした議論を踏まえると、生と日常生活の政治は、その過程において、統治する側と統治される側の権力作用が複雑に絡み合い、せめぎ合う政治闘争の場そのものとして理解される必要がある。

本章のそもそもの出発点は、生と日常生活の政治が現在の日本の政治過程でこれほどまでに注目されるようになったことにはどのような理由があり、そこにはどのような政治的なダイナミクスが作用していたのかという疑問であった。しかしながら、こうした問題を考察するための前提として、生と日常生活の政治というものの性質を理解し、その上でそれが日本の文脈でどのように展開してきたのか明らかにする必要がある。そこで、以下ではまず、生と日常生活の政治に関する理論的議論を簡単に整理し、その後、日本における生と日常生活の政治の歴史的展開を一九八〇年代から一九九〇年代に焦点を当てて、具体的に議論していく。

ここで一九八〇年代から一九九〇年代という時代状況を選択するのは、この時期が日本において時代的な転換点へ向かっていく時期であると見なされていること（大澤真幸二〇〇八）、そして「生と日常生活」の政治が統治する側と抵抗する側の双方において活発化した時期であること（高畠一九九三、天野二〇一二）の二点を理由としている。実際、高畠通敏は一九九〇年代初頭の状況について、「こう見てくると、生活ということばは、社会体制をめぐるイデオロギー的対立が消滅した後の時代の最大の共通イデオロギー、政治の正当化のシンボルとして機能している」と書き残している（高畠一九九三：一九二―一九三）。この数年の政治言説としての「生活」の漫延は、歴史的には決して初めての状況ではないのである。

第二節　日常生活をめぐる政治のダイナミクス――「統治」と「抵抗」のせめぎあい

日常生活上の行為を統治という政治実践の問題に関連づけて考察する際に興味深い視座を提供したのは、フーコーの講義に由来する「統治性（governmentality）」論であった（Foucault 1991; 2003; 2007; 2008）。現在ではよく知られているように、フーコーのこの造語が意味するのは、自由主義的資本主義社会に特有の「統治の合理性」である（Gordon

1991）。一方では「規律権力（disciplinary power）」が、学校や職場などの社会組織を通じて特定の行為パターンを身に着けるように個人の身体と精神に働きかけ、他方で「人口の生-政治（biopolitics of the population）」が国民全体に対して彼らが健康で、幸福な生活を送ることができるように「配慮」し、支援することで、各種統計データによって明示される形での生命と生活の質の向上を目指す。このような特定の統治技法（the art of government）を実践することの目的は、一定の数の特定の主体、すなわち良質な労働者であり、同時に消費者、納税者、国民である主体が確保され、かつ彼らの次世代が育成されていく過程を最適化し、そのことを通じて資本主義経済と国民国家がつつがなく運営され、発展的に再生産されていくことであった。したがって、統治性とは本質的に資本主義国家を合理的に統治するための仕掛けであり、だからこそ、統治性に基づいて運営される国家では、一旦戦争という事態になった時には国民に対してその生命を差し出すことが要求される。フーコー自身のことばによれば、「国民全員を死にさらす権力は、国民一人ひとりに生存し続けることを保証する権力の裏側に他ならない」（Foucault 1978: 137）。言い換えれば、それは「生き「させるか」、そして死ぬに「任せる」権力」（Foucault 2003: 241）であり、フーコーはここに、個人を主体化し、同時に従属化させる権力の二重のダイナミクスを見出している（Foucault 1983: 212）。統治性の議論からすると、したがって、個人として日常生活を「善く生きる」ことは国家の統治システムに身体と精神を支配されていることと同義となる。

フーコーによれば、こうした統治性のメカニズムが徐々に国家の統治システムに取り入れられてゆき（「国家の統治性化（governmentalization of the state）」）、その帰結として成立したのがケインズ主義的福祉国家であった。上述したように、ケインズ主義的福祉国家は一九七〇年代以降、新自由主義的制度改革を通じて再編成されていったが、フーコーの死後に「統治性」論を引き継いで展開したローズに代表される論者たちは、この過程に統治性が個人内部のダイナミクスとして内在化される「高度化」を観察している。以前は教育／訓練機関や職場などの大規模な組織を通じて促されてきた特定のタイプの主体の涵養とライフスタイルの実践が、現代的状況では「人生の設計者」としての個人によって自律的に行われることが求められるようになる。これにより個人の日常生活は、ますます高度資本主義社会の合理性に照らして「善き生」を営むことを促す統治の権力作用が展開する場となっていった（Rose 1996: 59-60; 1999: 253-272）。

ローズが繰り返し論じているように、個人の内部で自律的に作用する「高度化された」統治性のメカニズムが十全に機能するためには、排除された存在が現前していることが必要とされる。高度に発達した資本主義社会で排除の対象とされるのは、多くの場合、失業や低賃金によって経済的に困難な状況にある人々や素行不良などの傾向のある「社会的逸脱者」、そして移民たちであるが、彼らは「不適合者」として認定され、再訓練／教育の対象となり、それでも社会の主流規範に従って行動できない／しない場合は、排除は彼ら自身の問題として正当化される（Rose 1996; Miller and Rose 2008: 209-215）。ジグムント・バウマンは、こうした排除の対象となった人々のことを「廃棄された生（wasted lives）」と呼んだ（Bauman 2004）。ローズの「不適応者」もバウマンの「廃棄された生」も、他者から認定されることで排除の対象となり、一旦排除されてしまった人々が再び主流の社会に包摂されるのは容易なことではない。バウマンの議論に触発されて、タイラーは、排除の対象となった者たちは「社会的に嫌悪すべきもの（social abjection）」を体現する存在であり、それにより主流の社会の一体性を担保する存在であると指摘している。「それは自分ではない（'that-is-not-me'）」と認定される存在があるからこそ、主流たるべき生のあり方が分節化される。同時に、「嫌悪すべきもの」というスティグマを負わされた人々は、「善き生活」を脅かす存在としてますます排除と監視の対象とされていく（Tyler 2013: 21-39）。

以上のように、フーコーに始まりローズに至る「統治性」の議論の展開を辿ると、日常生活は資本主義経済の合理性に則って個人の身体と精神を管理する権力作用が展開する支配の装置として現れてくる。そこにおいては、個人が日常生活をどのように送るかという「自由な」選択は、各種専門家によって伝達される知識やマス・メディアによって拡散される宣伝、世論調査、マーケティングなどによって提示される「統治の合理性」に従って行為した結果ということになり、したがってフレキシブルなネットワーク型の構造をとり、その中で様々なアクターが協働するガバナンス型統治システムの過程の中に完全に織り込まれてしまっている。ここで重要なのは、多くの論者によって既に指摘されているように、フーコーの「統治性」の議論自体には、新自由主義の議論との一定程度の親和性が観察されることである。[5]さらに、関連して、こうした「統治性」の議論は、その論理的帰結として、「市民社会」や日常生活を「邪悪な」国家に抵抗する拠点として見なす考え方には懐疑的なスタンスを取る。ミラーとローズは、広く知られているフーコーの「主体と権力」(Foucault 1983)の論点をパラフレーズするかのように、「自分たちの議論は、われわれの自由がまがいものであると言っているのではない。解放と統治の間の闘争的な関係は、われわれが自由として知るようになったことの本質的な一部であると言っているのである」(Miller and Rose 2008: 216)と書いているが、ディーンとヴィラドセンはこうした「統治性」論の抑圧的な側面がハーバーマスやジョン・キーンがフーコーを厳しく非難し、あるいはイギリスの左派知識人のフーコーの理解が「失望によって支配されていた」ことの理由であると指摘している[6](Dean and Villadsen 2016: 9, 60-61)。

イギリスにおける左派知識人の代表的論者であったレイモンド・ウィリアムズが一九六一年に出版した『長い革命』(Williams 1961)には、「統治性」の議論からは論理的には見えてこない資本主義社会の「統治の合理性」の閉塞性に風穴をあける可能性が示されている。ウィリアムズのこの著作は、近代イギリスの政治社会が特定の生活様式を意味するものとして理解される「文化」を基盤としていることを歴史的に議論した研究であり(Williams 2015: 135)、教育制度やマス・メディア、「標準英語」の発達といった文化的事象の詳細な分析は、「統治性」が具体的な歴史的状況の中で機能する際の規範的な条件を考慮する上で興味深い材料を提供する。同時に、ウィリアムズの議論では、認識や理解の社会内での伝達や交換、流通によって新たな思考様式や感情が生み出され、それが抵抗と社会的変化につながる可能性も示唆されている。この点に関して注目するべきであるのが、ウィリアムズによる「コミュニケーション」の定義であろう。ウィリアムズにとってのコミュニケーションは「生きることの主張(the claim to live)」であり、したがって個人が特定の仕方で生きるためには、他者に対して自分の生きた経験を伝達し、それを認知してもらうことが必要となる。言い換えれば、ウィリアムズが想定するコミュニケーションの過程は、相互的で、また可塑的なものでなければならない。ここからウィリアムズの議論では、「新しい意味を提供し、受容し、比較することは成長と変化の緊張関係と達成につながる」と構想されている(Williams 1961: 55)。

言説行為の交換／流通過程における意味の操作と転換に抵抗と政治的変化のきっかけを見出すことは、ウィリアムズの『長い革命』から二〇年以上後に展開されたラクラウとムフによる政治言説分析の議論や、ルフェーブルの『日常生活批判』(Lefebvre 2014 [1947, 1961, 1981])を引き継ぐ形で日常生活の実践、特に発話行為に着目したセルトーの議論(Certeau 1988)にも通じるが、「統治性」の議論を参照しつつ、日常生活を政治的実践との関連で分析する近年の研究は、ウィリアムズの「新しい意味を提供し、受容し、比較することは成長と変化の緊張関係と達成につながる」という戦略を積極的に活用しているように見える。例えば、先に触れたタイラーは、「社会的に嫌悪すべきもの」というスティグマを張られた個人が周囲から「嫌悪されるべき主体(revolting subject)」と見なされる一方で、自分がそのような主体であると自覚することは「抵抗する主体(revolting subject)」へと転化する可能性を切り開くことにも着目している。二〇一一年八月にイギリス各地で起こった暴動に加わった若者たちが、窃盗した洋服を身に纏ったり、あるいは難民認定をイギリス政府から退けられた者が自らの視聴覚器官を縫いつけたりすることで「社会的に嫌悪すべきもの」のカテゴリーに属することを身体を通じて表現したことは、「社会的に嫌悪すべきもの」という了解を反転し、彼らが社会的に負荷を負わされた存在であることを示す効果を持ったとタイラーは議論している(Tyler 2013: 76-

79, 201-203)。あるいは、ダヴィーナ・クーパーは、その場に参加する者たちが主流の日常生活とは異なる仕方で生活を実践する空間がより民主的で自由な政治社会を求める政治的革新の源泉となりうることを見出し、これを「日常生活のユートピア(everyday utopias)」と呼んだが、こうしたクーパーの議論においても変化が生起する過程の中核に据えられていたのは、「日常生活のユートピア」に関わる者たち(必ずしも参加者／実践者には限らず、研究者や行政担当者などの外部者も含まれる)の具体的なやりとりにおいて現出する特定の概念(concept)とその現実世界での実現／実践の間の齟齬が引き起こす行為者たちの認識と世界観の変容であった[7](Cooper 2014)。

第三節　日本における「生と日常生活」の政治を考える視点

統治性の議論を参照しながら、その上で、日常生活の中に統治と抵抗の政治的ダイナミクスが言説行為を通じてせめぎ合う流動的な過程を確認する上記の理論的な議論が展開したのは主に英語圏であるが、これらの議論で提示された論点は、日本における「生と日常生活」の政治を考える上でも有効性を持つものである。第一に、既に議論されているように(成沢二〇一一[一九九七]、重田二〇〇〇、Takeda 2005; 武田二〇一六)、日本においては近代国家建設が開始されて以来、アジア太平洋戦争の敗戦と占領による戦後改革を経て戦後の福祉国家体制が定着する過程を通じて、「統治性」の統治技法が政治システムに組み込まれてきており、一定の政治的効果をもたらしたことが観察されている。例えば、「良妻賢母」教育を行い[8]、それにより女性たちに対して合理的に家庭を管理・運営する主体となるように促すことの政治的意義は、明治の早い時期から政策形成エリートの間では認知されており、そのための知識とスキルを提供する機会が学校教育や社会教育のみならず、「生活改善運動」の例に見られるようにデパートなどの私的なアクターを巻き込む形で行われてきた(小山一九九九、Takeda 2005: 54-59)。したがって、日本における「生と日常生活」の政治を考察する際には、ネットワーク型のガバナンス構造の統治システムの中で、「統治性」の統治技法がどのように作用したのか具体的に考察することが不可欠である。

第二に、日本における「生と日常生活」の政治の歴史的な事例には、統治される側の「抵抗」としての政治活動／運動が数多く含まれている。進藤久美子によれば「そもそも「政治は生活」というフレーズは、戦前の婦選運動のなかから市川房枝たちが編み出したものだった」（進藤二〇一六：八一）とされるが、実際、女性たちに対して選挙権が認められていなかった第二次世界大戦前の時代に行われた社会改良運動や母子保護、ガス料金、ゴミなどの生活に密着した政治運動に始まって（進藤二〇〇四：一二四―一三九）、戦後になってからの公害反対運動や住民運動など（高畠一九七七：二八九―二九三、栗原一九八八ａ：一〇七―一〇九、一九八八ｂ：四九八―五〇五）、毎日の日常生活の経験や実感に根ざして政府や行政に対して異議申し立てをし、制度的／政策的変化を要求する政治運動は日本社会の中で連綿と続いてきた。前述の「ママの会」や福島第一原発事故の後に自主的に放射線濃度の測定を開始した母親たちの活動は、こうした「日常生活を送る者」＝「生活者」の政治運動（高畠一九九三、天野二〇一二）の系列につながるものである。

第三に、日本における「生と日常生活」の政治もまた、統治と抵抗の権力作用のダイナミクスが激しくせめぎあう過程であった。ここで特に興味深い例は、「金解禁」のために緊縮財政政策を推し進めた浜口雄幸内閣であろう。浜口内閣のもとでは婦人公民権案が初めて衆議院を通過するわけであるが、その一方で、その前年、大蔵大臣であった井上準之助は「金解禁」への準備作業として「消費者として最も有力な方々」である女性たちを集めて「台所から見た金解禁」という演説を行い、次のように述べている。

そういう事が今日のような、だらけた社会には沢山ありますので、此の一家の生計、自分の家を維持して行く、自分の主人をして立派に社会に仕事をさせようという点になると、遺憾ながら日本の婦人は、自分の虚栄の念を阻止するだけの意志が非常に薄弱だということを常に考えさせられるのであります。経済界が今日のような状態になった時には、直接貴方がたに訴えて、貴方がたの悪い所を変えて貰うより外に、日本の経済は立直らぬのであります（井上一九三五：二二五、原文の旧漢字、旧仮名遣いは改めた）。

婦選運動の要求に応えて、女性たちに市民権を認める方向で制度改正をすることに同意する一方で、そのための「資格」として合理的な経済主体であり、家庭の有能な管理者であることを求め、緊縮財政政策の協力者／日常生活上の実践者となって貰う。これを当時の女性たちの観点から見直すと、政治的および経済的主体としてのエンパワーメントは、資本主義社会における再生産の担い手として位置づけられることを意味していた。統治する側と対抗する側のこうしたネゴシエーションの図式は、第二次世界大戦前の状況に限られていたわけではなく、その後も繰り返し立ち現れてくることになる。

以上の問題をより掘り下げて考察するために、次節では、前述したように一九八〇年代から一九九〇年代の状況を具体的に検討する。

第四節　一九八〇年代から一九九〇年代という転換点と「生と日常生活」の政治

宮沢喜一内閣によって一九九二年に策定された「生活大国五か年計画――地球社会との共存をめざして」は、政府の経済計画でありながらそのタイトルに「生活」ということばが直接的に使われており、また内容的にも「生活者・消費者」の重視や、労働時間の短縮による「ゆとり」のある生活の創造、そして「これまでの男女の固定的な役割分担意識を始め社会の制度、慣行、慣習等を見直し、男女共同参画型の社会を実現すること」など、将来の日本経済の成長を日常生活の「あり方」と密接に関連させて構想しようとした点で特徴的である（経済企画庁一九九二）。しかしながら、大沢真理は、一九九三年に発表した著書『企業中心社会を超えて――現代日本を〈ジェンダー〉で読む』の冒頭でこの政策文書を取り上げ、政治改革論議に揺れた宮沢内閣が国民に対してアピールするために大々的に宣伝された「生活大国五か年計画」は、その内実としては一九八〇年代の政策の延長線に留まり、しかもそこでは国民生活審議会の中間報告が提示した「企業中心社会」批判という論点が「ぼかされた」と批判している（大沢真理一九九三：二〇―二六）。

実際、「生活大国五か年計画」と大平正芳首相の私的な政策研究会が彼の死後、鈴木善幸内閣に対して提出した九つの報告書の内容の間には興味深い連続性が観察できる。例えば、報告書のひとつ、「家庭基盤の充実」の提言には、家族生活を取り巻く環境の向上を実現することを目的として、住環境の改善や労働時間の短縮といった「生活大国五か年計画」で中心的に取り扱われる論点が既に盛り込まれている（内閣官房内閣審議室分室・内閣総理大臣補佐官室一九八〇a：一一―一二）。また、この報告書は、既に多くの論者によって指摘されているように、女性が家庭内で行うケア労働を福祉国家システム内に構成要素として配置する「日本型福祉社会」論を基礎づけたものであるが、他方で、「父親・母親の育児・教育活動への支援」や「有職婦人のための育児休業制度の充実と円滑な職場復帰の保障」という提言に見られるように、授乳期間が終わった子どもを持つ女性が勤労し、父親と母親が子育ての責任を共有することを必ずしも排除するものではない。むしろ、女性のために家庭基盤を充実するための施策として、「社会に新たな活力を与える婦人の進出――女性にとって開かれた、多様な選択の可能な社会の形成。希望する女性に、能力に応じた雇用・職場における男女平等の推進」（内閣官房内閣審議室分室・内閣総理大臣補佐官室一九八〇a：一五）という項目が含まれており、したがって、各家庭が「自助努力」と「自由選択」を行使して、自律的に生活できる限りにおいて

（具体的には、例えば、女性の雇用がケア労働を外部化することを可能とする場合や家族が自立して生活するために女性の勤労が必要な場合）、男女が平等に雇用労働に従事することは推奨されていたと考えられる。これを補完するように、「文化の時代の経済運営」報告書では、「文化の時代において、人々が新しい生き方を追求することをたすけるために」、労働時間の短縮、高齢者への勤労機会の提供、生涯学習と並んで、「女性の社会参加と勤労機会の拡大」が必要な施策として挙げられている（内閣官房内閣審議室分室・内閣総理大臣補佐官室一九八〇b：一三）。

中北浩爾が手際良くまとめているように、大平首相の私的政策研究会が組織されたのは、高度成長を達成した日本が、それまでの経済偏重の政治のあり方から脱皮し、「近代を超える」「日本の新世紀」へ移行するためのヴィジョンを提示することであった（中北二〇一四：一一〇―一一二）。したがって、そこでの主要な関心のひとつは、オイル・ショック後に北アメリカや西ヨーロッパで行き詰まりを見せていた資本主義経済システムの日本における革新であり、そのための契機として西欧近代的なものに回収されない日本独自の性質と理解されていた「イエ社会」論が提示する「文化的特質」を特に重視している。例えば、次の一文は報告書のそうした傾向を非常に鮮明に表している。

日本の家庭も、明治以来の近代化、工業化、都市化、さらに敗戦に伴う戦後改革とその後の高度成長のなかで、急激な変化にさらされ、多くの困難な問題に直面してきた。しかし大部分の家庭は、自助努力の精神と、人間関係を大切にする日本文化の特質を生かして、よくこの試練に耐え、活力にみちた新しい家庭を形成しつつある。政府の施策は、このような自助努力を支援する方向で展開すべきであり、それは新しい社会に向かっての先駆的な挑戦を意味するのである（内閣官房内閣審議室分室・内閣総理大臣補佐官室一九八〇a：八）。

家族の内部に適切に配置された個人が、お互いに協力して自律的に善き家庭生活を営み、そのことによって日本という国家とその国民経済の維持と一層の成長に寄与する。「文化的特質」というよりも「統治性」の統治技法のように読めるこうしたロジックは、別稿で論じたように、一九五〇年代以降に喧伝された「家族計画」の考え方から二〇〇〇年代の構造改革が提唱した家族像まで辿ることができる。他方で、そこにおいて具体的にどのような家族像が考えられていたかという問題は、その時々の経済的な条件に影響されているかのように見える。高度成長期の「家族計画」では専業主婦が適切な数の子どもを養育する「男性稼ぎ主型」核家族がヘゲモニックな家族像の位置を占めていたが、バブル崩壊後の経済停滞を経験した後の構造改革期では、家族としての経済的責任を結婚したカップルが分かち合う「共稼ぎ型」の家族の重要性が強調された。ただし、その際にも、女性が家族内での主要な「再生産」役割の担い手であるという前提はしっかりと維持されている。こうした点を考えると、女性の家庭内ケア労働の重要さを強調しつつ、必ずしも女性の雇用を排除せずに、一九九〇年代半ば以降は語られなくなっていく「男女平等」への射程さえ垣間見られる「家庭基盤の充実」から「生活大国五か年計画」へと至る過程における家族の取り扱い方は、過渡期のものとして捉えられ、だからこそ、ロジックに一定の揺れが観察されるようにも見える。

「家庭基盤の充実」から「生活大国五か年計画」と、統治する側の日常生活への関心が高まっていった時期は、同時に、「生活」ということばを根拠として展開する、統治に対抗する人々の政治活動、特に女性たちが地域で行っていた政治活動が注目を集めた時期でもあった。篠原一は、一九八七年に行われた生活クラブ神奈川の横田克巳との対談において、「生活」問題に根ざした女性の政治参加、すなわち「ライブリー・ポリティクス」の高まりの理由として次の三点を挙げている。第一に、「女性自体がこれまで多かれ少なかれ差別を受けて来ており、そこに現状に対する批判がでてくる」こと。第二に、「女性は子供を生む性を持っており、利益至上主義が漫延している現在の政治に対して敏感に反応できるのは企業社会にドップリ浸っている者ではなく、命とか生活、平和に敏感な人たちであ」ること。そして、第三に、「日本全体からみると埋もれている人材は女性しかいない」こと（篠原・横田一九八七：一八）。

言い換えるならば、女性たちは経済成長重視と利益政治のロジックが支配する既存の政治経済に対してオルタナティブを提示することができる、政治に対する「新しい風」と見なされていたということになる。こうした篠原の議論の背後にあったのは、「最近起きている公約違反などがストレートに出て」くる、「より競合性、競争性のなくなった」、「ヘゲモニックな一党支配ができてしまった」当時の閉塞した政治状況に関する認識であった（篠原・横田一九八七：一七）。「ライブリー・ポリティクス」の「新しい波」は、一九八九年に行われた参議院選挙において、自由民主党が単独過半数を失うという政治的変化に結実する。この時、「マドンナ旋風」と言われたように、多くの女性議員、特に社会党選出の女性議員が当選を果たしているが、こうした議員たちは「地域に起こっていた問題に先頭に立って取り組み、市民運動に携わってきた人たち」（大渕絹子のインタビューでの発言、五十嵐・シュラーズ二〇一二：八九）であった。

上記の点に加えて、この時期に「生と日常生活」に関する政治に注目した研究者たちは、それが政治的無関心の浸透が高い程度で観察される高度大衆消費社会的状況において、一般の市民の政治参加を活性化させる「政治的イノベーション」（篠原一九八五：二七―二八）につながるものでもあると考えていたように観察される。栗原彬が議論したように、多くの住民運動や地域闘争が根ざしていた「生活防衛」の欲求と必要性は、現状の生活の維持を望み、また他者の生活には無関心な態度として現れる「私生活主義」と地続きである（栗原二〇〇五：一四九―一五〇）。言い換えれば、自由民主党の長期政権の維持と政治的無関心の増大に寄与していると理解されていた「私生活主義」は、生活の危機を契機に制度的および規範的条件次第では「ライブリー・ポリティクス」に転化することも可能であると考えられていた。このように、「生と日常生活」に関する政治には、行き詰まっていたと考えられていた日本政治をより民主的な方向で革新し、市民的公共性を再構築するための新たな可能性が賭けられていた。そして、そうした「新しい政治」を担うアクターとして、政治の場では少数者であった「女性」たちが想定されていたのである。

当時、主に地方政治の場で「生と日常生活」の政治を実践していた女性たちは、こうした（主に男性である）研究者側の論理をしっかり受け止めていたように見える。例えば、神奈川ネットワークから一九八七年の統一地方選挙に立候補していた牧島佐代子は、前出の篠原と横田の対談が掲載された『現代の理論』の「女性で政治を変える」特集号に掲載された論文で、「女性が生活感覚と生命感覚において優れたものをもっており、その資質が産業社会の利益追求至上主義に歯止めの役割を果たしオルタナティブなものを創造しうることを、女性自らが気がつきはじめ、そして社会的にも評価されるようになってきた」ことから、政治についても「女性の時代」になりつつあるとし、篠原が「ライブリー・ポリティックス《〔ママ〕》」の「日本での可能性を女性の力に期待されているのが、うなづ《〔ママ〕》けます」と書いている（牧島一九八七：四二）。また、当時、杉並区の区議を務めていた福士敬子は、立候補を決意した理由を「「政治」という言葉は、暮しを支えるものでありながら、なぜか「暮し」を連想させない。それが、女たちと政治を分断させていると思う。しかし、政治が生活に密着しているか否かによって、私たちの暮しやすさは変ってくるはずだ」と説明している（福士一九八七：五二）。

それではそうした女性たちが政治活動を通じて実現しようとした日常生活は、一体どのようなものであったのだろうか。生活環境の安全性の確保、市民のニーズに沿った街づくり、食の安全、環境保護、子どもの教育、高齢者介護といった、「市民派」といわれた女性議員たちによって頻繁に取り上げられた政策課題は確かに毎日の生活の質をより良いものとする上でも、また選挙を戦って勝つという目的において多数にアピールするためにも有益であったと考えられる。同時に、女性たちの中には、市民活動を実践していくことを通じて、産業構造やそこに埋め込まれたジェンダー関係のあり方を問題視し始める者もいた。例えば、藤沢での生活クラブの活動に参加した藤村久子は、「市民としての力のついた女性達にとってワーカーズ・コレクティブなどのオルタナティブな労働によって足元《〔ママ〕》をすくうようにして産業構造そのものを変革しようとするとき、人間としての男性はどうありたいのかを問われるでしょう」という指摘をしている（藤村一九八七：四七）。こうした藤村による日常生活の問題化は、論理的には生産関係や賃金構造、そして家庭内のジェンダー関係を根本から問い直し、構造的な変革を志向することにつながっていくものであり、ルフェーブルやウィリアムズなどのマルクス主義の影響を受けた論者によって提示された、「日常生活」からの疎外から回復するための「日常生活」批判が示した方向性と共通している。

先に触れた一九八九年の参議院選挙に際して、土井たか子が発表した「女性の政治宣言」は、女性の目指す政治を「人間・いのち・生活の価値を優先する政治」（五十嵐・シュラーズ二〇一二：九〇）としているが、こうした問題を真剣に追求するとしたら、家父長的な資本主義経済システムの構造を根本から問い直す批判的なアプローチが不可欠となる。しかしながら、佐藤慶幸の調査が当初から指摘していたように（佐藤一九八八）、実際の生活クラブの活動は、構造的な問題化への志向性よりも既存の生活を維持するという意味での生活保守主義の方がより影響力を持つものであった。言い換えるのならば、市民活動の実践を通じて、「日常生活」の意味内容の内実について転換が促されるような、前述のタイラーやクーパーの議論が示唆した状況には、多くの場合つながらなかったと考えられる。(9) むしろ、ロビン・ルブランが新潟県巻町の原発の設置に反対する住民運動を調査して、それが地方政治に参加する男性の市民的権利を保障するものではなかったと議論したように（LeBlanc 2009）、日常生活に関連して地域の場で展開する政治運動には、その後も特定の経済——社会的関係とジェンダー関係が長く残存していくことになる。

まとめにかえて

一九八〇年代から九〇年代にかけての「生と日常生活」の政治の状況を現在の時点から振り返ると、あまりにも強い既視感を覚えることに驚かされる。これは、現在の状況が、過去にあったことの繰り返しであることを意味しているのだろうか。そして、もし現在の状況が多少なりとも過去の繰り返しであるとするならば、一九八〇年代から一九九〇年代にかけての経験の意味とは何であったのであろうか。

こうした疑問に答えるためには、二〇〇〇年代の状況と現在進行中の「生と日常生活」の政治について詳細に検討を加える必要があり、したがって本章の射程を超えるが、ここでは今後の考察のために上記の議論から示唆される論点として次の三点を指摘しておきたい。第一に、繰り返しとなるが、「生と日常生活」の政治とは、そこにおいて統治に携わる側とそれに対抗する側の政治権力のダイナミクスがせめぎあう政治闘争の場そのものであることを明確に認識することが必要である。そして、その際に留意すべきであるのは、そこでのもっとも根本的な政治闘争は、「日常生活」をどのように構想するかという問題をめぐっての争いであり、したがって、具体的には、生産関係や労働のあり方、社会的秩序の構成のされ方、家庭内のジェンダー関係に関する理解と実践のされ方についてどのように認識し、アプローチするのかという問題を考えることである。言い換えれば、「生と日常生活」に関する政治は、イデオロギーや政治信条の問題と本質的に深く関わっている。実際、ギデンズやベックが「脱イデオロギーの政治」として「生と日常生活」の政治を提示する以前にこの問題について考察した理論的議論の系譜は、前述したように、ルフェーブルやウィリアムズといったマルクス主義に深く影響を受けた論者たちであった。

関連して、第二に、以上のような「生と日常生活」の政治の多様な系譜を考えると、ギデンズやベックによる冷戦が終結した後の「イデオロギー対決を超えた」政治であるという理解の仕方は、それが本来的に持っていた政治的意味と射程の豊かさを制限する、保守的な効果を持ったのではないかと考えられる。政治言説としての「生と日常生活」が流通・交換されるだけのシンボルにとどまり、「新しい意味を提供し、受容し、比較することは成長と変化の緊張関係と達成につながる」という戦略になり得ていないのはこの辺りに原因があるのではないだろうか。だとしたら、現在、求められる作業は、「生と日常生活」の政治を現在の政治言説の枠組みから解放し、異なる「日常生活」のあり方が存在することを具体的に認知し、共有した上で、それを構想し直すことであることであると考えられる。

最後に、第三点として、そうしたダイナミックな言説政治が必要であるにもかかわらず、政治制度に目を向けると、現在の日本はそのような政治的実践が可能な制度環境にあるのか大いに疑問があるところである。一九九〇年代初頭の政治改革論議が活発に交わされていた時期に、栗原彬が当時の状況について、「市民社会の多様化に伴って、多数決という均質性を前提とする決裁方法がうまく働かなくなってきたのだ」(栗原一九九三：五七)と理解した上で、小選挙区制を主軸とした選挙制度改革に反対し、比例代表制を推奨しているが、ここには小選挙区制という選挙制度に基づいた政党政治では多様な「生と日常生活」の政治には対応することができないという認識があったと考えられる。選挙制度改革が行われて、最初の総選挙があってから二〇年以上が経った現在、こうした問題を再考する意義は大きいように思われる。

注

(1)「国民の命と平和な暮らしを守る」という文言以外に、安倍首相は「日本人の命を守る」「国民の命を守る」「国民を守る」という表現をそれぞれ一度ずつ用いている。

(2)ここで、二〇一六年の参議院選挙の直前の時期に、当時、党の政調会長であった稲田朋美が、講演会で「国民の生活が大事なんて政治はですね、私は間違っていると思います」と発言をしたことが伝えられていることは注記しておく必要がある。

(3)ただし、ベックにとって近代的な民主主義政治システムの外部で展開する「サブ政治」は従来型の集権化された政治を無化し、政治過程を混乱に導く「リスク」であり、このリスクを回避するための方法として、ベックは政治システムとサブ政治の間で分業と権限の分配の仕組みを制度化することを求めている(Beck 1992: 231-235＝一九九八：四五三―四六〇)。

(4)ローズ自身は「高度自由主義的資本主義社会(advanced liberal capitalist society)」という用語を一貫して使用しているが、ここでは他の議論との関連を示すため「新自由主義」と言い換えた。ローズが「高度自由主義的資本主義社会」という言い方にこだわる理由について、ディーンとヴィラドセンは「新自由主義」という用語の不正確さと政治的プログラムとしての非一貫性にあるのではないかと推測し、そうしたローズのアプローチは新自由主義の政治的影響力と有効性を過小評価しているのではないかと議論している(Dean and Villadsen 2016: 149-150)。

(5)この点に関しては、ディーンとヴィラドセンが二〇一六年に出版した著書の中で、ゲイリー・ベッカーとフランソワ・エヴァルドによるシカゴ大学での対談に触れながら、手際よく整理している。なお、彼ら自身は、フーコーの議論と新自由主義との関係について、当時のフランス左派の知的状況において議論の幅を広げるための戦略的なものであったとし、ここにイギリスにおいて「第三の道」を提唱したギデンズとフーコーの間に一定の共通性が存在していると議論している(Dean and Villadsen 2016: 163)。

(6) ディーンとヴィラドセンは、ここでコリン・ゴードンの証言を引用している。

(7) 一九七〇年に書かれた論文「日常の思想とは何か」において、高畠通敏は「日常性」に対する理論的アプローチとして、「疎外」を主眼とするマルクスの議論に「日常生活の合理化」を論じたウェーバーを対置した上で、「戦後日本における日常の〈思想〉は、まさにこのようなマルクス・ウェーバー連合を、その日本的現象形態において対抗軸としてとらえ、その根源にさかのぼって両者の限界をこえようという運動として形成された、いや形成されつつある」(高畠一九八三：一二七)と指摘している。こうした高畠の試みの方向性は、タイラーやクーパーの議論と交差しているように見える。

(8) 小山静子は、「良妻賢母思想を戦前日本の特殊な女性規範としておさえるのではなく、戦後の日本社会や欧米の近代国家における期待される女性像との共通点・連続性をもつ、「近代」の思想としてとらえていったほうが、良妻賢母思想に対するもっと豊かな理解に到達できるのではないだろうか」と議論している(小山一九九一：七)。

(9) ひとつの逸話に過ぎないのだが、筆者は一九九三年に大学院の授業の一環として、他の受講者とともに、生活クラブ生協の創立者の岩根邦雄にインタビューしたことがある。その際に、生活クラブ生協の活動と生活保守主義との関係について質問したのだが、「主婦の運動」ということが前提にある以上、仕方のないことであるという趣旨の回答であったと記憶している。

参照文献

安倍晋三(二〇一四)「平成二六年七月一日安倍総理大臣記者会見」首相官邸ホームページ、http://www.kantei.go.jp/jp/96_abe/statement/2014/0701kaiken.html (二〇一六年六月一四日閲覧)。

天野正子(二〇一二)『現代「生活者」論——つながる力を育てる社会へ』有志舎。

Bauman, Zygmunt (2004) *Wasted Lives: Modernity and Its Outcast*, Polity Press.

Beck, Ulrich (1992) *Risk Society: Towards a New Modernity*, Sage (東廉・伊藤美登里訳『危険社会——新しい近代への道』法政大学出版会、一九九八年).

Beck, Ulrich (1999) *World Risk Society*, Polity Press.

Blyth, Mark (2002) *Great Transformations: Economic Ideas and Institutional Change in the Twentieth Century*, Cambridge University Press.

Certeau, Michel de (1988) *The Practice of Everyday Life*, Trans. Steven Rendall, University of California Press.

Cooper, Davina (2014) *Everyday Utopias: The Conceptual Life of Promising Spaces*, Duke University Press.

Dean, Jodi (2009) *Democracy and Other Neoliberal Fantasies: Communicative Capitalism and Left Politics*, Duke University Press.

Dean, Mitchell and Kaspar Villadsen (2016) *State Phobia and Civil Society: The Political Legacy of Michel Foucault*, Stanford Uni-

versity Press.
Foucault, Michel（1978）*The History of Sexuality: An Introduction*, Penguin Books.
Foucault, Michel（1983）“The Subject and Power,” in H. L. Dreyfus and Paul Rabinow（eds.）, *Michel Foucault: Beyond Structuralism and Hermeneutics: The Second Edition with an Afterward by and Interview with Michel Foucault*, University of Chicago Press, 208–226.
Foucault, Michel（1991）“Governmentality,” in Graham Burchell, Colin Gordon, and Peter Miller（eds.）, *The Foucault Effect: Studies in Governmentality*, The University of Chicago Press, 87–104.
Foucault, Michel（2003）*Society Must be Defended: Lectures at the Collège de France, 1975–1976*, Trans. David Marcey, The Penguin Books.
Foucault, Michel（2007）*Security, Territory, Population: Lectures at the Collège de France, 1977–1978*, Trans. Graham Burchell, Palgrave-Macmillan.
Foucault, Michel（2008）*The Birth of Biopolitics: Lectures at the Collège de France, 1977–1978*, Trans. Graham Burchell, Palgrave-Macmillan.
藤村久子（一九八七）「時代の追い風を受けて」『現代の理論』第二三六号（特集　女性で政治を変える）、四四―四七頁。
福士敬子（一九八七）「主婦が政治するということ」『現代の理論』第二三六号（特集　女性で政治を変える）、五二―五六頁。
Giddens, Anthony（1991）*Modernity and Self-Identity: Self and Society in the Late Modern Age*, Polity Press.
Giddens, Anthony（1994）*Beyond Left and Right: The Future of Radical Politics*, Polity Press.
Gordon, Colin（1991）“Governmental Rationality: An Introduction,” in Graham Burchell, Colin Gordon, and Peter Miller（eds.）, *The Foucault Effect*, The University of Chicago Press, 1–51.
Harvey, David（2005）*A Brief History of Neoliberalism*, Oxford University Press.
五十嵐暁郎、ミランダ・A・シュラーズ（二〇一二）『女性が政治を変えるとき――議員・市長・知事の経験』岩波書店。
井上準之助（一九三五）「台所から見た金解禁」『井上準之助論叢　第三巻』井上準之助論叢編纂会、二二〇―二二三頁。
Jessop, Bob（2002）*The Future of the Capitalist State*, Polity Press.
Jessop, Bob（2008）*State Power: A Strategic-Relational Approach*, Polity Press.
自由民主党（二〇一二）『国民と自民党の約束　Ｊ－ファイル二〇一二』自民党政策パンフレット　https://jimin.ncss.nifty.com/pdf/j_file2012.pdf　（二〇一六年九月九日閲覧）。
経済企画庁（一九九二）『生活大国五か年計画――地球社会との共存をめざして』経済企画庁。
小山静子（一九九一）『良妻賢母という規範』勁草書房。

小山静子（一九九九）『家庭の生成と女性の国民化』勁草書房。

栗原彬（一九八八ａ）『政治のフォークロア——多声体的叙法』新曜社。

栗原彬（一九八八ｂ）「〈民衆理性〉の存在証明——市民運動・住民運動・ネットワーキングの精神史」テツオ・ナジタ、前田愛、神島二郎編『戦後日本の精神史——その再検討』岩波書店、四八四—五〇八頁。

栗原彬（一九九三）「市民社会の廃墟から——「心の習慣」と政治改革」『世界』第五八七号、四五—五八頁。

栗原彬（二〇〇五）『〈存在の現れ〉の政治――水俣病という思想』以文社。

LeBlanc, Robin M. (2009) *The Art of the Gut: Manhood, Power, and Ethics in Japanese Politics*, University of California Press.

Lefebvre, Henri (2014 [1947, 1961, 1981]) *Critique of Everyday Life, the One-Volume Edition*, Verso.

Lewis, Jane (1992) "Gender and the Development of Welfare Regimes," *Journal of European Social Policy*, 2(3), 159-175.

牧島佐代子（一九八七）「女性が決意するまで」『現代の理論』第二三六号（特集 女性で政治を変える）、三七—四三頁。

Miller, Peter and Nikolas Rose (2008) *Governing the Present: Administering Economic, Social and Personal Life*, Polity Press.

内閣官房内閣審議室分室・内閣総理大臣補佐官室（一九八〇ａ）『大平総理の政策研究会報告書３　家庭基盤の充実』大蔵省印刷局。

内閣官房内閣審議室分室・内閣総理大臣補佐官室（一九八〇ｂ）『大平総理の政策研究会報告書７　文化の時代の経済運営』大蔵省印刷局。

中北浩爾（二〇一四）『自民党政治の変容』ＮＨＫ出版。

成沢光（二〇一二［一九九七］）『現代日本の社会秩序——歴史的起源を求めて』岩波書店。

O'Connor, Julia, Ann Shola Orloff, and Sheila Shaver (eds.) (1999) *State, Markets, Families: Gender, Liberalism and Social Policy in Australia, Canada, Great Britain and the United States*, Cambridge University Press.

奥田愛基・猪瀬浩平（二〇一五）「勇気、あるいは賭けとして」『現代思想』第四三巻一四号（総特集 安保法案を問う）、四五—五一頁。

重田園江（二〇〇〇）「少子化社会の系譜——昭和三〇年代の「新生活運動」をめぐって」『季刊家計経済研究』第四七号、三六—四三頁。

Orloff, Ann Shola (2010) "Gender," in Francis G. Castles, Stephen Leibfried, Janes Lewis, Herbert Obinger, and Christopher Pierson (eds.), *The Oxford Handbook of the Welfare State*, Oxford University Press, 252-264.

大澤茉実（二〇一五）「SEALDs の周辺から——保守性のなかの革新性」『現代思想』第四三巻一四号（総特集 安保法案を問う）、五二—五四頁。

大澤茉実（二〇一六）「すれ違う視線の先に」中野晃一編『徹底検証　安倍政治』岩波書店、二三五—二三七頁。

大沢真理（一九九三）『企業中心社会を超えて——現代日本を〈ジェンダー〉で読む』時事通信社。

大澤真幸（二〇〇八）『不可能性の時代』岩波書店。

Peck, Jamie (2010) *Constructions of Neoliberal Reason*, Oxford University Press.
Polanyi, Karl (2001 [1944]) *The Great Transformation: The Political and Economic Origins of Our Time*, Beacon Press (野口建彦・栖原学訳『大転換――市場経済の形成と崩壊』東洋経済新報社、二〇〇九年).
Rose, Nikolas (1996) "Governing 'Advanced' Liberal Democracies," in Andrew Barry, Thomas Osborne, and Nikolas Rose (eds.), *Foucault and Political Reason*, Routledge, 37-64.
Rose, Nikolas (1999) *Powers of Freedom: Reframing Political Thought*, Cambridge University Press.
西郷南海子(二〇一五)「だれの子どもも、ころさせない――わたしたちのデモス・クラティア」『世界』第八七四号、一四〇―一四三頁。
佐藤慶幸編著(一九八八)『女性たちの生活ネットワーク――生活クラブに集う人々』文眞堂。
進藤久美子(二〇〇四)『ジェンダーで読む日本政治――歴史と政策』有斐閣。
進藤久美子(二〇一六)「躍進の九〇年代」三浦まり編『日本の女性議員――どうすれば増えるのか』朝日新聞出版、六三―一二四頁。
篠原一編著(一九八五)『ライブリー・ポリティクス――生活主体の新しい政治スタイルを求めて』総合労働研究所。
篠原一・横田克巳(一九八七)「女性で政治を変える」『現代の理論』第二三六号(特集 女性で政治を変える)、一七―三〇頁。
高畠通敏編(一九七七)『討論・戦後日本の政治思想』三一書房。
高畠通敏(一九八三)『政治の発見――市民の政治理論序説』三一書房。
高畠通敏(一九九三)『生活者の政治学』三一書房。
Takeda, Hiroko (2005) *The Political Economy of Reproduction in Japan: Between Nation-State and Everyday Life*, RoutledgeCurzon.
Takeda, Hiroko (2008) "Structural Reform of the Family and the Neoliberalisation of Everyday Life in Japan," *New Political Economy*, 13(2), 153-172.
Takeda, Hiroko (2011) "Reforming Families in Japan: Family Policy in the Era of Structural Reform," in Ronald Richard and Allison Alexy (eds.), *Home and Family in Japan: Continuity and Transformation*, Routledge, 46-64.
武田宏子(二〇一六)「「再生産」とガバナンス――政治社会学から」大沢真理・佐藤岩男編『ガバナンスを問い直すI　越境する理論のゆくえ』東京大学出版会、一六一―一九一頁。
Tyler, Imogen (2013) *Revolting Subjects: Social Abjection and Resistance in Neoliberal Britain*, Zed Books.
Williams, Raymond (1961) *The Long Revolution*, Penguin Books.
Williams, Raymond (2015) *Politics and Letters: Interviews with New Left Review*, Verso.

第6章　自民党の女性たちのサブカルチャー
――月刊女性誌『りぶる』を手がかりに――

辻　由希

はじめに

本章では、自由民主党の日常的な政党活動の担い手である（議員ではない）女性活動家たちに注目し、政治と非政治、日常生活と非日常との関係について、ジェンダーの視点を取り入れながら分析する。これまでの「ジェンダーと政治」の先行研究の多くは、いわゆる市民派といわれる女性たちの活動に注目し、その行動原理、価値を「男性的」な利益政治とは異質なもの、あるいはそれに対抗するものとしてみることが多かった。この視角に基づくと、自民党の女性党員たちは単に動員の客体であり、彼女らの活動は男性優位の政党文化の再生産に共謀する機能しか持たないものにみえる。しかし、自民党の女性たちの活動が結果的にそのような機能を果たしてきた面があることを否定できないとしても、その女性たちはどのような動機や経緯によって政治的領域に関わり、そこで何を感じているのかということを明らかにすることの意義は否定されるべきではないだろう。そうすることで保守一党優位制の持続の背後にある、ジェンダー化された政治／非政治、日常／非日常の編成メカニズムの一部に光をあてることができるはずである。

本章第一節では、まず社会運動と参加に関する三つの先行研究を検討し、それを参照して政治と日常生活の重層的関係を把握するための分析枠組を提示する。その上で、これまであまり研究されてこなかった領域として、利益政治における日常(バックステージ)としての女性の政党活動を位置づける。第二節では、自民党の出版する女性向け月刊誌『りぶる』の誌面の分析から、自民党の女性部・女性活動家らの自己認識や日常活動を支える価値や行動原理、すなわちサブカルチャーを探り、政治／非政治的領域における利益と参加、日常と非日常の連関の一端を捉えることをめざす。

第一節　政治と日常のジェンダー編成

利益政治、社会運動と日常

本節では、政治と日常生活の関係をジェンダーの視点から検討するにあたり参考となる三つの先行研究を、やや詳しく紹介する。

第一がロビン・ルブラン『バイシクル・シティズン――「政治」を拒否する日本の主婦』(尾内隆之訳、原著一九九九年、邦訳二〇一二年)である。ルブランは、東京都練馬区の主婦によるボランティア活動のフィールドワークを通じて、主婦としての「市民性(シティズンシップ)」とボランティア活動の倫理が当事者自身によってどのように認識されているか、また当事者は自分たちの活動をどのように「政治」とは異なるものとして捉えているのかを描き出した。豊かな叙述と示唆や知見に富んだ著作である。

まずルブランは、政治学的分析の多くが政治参加をする少数派に焦点をあて、政治参加をしない人々の日常生活における政治のありようがあまり研究されていないことを指摘する(邦訳九〇頁、以下引用はすべて邦訳から)。その一例として、自民党の候補者たちが練馬区の住宅街で演説を行っている場面を切り取った写真とは対照的な、次のような光景を描写する。

私が実際に目にした光景は、夏の昼近い午前のことだった。数人の若い母親と子どもたちが散歩し、時折、人びとが地下鉄駅へと階段を下りていく。あるいは、階段を上りきるなり近くのショッピングモールのほうへと向きを変える人びともいる。選挙カーの拡声器から流れる演説の声を聞こうと立ち止まる人は、ほとんどいなかった。ステージを持たないこの出演者の一団〔小野清子ら自民党候補の一団――引用者注〕への支援を示そうと、少数の中年女性が集まっていたが、彼女たちに注意を向ける人もほとんどいなかった。その写真の縁の外側で、小野の巧みな言葉は沈黙に出会う。そこにはだれもいないのだ。（九〇頁）

ルブランは、演説の前を行き交いながらそれを無視し、家族や友達とおしゃべりを続けている「潜在的な「市民」」とでも呼ぶべき人々の視点からその光景を見ると、「「政治的な場」のほうが、日常生活の空間において周縁へと追いやられる」（傍点原文）というポジとネガの逆転を指摘する（九一頁）。

それでは日常生活のなかで女性たちはどのように政治を認識しているのだろうか。エスノメソドロジーの方法論に依拠した「自転車的」アプローチを用いてフィールドワークを行ったルブランは、さまざまな場面において「政治と主婦との乖離」が主婦たち自身によって認識されていることを発見する。主婦であることはある種の公的活動への参加を促進すると同時に、他の種類の公的活動への参加を制約する。主婦としてのアイデンティティを持つことは、コミュニティへの帰属を保証し、彼女たちがボランティア活動に参加することを後押しし、またその活動のあり方についての特定の倫理（たとえば非強制性、損得勘定の度外視、社会的弱者への支援、メンバー間の平等、共感など）を支える。しかし同時に、ルブランによれば「その主婦アイデンティティは、女性たちを政治の世界とは両立しがたいと彼女たちが信じる一連の価値とふるまい方に則るよう導くもの」（九二頁）であり、主婦が自分たちのアイデンティティの価値を大事にしているからこそ「主婦は現に手がけている自分たちの社会運動を、政治的な重要性とは切り離して解釈するよう促される」(九二頁)。「政治」は主婦の日常生活とは空間的かつ時間的に異質で、異なる原理で動く領域として認識されるのだ。

コミュニティにおける主婦たちのボランティア活動は「公的」なものであるにもかかわらず、主婦たち自身がそれを「政治」と切り離して解釈するのは、「政治とは、主婦のアイデンティティの構造を破壊しそうな、たとえば経済的利益代表のようなものを優先するかたちで構造化されているので、主婦の倫理にかなうかたちでは意味を持たない」(九五頁)からである。こうして、主婦たちは、政治から排除されているというより、むしろ「彼女の生活の縁から政治を押しのけている」(九五頁、傍点原文)。たとえ政党や政治団体に属していたとしても、主婦たちはＰＴＡという場では「政治的」発言を自ら抑制するし(一〇六頁)、階層やイデオロギーによる分断を交差するカテゴリーとして「主婦」が機能しているため、主婦としてある女性たちはそれにふさわしいふるまいをするよう、つまり階層やイデオロギー、政党支持の違いをあからさまにしないよう、気をつける(五三頁)。こうして日常生活と政治的領域とが、主婦というジェンダー・アイデンティティを用いながら異なる領域として区別される。

第二の先行研究は、大嶽秀夫『自由主義的改革の時代——一九八〇年代前期の日本政治』(一九九四年)である。同書で日本政治におけるイデオロギー的対立軸を析出した大嶽は、三番目の対立軸として、参加民主主義と私生活中心主義の対立を挙げる。個人が直接的政治参加を実践するには、高い時間的・物質的コストを克服するだけの、参加という行動自体から得られる心理的満足感が必要である。それを与える政治参加には祭りや儀式と似た「遊び」の側面がある(五二頁)。直接的政治参加には、儀式や祭りと同じく超日常性や遊戯性があり、参加者に非日常的な解放感や陶酔の経験を与える。参加者は、参加それ自体に積極的価値を認め、自発性、平等性を重んじ、(専門家に決定をゆだねるほうが効率的といった意味での)合理性(あるいは功利性)を否定し、自己決定(決定への参加)を選ぶ。

このような参加民主主義に対抗するイデオロギーとして大嶽が挙げたのは代表制民主主義とテクノクラシーであるが、大衆の政治的無関心、私生活中心主義がそれらを支えているため、根本的には「参加」と「私生活中心主義」が対立している。私生活中心主義は、参加を目的ではなく手段として捉え、合理的選択に基づき、自己決定にかかるコストを支払わずテクノクラート支配を容認し、利益の個別配分を動力とする政治をもたらす（五八頁）。

ここで、ルブランが参与観察した主婦たちのボランティア活動との異同を考えてみる。まず、自発性、平等性、自己決定や参加自体の価値の称揚という参加民主主義を構成する諸要素は、主婦たちのボランティア活動の倫理とほぼ同じである。それにもかかわらず、ルブランによれば主婦たちは「政治」を積極的に避けようとする。しかし主婦たちは合理的コスト計算の結果として「政治」を回避するのではなく、合理的計算によって成り立つ（とみなされる）「利害にもとづく政治」から自分たちの活動を守るために「政治」から距離を置こうとするのである。つまりルブランが示唆するのは、大嶽のいう参加民主主義のイデオロギーは必ずしも「政治」への参加を促さず、ボランティアという「非政治的」公共空間への参加に（積極的に）とどまる傾向があり、同時に、主婦の「非政治」性は決して私生活中心主義的態度の現れではないということである。

第三の先行研究は、富永京子の『社会運動のサブカルチャー化――G8サミット抗議行動の経験分析』（二〇一六年）である。同書は、社会運動における「出来事」と「日常」を二段階に分けて分類し、それぞれの関係を分析する（二二頁）。第一段階では、札幌で展開されたG8サミット抗議行動というイベント（「出来事」）と、そこに国内外から集まってきた参加者が普段、（札幌ではない）自らのコミュニティで日常的に行っている社会運動（「日常」）とを区別する。第二段階では、サミット抗議行動のなか、普段の社会運動のなかも「出来事」と「日常」に分けられる。それぞれのなかにもデモやイベント等の「出来事」（フロントステージ）としての活動と、そのイベントを準備し管理運営する裏方的な仕事、たとえば会場やキャンプ地設営等の「日常」（バックステージ）が存在する。

札幌での抗議行動に関与した多くの関係者への聴き取り調査を行った富永が見出した知見の第一は、サミット抗議行動という「出来事」に集った社会運動の活動家たちが、「日常」の社会運動を通じて培ったある種の文化（サブカルチャー）を共有していることであった。具体的には意思決定における平等や熟議を重視することであるが、それへのこだわりは逆にその実現方法をめぐって活動家たちの間に亀裂を生むこともある（一五八頁）。またG8抗議行動では活動家間の行政当局との向き合い方の違いも浮き彫りになった。たとえば平等で自発的な参加を歓迎したいフロントステージの担当者と、海外から大量の活動家を受け入れるにあたり、日本においてできるだけ逮捕者を出さないための方法に頭を悩ませるバックステージの担当者の間で、「自治」対「管理」という価値のコンフリクトが生じた（一八八頁）。

また「出来事」としてのサミット抗議行動や「日常」的社会運動のなかでも活動家の間に地位（権力関係）が形成されるのだが、それには活動家個人の「日常」（バックステージ）、すなわち学歴、性などの属性や知識、技能、人脈などの動員可能な資源、家庭や職場の社会運動への寛容さなどが影響を与えていた（二五八頁）。最後に、活動家は社会運動の経験や人脈を日常生活（バックステージ）へ持ち帰るが、それは「日常」の再解釈を促すこともある。これを富永は「日常の運動化」や「政治化されたゆるい日常」と呼んでいる（一九五頁）。同書は、社会運動のなかの日常と非日常（出来事）の重層性と動的循環を分析する視角を提供してくれる。

分析枠組

前項で参照した三つの先行研究をもとに、政治と日常生活の関係を類型化したのが図である。

いうまでもなく〝政治〟の定義自体が政治的行為であるが、とりあえずそれを、「資源の分配や権利の承認を、物理的強制力をもった国家を通じて実現するための活動」と狭く捉えるならば、権力の保持者である政治エリートとそ

政治／非政治	価値，行動原理＝サブカルチャー			
	「利益」 利害，合理性（効率），階統性，分業，取引		「参加」 善悪，非合理性（非効率），平等，自発性，闘議／熟議	
“政治”	(a) 利益政治 政治エリート 代表民主主義	(a′)	(c′)	(c) 新しい社会運動 異議申し立て 直接民主主義
“非政治” ＝日常	(b) 私生活 大衆 決定の委任	(b′)	(d′)	(d) 市民活動 ボランティア 「公共」
	非日常 （フロントステージ）	日常 （バックステージ）		非日常 （フロントステージ）

出所：筆者作成.

図　政治と日常生活

れに対抗する社会運動家とでは、重視する価値や行動原理（富永の言葉ではサブカルチャー）が異なる。ここではその価値、行動原理を「利益」(a)と「参加」(c)の二つに分ける。利益政治においてアクターは自己利益の実現のために合理性（効率性）を重視して行動する。組織は階統的で各自の役割は分化し、決定は取引の結果として導出される。また政治エリート(a)と非エリート（大衆）(b)の役割は分化し、大衆は政治参加のコストを回避し、決定を政治エリートに委任する。自分たちの快適な私生活とそれを支える経済的基盤が脅かされない限りは、政治エリートの決定に口出しすることはない。したがって政治エリートは自己利益（権力維持）と大衆の利益（生活の安定）をリンクさせるように行動する。

他方、「参加」が重視される〝政治〟的活動としては、新しい社会運動があてはまる(c)。アクターは自己の利害ではなく社会にとって望ましい価値（善）を実現するため、既存秩序への異議申し立てを行う。参加者は自発的かつ平等な立場で運動に加わる。運動内では目的実現のための効率性よりも、手法それ自体の正しさが重視される傾向があり、熟議による直接民主主義的意思決定が望まれる。同時に、既存秩序において権力を独占する政治エリート(a)に対しては挑戦し，闘う敵とみなすため，彼我の違いにこだわる。そのため自らが権力的になっていないかを常に自問する必要に迫られる。公的な権力配置（決定権の所在）とそのアウトカムの変容を求めるという点で，〝政治〟的な活動である。

最後に，こういった「参加」のサブカルチャーを共有しながらも，〝非政治的〟な活動と認識されがちな活動として，ボランティアや市民活動がある(d)。福祉や環境といった公共善の実現という目的，メンバー間の平等や非階統性，熟議といった組織運営の方針も共通する。しかしルブランが指摘したように，参加者はその活動を〝非政治的〟なものと位置づけている。対抗的社会運動とは異なり，既存秩序の変容や公的権力の所有者の交代を目的とはしない。むしろ，そういう〝政治〟では解決できない問題があると考え，地に足のついた活動であることに自らの存在意義を見出す。エリートによる利益政治への不信感があるのはもとより，社会運動に対しても，ある種の警戒感を持っていることもある。

実はこのような〝非政治的〟かつ〝公的〟な市民活動というのは，日本では目新しくない領域である。近代国家建設や戦後復興は官民の協力関係に負うところ大であったし（Garon 1998: 2003），近年，政府等が提唱する「新しい公共」論も公的サービスの担い手として市民活動に期待する。またロバート・パットナムのソーシャル・キャピタル論が主張するように，匿名の市民間の相互扶助が行政パフォーマンスを向上させるのであれば，エリート(a)による代表民主主義の政治制度の効率性は，公共的活動(d)に依存している面もある。

さて，以上のように政治的，非政治的領域をサブカルチャーで区別したとき，ジェンダーはその編成とどう関係するだろうか。ルブランが指摘したのは，主婦というジェンダー化されたアイデンティティは女性たちに私生活中心主義(b)にはとどまらない公共的市民活動(d)への参加を促すと同時に，〝政治〟領域(a)(c)への参加を抑制するように働いていたということであった。他方で大嶽が示唆したのは，直接行動(c)への参加を促す動機には，遊びや非日常性の魅力とともに、男らしさの感覚があることである。私生活中心主義(b)や利益の政治(a)から脱し、コストやペナルティを払うことを覚悟して社会善のための闘いに身を投じるといった、ヒロイックな自己犠牲の精神である[1]。こういった男性性が、(c)への参加を促すとされる。他方で、ルブランがもう一つの著作*The Art of the Gut*(2009)で述べたように、社会運動(c)だけでなく私生活の重視(b)にも男性性が関与する。私生活における稼ぎ主としての義務というジェンダー(男性性)が、〝政治〟的活動を回避する理由として持ち出されるのである。性別分業が制度化されてきた日本社会において、男性性は、一方で〝非政治〟的な日常において家族の生計を背負う責任を強調し、他方で一時的にであれ、そこから脱出して社会善のために非日常的な〝政治〟すなわち闘争に身を投じることへの熱情を掻き立てる、といった二面性を有している。

他方、日本で女性が〝政治〟的活動に参加することを正当化する際に頻繁に用いられてきたのが、「母性(motherhood)」であった(ルブラン二〇一二、Eto 2005)。母である／となりうる女性は、子どもたちのためにより良い社会をつくることが使命、と主張することにより、政治参加を正当化することができる。保守運動への女性の参加を分析した大沢貴美子は、「母性」は女性役割と政治参加の間のコンフリクトを和らげると指摘した(Osawa 2015)。母として子どもたちに安全な日本をという訴えは保革を問わず、反核や平和憲法支持にも、国家の防衛・安全保障強化の主張にもつながるのだ。

さらに、富永が論じたように、四つの領域のなかにも「非日常」(富永のいう「出来事」)と「日常」とが含まれていることを忘れてはならない。このことはとりわけ、ジェンダーの視点をもって〝政治〟的活動(a)(c)を分析するときに認識すべきである。なぜなら、ここにおける「日常」「非日常」の実践を通じて、ジェンダーの再生産あるいはその変革がもたらされうるからである。たとえば社会運動(c)も、非日常(フロントステージ)たるデモやイベントを支える日常(バックステージ)の活動なくしては成り立たないが、その分業がジェンダー化されていないとはいえない。既存の権力・秩序を批判したはずの新左翼運動において、「闘争」と「おにぎり作り」の間で性別分業が当たり前のように存在したという批判から、第二波フェミニズムが立ち上がったのはその証左である（田中・上野二〇〇三）。もっとも近年では、社会運動内部におけるジェンダーへの敏感さは増しているかもしれない。

同様に、エリートによる利益政治(a)においても日常（バックステージ）は重要な役割を果たしているはずだが、その活動(a′)への学術的関心は低いといわざるをえない。永田町や霞が関における議員や官僚の行動がフロントステージであるとすれば、彼ら・彼女らの日々の生活や、その政治アクターとしての権力基盤の再生産を支えているのは家族や秘書である。とりわけ議員にとっては、地元選挙区における後援会活動や団体との関係づくりは自らの再選を左右する。中選挙区制時代の自民党代議士の後援会についてはジェラルド・カーチスを嚆矢とする良質のフィールドワークの蓄積があるが、最近はあまり行われていない（カーチス一九七一、山田一九九三、朴二〇〇〇）。とりわけ、そこにおける女性たちの活動については研究が不足している。男性中心的な利益政治を批判するジェンダー研究も、フロントステージに目が向きがちである。そこで本章では、この(a′)を構成するものとして、自民党における女性たちの活動について検討していく。

なお、〝非政治的〟な活動とされる(b)や(d)においても非日常と日常の区分はあるが、それは(a)(c)と比べると曖昧であろう。たとえばゴミ拾いや高齢者への声がけといった日常的なボランティア活動のなかにバザーや講演会などの非日常的なイベントが組み込まれるというような形である。ただし、だからといってこの領域がジェンダー化されていないはずはない。たとえば私的領域における育児においても、派手で楽しい娯楽（フロントステージ）を父が担当し、地味で報われにくい日々のこまごまとした世話（バックステージ）を母が担当するなど、性別分業は遍在する。

日本の諸政党における女性部／婦人部のなかでは、公明党の婦人部が選挙運動の大きな戦力であることはよく知られている。しかし、管見の限り、自民党の女性局（党本部の女性局だけでなく議員後援会や地方支部の女性部・婦人部も含めて）が果たしている役割についてこれまで体系的に研究されたことはない。

五五年体制期においては、自民党の選挙運動の主体は個人後援会であった。いわゆる「代議士の妻」の重要性や、妻を中心とする後援会婦人部のネットワークについては、自伝やオーラル・ヒストリー等で逸話として挙げられてきた。典型的なケースでは、男性代議士の妻は地元選挙区で夫の留守を預かり、支持者回りや小学校の運動会や地域のイベント、冠婚葬祭への出席、後援会の運営等に飛び回る。巷間、妻の力が夫の選挙の強さを左右するとまでいわれてきた。夫が永田町で国政に勤しみ、妻は選挙区を守るという代議士版の性別分業といえよう。

一方、代議士の妻以外の女性党員・支持者の政党活動への参加についてはあまり注目されてこなかった。なぜ、どのように女性たちは政党や個人後援会に参加するのだろう。単に義理や付き合いに過ぎず、自分や家族の利益のためなのだろうか。利益政治の領域において女性たちは動員される客体であり、補佐的な業務を受動的に担っているに過ぎないのだろうか。実はその見方そのものが、男性が能動的・政治的主体で、女性が受動的・非政治的客体に過ぎないというジェンダー・バイアスに沿ったものかもしれない。自民党における女性たちの参加の動機や活動、影響力やその源泉について慎重に検証する必要があるのではないか。以上の問題意識にもとづき、次節では、(a)を構成する自民党の女性活動家たちの価値や行動原理を探るため、自民党の発行する女性向け月刊誌『りぶる』の内容を分析していく。

第二節　「利益」政治のバックステージへの「参加」

自民党の女性誌『りぶる』

『りぶる』は自民党出版局（創刊当時）が編集・発行する女性向け月刊誌で、一九八二年四月に創刊され、現在も継続発行している。自民党機関誌としてはほかに『月刊自由民主』があるが、同誌は二〇一〇年四月号で廃刊、その後はウェブ配信による週刊誌にリニューアルした。『月刊自由民主』の廃刊後も『りぶる』が冊子媒体で発行を続けているというのは、それだけ定期購読の読者がおり、コストを差し引いても得られる利益があるからだろう。

参与観察やインタビューに比べて、雑誌『りぶる』の分析は女性活動家たちの価値や行動原理（サブカルチャー）を間接的に把握できるに過ぎない。しかしながら雑誌という性格上、同誌が対象とする女性にはある一定の広がりがあると予想される。政党活動に熱心な活動家だけでなく、雑誌を購読し読むだけという女性党員やその周辺の者をも想定した誌面となるだろう。したがって『りぶる』の分析は、政治における日常（バックステージ）の参加者やそのサブカルチャーを探る上で一定の利点もある。

二〇一八年六月で通算四三五号を迎えた『りぶる』の情報量は膨大なので、本節では創刊号（一九八二年四月号）から雑誌の構成が安定するまでの間（一九八三年一二月号、二一号）を集中的に検討し、その上で近年の変化をみるため二〇〇五年発行分（通算二七四―二八五号）についても検討を行う。

創刊の経緯と意図

『りぶる』は、一九八二年四月に創刊された。当時の新聞報道によると、一九八〇年の自民党「婦人部研修会で、婦人雑誌発刊の声が起きた」ことが発端である（読売新聞一九八二年一月一六日）。当初は財政面で負担が懸念され、党の経理局が難色を示していたが、佐藤文生広報委員長に交代した後に、「一年目は赤字でも、二年目でペイさせ、三年目には黒字にして、党財政に寄与する」との条件つきで党の役員会、総務会で了承された(同)。

自民党は、一九七〇年代に得票率の長期低落を経験した後、一九八〇年代に持ち直す。『りぶる』は、ちょうどその過渡期に創刊された。創刊後半年ほど(一九八二年一一月)で、中曽根康弘が新しく自民党総裁に就任し、都市の新中間層への支持拡大を図り、新自由主義的改革に手をつける。自民党は昭和五七(一九八二)年運動方針に「婦人層に積極的に支持される組織の確立」を掲げており、その手段の一つとして『りぶる』創刊が認められた。つまり、女性有権者からの支持獲得という自民党の組織戦略の一環として創刊された女性誌であったが、一方でその創刊には党の女性活動家の影響力が見て取れる。たとえば、雑誌のタイトルについて党執行部からは「『りぶる』は、いまはやりのウーマン・リブを連想させ、まずい」という声も出たというが、全国婦人部代表者会議で議論した結果、原案通りに決まった(読売新聞一九八二年一月一六日)。つまり、党本部の意図だけではなく、日常レベルで党に貢献する女性活動家たちのイニシアティブが『りぶる』創刊を促したのである。

そこでまず、創刊一年目の一九八二年の誌面から、創刊の主旨や編集部の試行錯誤の様子を読み取ることにする。『りぶる』は自民党出版局が編集・発行作業を担っていたが、国会議員が企画編集委員となっていた。党広報委員長の佐藤文生を含めて一二名の企画編集委員のうち六名が女性である(石本茂、山口淑子、扇千景、山東昭子、安西愛子、森山真弓)。女性誌ということで雑誌づくりに女性議員の意見が求められたのだろう。当初定価は二〇〇円で、購入申し込みは自民党出版局または各県連の婦人部、第四号からは一部大型書店での店頭販売も行われた(二〇〇七年三月号まで)。編集は党の広報本部の責任で行われており、党の女性局が内容を決めていたわけではない。しかし購読者は主に女性党員であり、後述するように『りぶる』と女性局の活動とは切り離せないものとなっていく。

創刊号の編集後記からは、創刊の意図とともに新しい雑誌づくりにかける意気込みが感じられる。左記は創刊号の編集後記の最初の三段落である(2)。

①いま四千万人のサラリーマンがわが国の繁栄を支えている、といわれます。しかしその三割以上を有職婦人が占めている、といわれれば、女性の力の大きさに、改めて脱帽せざるをえません。ちなみに、八千万人有権者中、女性が男性を二百五十六万人も上回り、有効投票率では一・五%ほども男性より上。自由民主党が女性層に呼びかけ、支持を求める必要を痛感している所以(ゆえん)です。

②一口に〈女性層〉といってもその範囲は広く、すべての女性に興味を持っていただくのは至難のワザ。そこで女性パワーの中核を占める三十歳代前半の、主婦業と有職婦人の〝二枚看板〟を背負うたのもしい女性層を読者対象として、読者と一緒に日々を考えてゆく、そんな雑誌づくりを目指すことになりました。

③《りぶる》——フランス語で〈自由な〉。本当に自由な社会を守るために、いえ、本当に自由な人間であるために、何を考え、どう行動すればよいのか。口先だけの平和でなく、こころからやすらげる平安をずっと保つために、おんなが果たすべき役割とは何か。ちょっぴりしかつめらしくいえば、そんなことを考え続けたいと念じます。あなたのご声援とご参加を願いながら——。

編集後記からは、読者対象として、「三十歳代前半の、主婦業と有職婦人」がとくにターゲットとされていたことが分かる。日本の世帯構成の推移をみると、専業主婦世帯は高度成長期に増加したが、一九七五年を境にその後は共働き世帯が増えていく。このような社会変化を念頭に置き、従来の中間団体(地域団体や業界団体)を媒介したクライエンタリズムによる動員ではカバーできない層へのアプローチが試みられたといえる。また、③にあるように、ここでは女性読者は単に動員の対象ではなく、「考え、行動する主体」としても捉えられている。革新系の女性運動との差異化をしながら、「本当に自由な人間」としてのあり方と、「おんなが果たすべき役割」について考えていくことが宣言されている。一九八〇年代初頭は社会的には職業女性が増えつつあり、女性学／フェミニズムもアカデミズムを超えた発言力を持ち、(3) 国際的には女性差別撤廃条約が国連総会で採択（一九七九年）、発効（一九八一年）した時期でもある。『りぶる』創刊号の編集者たちも、明らかに同時代のフェミニズム（やそれに関連する言説）からの刺激を受け、反応していることが分かる。

さて、編集後記の最後は、少し印象の異なる文面で締められている。

> ④本誌生みの親、自民党広報委員長の佐藤文生さんは、女性誌に盛り込まれるべき内容として〈3C〉を強調しています。〈カルチャアー（文化）〉〈コミュニケーション（相互理解）〉〈クリエイティブ（創造）〉がそれ。創刊号に3Cを汲み取っていただければ幸いです。

佐藤は『りぶる』を党の機関誌というより、女性誌としてみている。3Cが具体的に何を表しているのかはこれだけの文言からはよく分からないが、ファッションや料理、芸能情報などを掲載する他の商業女性誌と同じ要素を盛り込むことが重要だと考えていたのかもしれない。こういった意図がどのように具体化されているかについて確認するため、次に『りぶる』の全体構成をみてみよう。

全体構成、特集テーマ

『りぶる』の全体構成を一言で言うと、多様な情報・要素の「ごちゃまぜ」である。読み応えのある特集記事もあれば、写真やイラストを用いた息抜きに読めそうな記事もある。要するに「女性誌」、「総合誌（総合雑誌）」、「党機関誌」の三つの要素が混在している。「女性誌」の要素としては、写真や広告を多用し、ファッションや料理、旅、暮らし、家計、健康についての情報を掲載している。「総合誌」の要素としては、毎号変わるテーマについての特集ページや、時事解説など読みごたえのある記事が掲載されている。最後に、「機関誌」要素として、自民党の政治家、その妻へのインタビュー記事や、自民党の政策の解説記事なども掲載されている。さまざまな関心をもつ読者がどこから読んでもよいようにつくられているようだ。ちなみにページ数をカウントすると、創刊号における三つの要素の比率は7：4：2で、「女性誌」の要素が最大である（広告や読者ページ、編集後記を除く）。

『りぶる』では毎号、巻頭特集テーマを決めて各界の執筆者による寄稿を含む複数の記事を掲載している。創刊号から第二一号までの特集テーマを概観すると、二つのカテゴリーに分けることができる。一つ目のカテゴリーは、多様化した現代女性の生き方を紹介しつつ、それぞれの生き方を肯定するようなテーマとなっている。具体例は「広がった女の世界」、「「土」に嫁ぐということ」、「娘の「自立」、妻の「自立」」、「女が「働く」ということ」などで、「おんなの生き方」特集とでも名づけることができよう。

二つ目のカテゴリーに入るのは、「家庭・教育」関連の特集である。たとえば、「「子供一・七人」時代というけれど……」、「いま「家庭のいつくしみ」とはなにか？」、「「非行」の時代を考える」、「お父さん、がんばって」といったテーマである。変化しつつある社会への不安や警鐘と、それに対抗・あるいは適応するための手段として、家庭と家庭教育の重要性が示されるという構成になっている。以上二つのカテゴリーは、ターゲット読者層である「有職女性」と「主婦」の双方に向けられたものとみてよいだろう。社会の潮流と読者の関心の接点を模索しながらテーマ設定がなされている様子がうかがえる。

集合的アイデンティティ

一般に定期刊行誌には、編集部と読者とのコミュニケーション機能が備わっている。編集部が創刊時に企図した方針が、読者とのやり取りのなかで変化していくこともある。『りぶる』編集部も読者からの投稿を募り、第二号から掲載している。予想を超える量の投稿が寄せられたようで、当初二ページであった読者便りページは途中から三ページに増やされている。読者が新しく創刊された党発行の女性誌にどのように反応し、読者と編集部の間でどのようなやり取りが行われたのかを検討することで、日常生活と政治に関する女性読者の認識やその変化を知ることができる。もちろん、掲載されているメッセージは編集部が選別したものであり、全ての読者の感想を代表するものではなく、雑誌に好意的なものや重要だと思われたもののみが選ばれているだろう。掲載されたメッセージは編集部が他の読者と共有すべきだと考えたものであり、雑誌の編集方針や読者層を示唆する。本項ではこの点を念頭に置いて読者便りの内容を分析した。ここでは次の二点について考察したい。

狭い世界と広い世界

読者便りのなかには、自分の住む世界と広い世界を対置し、広い世界を知る手段として雑誌を捉えているものがあった。左記はその典型例である。

世界の国々の暮らしとか、旅行の想い出など、載せて下さい。小さい家庭の中だけで生きているので、眼だけでも、広い世界に向けていたいと思います。（三一歳主婦）（第八号）

私は主婦専業で行動範囲が狭いので、新聞にはでない「トップレディーたちの宴」のような写真もたのしめます。（四五歳主婦）（第六号）

海外の取材記事が読みたい。料理や健康よりも海外の生の政治の場とか、教育の現場、家庭生活（親としてのしつけ等）など女にとって広い視野のもてる記事をお願いします。（四五歳主婦）（第七号）

山深い農村に暮らしていると、自然に接するばかりで何か文化に取り残された気がしていましたが、「りぶる」

を読むうち、私もがんばらなくては、世の中に遅れてしまう、そんな気がしたのです。これからは、「りぶる」からいろんなことを吸収しようと思います。（五四歳農業）（第八号）

これらのメッセージの書き手は、とりわけ「主婦」と自称する読者が、自らの視野や行動範囲を「小さい／狭い」と捉え、『りぶる』に広い視野を得るための記事を求めている。「広い世界」には必ずしも「政治」に関するものだけではなく、世界の人々の暮らしやトップレディーのパーティー事情なども含まれている。いずれにせよ、日常生活＝狭いという言葉で表され、『りぶる』はそれを超えた広い世界の情報を知らせてくれる雑誌（であるべき）と捉えられている。

女性＝私たち

もう一つは、「女性＝私たち」としての集合的アイデンティティが語られている点である。

女性のマナーとか、女の知っておきたい法律などを少しずつ載せていただきたいと思います。（五〇歳主婦）（第八号）

働く者の一人として、毎月「りぶる・ウーマン」のコーナーに、一番先に目を通しております。いろいろな女性の生き方がわかりやすく紹介されていて、興味が尽きません。（二九歳会社員）（第六号）

農家の働き手として、苦しいことばかりでしたが、これからは、「りぶる」とともに、女の眼で世の中をみつめて生きていきたいと思います。（五四歳主婦）（第七号）

「りぶる」は、私達の生き方に大変参考になります。（六四歳主婦）（第八号）

読者は『りぶる』を読み、投稿を書くときに、女性の一員としての自分を意識している。また「読者＝女性＝私たち」という連帯の感覚も示されている。ポレッタとジャスパーによれば、集合的アイデンティティとは「個人が抱く、より広いコミュニティ、カテゴリー、実践、制度との認知的、道徳的、感情的なつながり」であり、「直接な経験よりも想像に基づく、共有された地位や関係についての認識」と定義される。さらに「集合的アイデンティティとは想像上および具体的なコミュニティであり、認知し構築する行為と、既存の紐帯・利益・境界線を発見する行為とを伴う。それは固定的というより流動的かつ関係的なもので、多くの異なるオーディエンス（傍観者、仲間、敵、ニュースメディア、行政当局）との相互行為により発生する。それは個人が社会を分節化し、理解するためのカテゴリーを提供する」(Polletta and Jasper 2001: 298、日本語訳は引用者)。このような集合的アイデンティティが、社会運動の発生や性格を規定する。

女性としての集合的アイデンティティは、フェミニズムにとって実践的にも理論的にも重要な概念であることはいうまでもない。一方、『りぶる』の読者ページから明らかになったのは、自民党の女性たちもそれを表現していることである。ここで表現されている「私たち」は、議員の個人後援会婦人部や地域の農協・漁協婦人部などの個別組織のメンバーより一段広く、「自民党の女性たち」といえるような範囲をカバーする。おそらく、『りぶる』の創刊は、地域的、関係的に限定された日常のコミュニティから、もう少し匿名性の高い、そういう意味ではバーチャルなコミュニティへと「私たち」の範囲を広げたのではないか。ポレッタらが述べるように集合的アイデンティティは多くの異なるオーディエンスとの相互行為により醸成され、変化していくものである。『りぶる』の読者ページや編集後記を読むと、各後援会・団体婦人部等での顔の見える関係性とは異なるレベルの広がりを持つ、『りぶる』読者＝「私たち」という集合的アイデンティティが構成されていく様子が垣間見える。そしてこの集合的アイデンティティの広がりは、先に述べた「広い世界」への関心とも結びついている。ではこの集合的アイデンティティはどのような活動を生み出していったのだろうか。

読者サークルと販促活動

『りぶる』編集部にとっても意外であったと思われるのは、それが読者（主に自民党員の女性たち）の新しい活動、すなわち読者サークル活動と、販促活動を引き起こしたことである。

『りぶる』第二号（一九八二年六月号）では、『りぶる』友の会の発足が報告されている。富山県高岡市の友の会の「世話人」に就任した女性が、『りぶる』読書会と新しい購読者を獲得していくための販促活動を行っていきたいと述べている。ここでも「私たちの雑誌」という言葉が使われている。

りぶる誌は、私たちの雑誌、皆で積極的に読者の輪を広げたい。〔…〕今後の普及活動、読書会など、大いに成果を期待して欲しい。（第二号）

これ以外にも各地で、定期購読者を増やすための勧誘が行われたようだ。組織（党婦人局）として販促を行った地域もあれば、個人が尽力した地域もあった。

「りぶる」の世話人としての責任上、一人でも多くの人に読んでいただこうと、「まず現物を見て下さい」と創刊号を持って歩いたり、電話をかけたり、勧誘にかけずり回りました。〔…〕冷やかされもしたけど、それでもがんばって頼みこみ、ついに七十数部の予約をとりました。県としては四百ぐらいになったでしょう。（第九号）

こういった各支部での動きを、党本部も追認していく。第一二号（一九八三年三月）の編集後記では、「一月二十一日に開催された自民党婦人部全国大会で、「りぶる」の拡販と「りぶるサークル」活動の展開がうち出されました」と報告している。以上のように、党による女性誌の出版は、読者層の中核であろう女性党員のなかに「広い世界」への関心とともに「私たち」という集合的アイデンティティを醸成するのを助け、さらに彼女らのサークル活動や販促活動を通じて党の組織化に役立ったといえそうだ。

ところで女性誌（あるいは婦人雑誌）は戦前から多く発行されており、購読者組織の設立も珍しいことではない。それは出版社側からすれば読者を囲い込み、購買部数を拡大・安定させることに役立つ（小関二〇一五）。『りぶる』創刊時にはすでに多くの女性誌が販売されている。ファッション、芸能ゴシップ誌から『婦人公論』まで幅広い雑誌が手に入った時代である。にもかかわらず、『りぶる』を手に取った女性たちが「私たちの雑誌」と感じた理由はどこにあったのだろうか。筆者の仮説は、『りぶる』の求心力は、女性誌的要素だけでなく、総合誌と機関誌としての要素が混在していたことにこそ、あったのではないかというものである。『りぶる』は、創刊号からしばらくは、自民党の政策やライバル社会党の批判、選挙に関する記事をほとんど掲載していなかった。ところが中曽根の総裁就任後（一九八二年一二月号）から、党派的な記事が登場し始める。創刊時は、党員に読者を限定してしまうことを編集部が恐れたのか、誌面上で「党派色」「政治色」が抑えられていた。しかし実際に公刊してみると、党の女性たちが求めるものが編集部に伝わり、党派色を出してもよい、あるいは出したほうがよいという判断につながったと推測される。

以上を要約すると、まず『りぶる』は、「利益」中心に運営されてきた従来の自民党の集票システムが、一定の陰りを見せ始めていたことを背景に、創刊された。当初の目的は、中間団体による動員が届きにくい、比較的若い世代の女性を購読者にし、そういった女性を地元の婦人／女性部を通じて党組織に組み込んでいくものであったと推測される。意図されたのは、従来型の地域婦人会、農協婦人部など地域社会の濃密な人間関係を基盤にしたものではなく、雑誌の購読者という比較的ゆるやかなつながりを介して、自民党という政党に好意や親しみを持ってもらい、党の支持層を拡大することであった。そしてそのために、女性の私生活に関するさまざまな情報や女性の生き方を問うテーマ特集(女性誌的要素)と、世界・日本の政治・社会問題を解説し論じる記事(総合誌的要素)が中心となり、自民党を紹介する記事(機関誌的要素)は控えめに位置づけられていた。

しかし『りぶる』を通じて、女性購読者は活動家を中心に「私たち」という集合的アイデンティティを強化したようである。活動熱心な支部の婦人部では読者サークル活動や販促活動さえ行うようになった。読者便りからみえてくるのは、私生活から抜け出して「広い世界」を学ぼうとする女性たち、「利益」ではなく「参加」という動機によってそこにあろうとする女性たちの姿である。また、この時点では彼女らの販促・読書活動は、党派的な志向があまり強くない。ルブランが仲良くなった主婦たちとさほど変わらない印象である。

図で示した枠組に重ねてみよう。一九八〇年代頃から盛んになったローカルなレベルにおける主婦たちの市民活動の一部は、一九九〇年代に入って地方議会に女性議員を送り出す運動へとつながった(岩本二〇〇一)。その典型例は既存政党、既存秩序に対し批判的な立場をとり、女性であることと「利益の政治」への異議申し立てをリンクさせたものであったといえる(d)/(d′)から(c)へ)。他方、同時代に創刊された『りぶる』は、時代のエートスを反映しながらも、「参加」を通じて地域の主婦たちを政党活動へリクルートするための媒体となった(d)/(d′)から(a′)へ)。主婦たちにとってどちらに参加することになるのかを分けたのは、たまたま声をかけてきたのが誰であったのかという偶然の要素や、参加者や活動の内容が「なんとなく肌に合うかどうか」といった感覚の相違程度だった可能性も高い(4)。

一つ異なる点は、自民党の婦人／女性部は、あくまでも党組織のなかに位置づけられているという点である。つまり、『りぶる』読書会などへの参加を通じて、女性たちは自民党組織のなかに組み込まれる。それは、普段はあまり意識されないかもしれないが、選挙などの〝政治的〟な機運が高まる時期においては、活動の内容や雰囲気(サブカルチャー)を変えていく可能性を意味する。『りぶる』の誌面もそれを反映するかもしれない。そこで次項では、政党間競争の激化にともない党派性がより明確になった、二〇〇〇年代以降の『りぶる』の内容を検討することにする。

ゼロ年代以降の『りぶる』――日常の再政治化と「参加」

二〇〇五年の一年間に発行された『りぶる』を一読すると、三つの要素のなかで総合誌的要素と党派的要素が増加していることがわかる。ページ数自体はすでに初年度から増加し、一〇〇ページ近くになっているのだが、そのなかでも時事問題やニュース、法律や制度の解説、小説などが増加している（総合誌的要素）。また自民党議員のエッセイやインタビュー、活動報告も増えている（党機関誌的要素）。

とくに注目すべきは、地方支部の女性部の活動を紹介するページである。ここでは、毎月さまざまな地方の女性部が行った集会、講演会や研修旅行、募金活動や選挙運動等の活動報告が掲載されている。たとえば二〇〇五年一月号（第二七四号）には北海道連女性部、川崎市連女性局、「玉野りぶる会」、沖縄県連女性局の四つの活動が紹介されている。女性局主催の集まりはしばしば「りぶるのつどい」や「りぶるの会」と命名されている。雑誌『りぶる』の創刊から二〇年が経過し、各地の自民党女性部のアイデンティティを「りぶる」という言葉で表現するようになっていることが分かる。

総合誌や党機関誌としての誌面が増えたとはいえ、女性読者向けの誌面づくりも意識されているようである。二〇〇五年一月号では、議員インタビューに続く巻頭特集のテーマは、「新年から始めてみたい！　作る楽しさを味わえる手芸のススメ」である。巻頭特集における党機関誌的要素と女性誌的要素の並列は、自民党が野党となっていた二〇一二年にはさらに顕著で、五月号では「J-NSC：自民党を支えるネットサポーターズクラブ」と「GW（ゴールデンウィーク）、出掛けてみませんか？」というテーマが、六月号では「全国女性部（局）長・女性議員合同会議・政策研究会、女性パワー、全国から大結集！」と「おいしいもの見つけた！　全国駅弁めぐり」が特集となっている。

他方、記事や読者便りからは、かつてあった「私たち」の発見というようなテーマは姿を消している。一九八二年に新鮮さをもった「私たち」という集合的アイデンティティは、わざわざ言及しなくてもすむほど当たり前になったのだろう。その証拠に、「私たち」は自民党の女性や、女性部というカテゴリーを示すときに使われている（例：「私たち女性が」、「私たちの女性部でも」）。

また、誌面の内容とも呼応すると思われるが、二〇〇五年の読者便りには、日本の文化や伝統、女性としてのマナーや作法などの記事を褒めるものが散見される。推測にとどまるが、読者の年齢層が高齢化していること、政党間競争の高まりにより党派性（保守性）が明確に表出されるようになっているのかもしれない。こういった読者便りを要約すると「女性らしいマナーや作法は日本の文化でもあり、それを〝私たち〟の世代が次の世代へと伝えていくことが、伝統を守る自民党の女性としての〝私たち〟の務めである」という自負のようなものがうかがえる。かつてはそれほど具体的ではなかった「私たち」に、保守的な内実が加わっているように読み取れる。そして「伝統」という言葉を使うことで、過去から未来へという時間軸のなかの「私たち」に意味が見出されている。「利益」というものが比較的短い時間軸で捉えられるものだとすれば、世代間の伝承に価値を見出す考え方はそれとは異なるものである。そういう意味では、「参加」のサブカルチャーの保守版ということができるだろう。

おわりに

本章では、社会活動を〝政治〟、〝非政治〟とそこで重視される価値、行動原理（サブカルチャー）によって四つの領域に区分した後、それぞれのなかにも日常（バックステージ）と非日常（フロントステージ）があるという分析枠組を提示した。その上で、自民党の女性たちの活動を利益政治における日常（バックステージ）を構成するものと位置づけ、彼女らの集合的アイデンティティ、価値や行動原理（サブカルチャー）を雑誌『りぶる』を通じて探ってきた。

本章の知見をまとめると次のようになる。雑誌『りぶる』の創刊を契機に、地域的に限定されていた自民党の女性たちは「私たち」という一段広い集合的アイデンティティを得ることになった。『りぶる』の読書会や販促活動を行う彼女らの日常的活動は、利益政治にありながら「参加」のサブカルチャーを共有している。このことは、既存秩序を批判する社会運動や、主婦たちのボランティア活動だけでなく、「利益」政治を支えるバックステージにとっても「参加」のサブカルチャーが重要であることを示唆する。(a)と(c)の近さといってもよい。

ではこのことは、ジェンダーの視点からみたときに、「利益」政治に対してどういった意味を持つのだろうか。第一に、女性としての「私たち」の集合的アイデンティティの構築は、フロントステージの政治に対して「女性の視点」を打ち出し、自分たちの関心を政治に反映するよう求める行動へとつながる。二〇〇五年には、党本部の女性局の主導で、各地の女性部は子育て支援に関する全国アンケートを実施し、その結果をもとに女性局としての政策提言を行った。この提言には子育て世帯への経済的支援等も含まれ、党の政策選択の過程でも一定の影響力を行使したと思われる。

第二に、フロントステージの政治が、バックステージの党女性たちの活動に影響し、女性たちの日常が（再）政治化される可能性も示唆される。党派性の薄かった『りぶる』創刊時と比べて、ゼロ年代の『りぶる』には党派性をより明確にした記事が増えている。それと並行して、読者便りには女性たちの日々の生活を、保守的な価値によって見直すような表現が垣間見られる。日常生活の再政治化を促す契機としては、自民党が政権をとることが日本にとって（あるいは自分の帰属する地域や業界にとって）損か得か、という「利益」によるものももちろんあるだろう。しかし、ゼロ年代以降の『りぶる』からは、女性が日本の文化、伝統の伝承者となることに意味を持たせるという「参加」のサブカルチャーの保守バージョンのようなものが表現されているように思われる。すなわち、政党政治のなかにおける

「参加」のサブカルチャーは、党派性が強化されるなかでも（あるいは、だからこそ）継続しているのである。

第三に、彼女らの活動がバックステージにとどまっているという問題も指摘しなければならない。公共的活動から市民派の女性議員の誕生（(d)(d')から(c)へ）というケースに対して、自民党の女性活動家から議員が誕生することはあまりない。議員と活動家の社会的バックグラウンドも異なっているように思われる。このことが、フロントステージの政治におけるジェンダー不平等を再生産しているという点も、批判的に検討されなければならないだろう。

注

（1）大嶽（一九九四：第一部第三章）は参加民主主義について論ずる際にトクヴィルの「公共活動への参与が男らしさをはぐくむ不可欠の手段」という主張を引用したり、選挙の魅力を語る自民党代議士の「苦闘のなかで男と男の真心がふれ合う」という言葉を注で紹介している。

（2）番号は便宜的に引用者が付与した。原文では段落ごとにハートマークがつけられている。

（3）著名なフェミニスト研究者である上野千鶴子が、最初の単著『セクシィ・ギャルの大研究』や編著『主婦論争を読む』を出版したのが一九八二年である。

（4）二〇一六年日本政治学会において討論者をつとめてくださった尾内隆之先生からの指摘。

参考文献

カーチス、ジェラルド（一九七一）『代議士の誕生――日本保守党の選挙運動』山内清二訳、サイマル出版会。

Eto, Mikiko (2005) "Women's Movement in Japan: The Intersection between Everyday Life and Politics," *Japan Forum*, 17(3), 311-333.

Garon, Sheldon (1998) *Molding Japanese Minds: The State in Everyday Life*, Princeton University Press.

Garon, Sheldon (2003) "From Meiji to Heisei: The State and Civil Society in Japan," in Frank J. Schwartz and Susan J. Pharr (eds.), *The State of Civil Society in Japan*, Cambridge University Press.

岩本美砂子（二〇〇一）「一九九九年統一地方選挙における女性の躍進――無党派を中心に」『政策科学』第八巻三号、二一―三八頁。

LeBlanc, Robin M. (2009) *The Art of the Gut: Manhood, Power, and Ethics in Japanese Politics*, University of California Press.

ルブラン、ロビン（二〇一二）『バイシクル・シティズン――「政治」を拒否する日本の主婦』尾内隆之訳、勁草書房（Robin M. LeBlanc, *Bicycle Citizens: The Political World of the Japanese Housewife*, University of California Press, 1999）。

Osawa, Kimiko (2015) "Traditional Gender Norms and Women's Political Participation: How Conservative Women Engage in Political Activism in Japan," *Social Science Japan Journal*, 18(1), 45-61.

大嶽秀夫（一九九四）『自由主義的改革の時代──一九八〇年代前期の日本政治』中央公論社。

小関孝子（二〇一五）『生活合理化と家庭の近代──全国友の会による「カイゼン」と『婦人之友』』勁草書房。

朴喆煕（二〇〇〇）『代議士のつくられ方──小選挙区の選挙戦略』文藝春秋。

Polletta, Francesca and James M. Jasper (2001) "Collective Identity and Social Movements," *Annual Review of Sociology*, 27, 283-305.

田中美津・上野千鶴子（二〇〇三）『美津と千鶴子のこんとんとんからり　増補新版』木犀社。

富永京子（二〇一六）『社会運動のサブカルチャー化──G8サミット抗議行動の経験分析』せりか書房。

山田真裕（一九九三）「自民党代議士の集票システム──橋本登美三郎後援会、額賀福志郎後援会の事例研究」筑波大学博士論文。

資　料

自民党出版局『りぶる』各号
自民党女性局ホームページ
自民党都道府県連女性局（部）ホームページ

第7章　エコロジカルな日常生活の可能性
――政治による変革、政治の変革――

尾内隆之

第一節　環境、政治、日常生活

二〇一八年の夏、スウェーデンの一五歳の生徒が毎週金曜日に学校を自ら休み、温暖化対策の強化を求めるため議会前で座り込みを始めた。同調した各国の若者によるデモ活動は、「Fridays For Future（未来のための金曜日）」という名で世界に広がるとともに、授業を「ボイコット」することで批判も受けた。子どもの本分は勉強なのだから学校へ戻れと言うことも、社会的・経済的に自立していない点を捉えて無責任と言うことも、確かに可能だろう[(1)]。だが、彼女／彼らがインタビューに、「学校が休みの日にデモに出てもこれほど注目されないでしょう？」と答えるとき、日常の秩序を揺さぶろうとする政治的意志が明瞭に窺える。選挙権のないたくさんの子どもたちが、将来を見据えて大人たちの責任を問うていることは、環境危機と現実の政治とのギャップを見事に浮き彫りにする。

もっとも環境問題は、政治の諸課題のうちでも本来的には日常生活に密接なもののはずである。私たちすべてが当事者として責任を免れないからだ。だからこそ「一人一人が自分の問題として考えよう」というフレーズが繰り返され、「環境を守るために最も重要なことは何か」との問いには、「個人の意識」「一人一人の取り組み」という回答がお決まりのものとなる[(2)]。私たちの生活はモノやエネルギーの大量消費等の形で環境に確実に負荷をかけているから、確かに一人一人の取り組みの重要性に疑いはない。とはいえ、仮に日常生活を「家庭生活」と捉えるならば、そこには明らかに限界がある。CO_2排出削減が典型的であるように、膨大な環境負荷を生み出す産業部門を中心とした経済・社会システムを不問にして、家庭生活の改善のみで今日の環境問題を解決することは無理である。経済・社会システムの変革の困難さから、気候変動に関しては革新的な技術への期待が高まっているが、その期待も現状への安住を正当化するわけではない。

やはり私たちは、経済・社会システムの変革と結びつける形で、日常生活のあり方全体を問い直さなければならない。ライフスタイルと環境意識に関する世論調査によれば、日本人の多くも自分の習慣や生活を変える必要性を認識している（国立環境研究所二〇一六）。だが、どのように変え、どのような社会を目指すのかといった共通のビジョンを確定することは容易ではない。日常生活のあり方とは、私たちの生き方そのものでもあるから、自由を旨とする現代社会では、そこに政治による調整も必要となるのは明らかである。加えて、政治がこの課題に十分に応答できていないならば、政治のあり方自体にオルタナティブを探ることも必要だろう。こうして私たちは、政治を通して、エコロジカルな日常生活の実現という課題に向き合うことになる。

環境問題が「一人一人」の責務として語られがちな日本社会では、そうした理解が希薄なのかもしれない。政治自体への関わりを敬遠しがちな市民の姿勢、言い換えれば、日常生活と政治との疎遠さもそこに影響しているだろう。先述の世論調査でも、約半数が「環境に配慮することは日本人の特徴だ」と答えているにもかかわらず、大半の人は積極的な行動は取っていない。種々の公害が身の危険を実感させた時代が過去のものとなり、今や環境問題自体も実のところ疎遠な存在なのかもしれない。本章では、そうした「距離感」を一つの手がかりに、環境問題、政治、日常生活の関係を掘り下げ、エコロジカルな社会を導く政治のあり方を考えたい。

第二節　環境問題への起点としての日常生活

環境の汚染と破壊が世界的に問題化し始めた一九六〇年代から、人間と社会のあり方を根本的に問い直すオルタナティブの構想が続々と登場した。人類に大きな便益をもたらした発明品（農薬）が自然と人間に深刻な害を及ぼすという、近代化の報いの構図を明らかにしたカーソンの『沈黙の春』（一九六二年）が嚆矢となり、ローマクラブの『成長の限界』（一九七二年）は、資源消費の急増と環境汚染の深刻化が遠くない将来に限界に達し、人間社会が成長はおろか衰退に転じると予測した。破滅を避けるためにも無限の成長への志向を捨て、平等と正義の上に立つ社会への大変革を訴えた『成長の限界』の提言は、現代の目から見ても注目に値する。人間中心主義から自然中心主義への転換を唱えたアルネ・ネスの「ディープ・エコロジー」思想もオルタナティブの代表であり、自然保護や環境保全の必要性を人間にとっての使用価値から根拠づけるのではなく、自然の内在的価値を第一としたその思想は、今日にも大きな影響を及ぼしている。

もっとも今では、時代の画期をなしたこれらの業績を引くまでもなく、多消費型の生活をやめて物質的な豊かさよりも心の豊かさを得ようといった呼びかけは、誰もが耳にしているだろう。あるべき日常生活、ひいては社会の一つの理念型として、こうしたオルタナティブは、おそらく多くの人が「考え方」としては理解しているものである。それゆえ問題は、そうした理念型が自分自身のものとされ、現実の生活に反映されるか否かであろう。さらに、個々人の受容のみならず社会の集合的行為への展開はいかに可能となるだろうか。考察の起点として、まずはラディカルな「自然中心主義」ないし「自然への回帰」を求める言説を取り上げ、ここでの政治構想にとっての意味を考えよう。

「自然中心主義」を訴える言説では、しばしば自然の循環とともにあった伝統社会の生活が理想視される。日常生活における環境主義を徹底する立場でも、土着的な文化を称揚する傾向があり、それは政治のとらえ方にも関わってくる。例えば中沢新一は、緑の党にもそなわる「党」的なもの、つまり中央集権的な組織政治という特質は、エコロジカルな社会を目指す動きに適合せず、とりわけ日本社会において有効ではないと指摘し、土地や地域と結びついた土着的な文化から出発すべきだと主張する（鎌仲・中沢二〇一二）。

土地に固有の条件と切り離せない環境（問題）を考える上で、風土とそれに根ざした慣習、価値観に学ぶ姿勢は確かに重要である。実際に、都市型の生活を捨てていわゆる「田舎暮らし」を選ぶ人や、エコツーリズムのような形で自然とともにある生活を好む人も珍しくはない。だが現実には、それを自分の日常にすることには抵抗を持つ人の方が多いだろう。ただし、ここで考えたいのはそうした人々の心理や選好ではなく、自然や土着的風土への回帰を核とする言説の原理的問題である。というのも、ディープ・エコロジーの自然中心主義や、自然への回帰を謳う土着主義は、エコロジカルな日常生活の思想に最も近いようでありつつ、実のところ環境問題（の解決）と、政治ないし日常生活をめぐる政治理念とをうまく接続できない可能性があるからだ。

例えば松野（二〇〇九）は伝統的自然環境観を自明視する立場を「緑のノスタルジア」と呼び、ギデンズの「自然の終焉」論に依拠しつつ、その問題点を指摘する。すなわち、現代の環境問題とは、自然が人間の意思決定の所産として「社会化」された状況（＝自然の終焉）がもたらしたリスクであるから、ノスタルジアにとどまることは戒められるべきなのである（松野二〇〇九：二二〇）。「自然に帰れ」といった呼びかけで環境問題が解決すると考えるのは、幻想を追うことになりかねない。また、ギデンズやベックが再帰的近代化論で強調したように、環境リスクを生み出した近代の「再帰性」は、伝統の解体をも招いている。その流れの中で例えばジェンダー規範やマイノリティの権利を見直してきた人々は、仮にエコロジー的に好ましいとしても、土着主義への志向には容易に与せないのではないか。

したがって、土着的な文化と価値の意義を視野に入れつつ、ノスタルジズムやその反映としての素朴なユートピア主義に陥らないためには、日常生活における問題構成をより分析的に問うことが重要と思われる。そのヒントとして、環境問題と生活の関係を掘り下げた鬼頭(一九九六)による「切り身」と「生身」の概念を見てみよう。

例えば食肉は、元の動物がどう育てられ、屠殺され、どのように食卓まで届くかという「社会的・経済的リンク」が見えない状態で、まさに「切り身」として私たちの食を形作っている。モノとしての木も同様に、森林とそこにおける生業から切断されて私たちの前にある。しかし人間の生活は元々、自然の営みと不可分に、すなわち自然との宗教的・文化的な関わりと、社会的・経済的な関わりとがリンクする形で生きられていた(いる)。後者のような「関わりの全体性」を、鬼頭は「生身の関係」と呼ぶ。近代産業社会の特質は、産業と経済の活動を中心としたつながりが「関わりの全体性」を切断し、「切り身」によって成り立つ生活を生んだことである。それゆえ、環境問題の本質的解決には「自然と人間の関係性の全体」に目を向ける必要があり、例えば「利用者や観察者にとっての森」ではなく「生活者にとっての森」を回復することである(以上、鬼頭一九九六：第二章)。

ただし鬼頭は、伝統社会や土着主義への単純な回帰を主張するのではない。宗教・文化と社会・経済とが有機的に結びついた社会を理念型として、それに相似的な社会を現代においてどう導くか。現実の経済・社会システムを足場としつつ、その課題を相対化し、変革を探るこの省察は、素朴なユートピア主義へ流れることを押し止めつつ、現状への批判意識から日常生活を問い直すものである。次なる問いは、政治の空間でそれを主題化し、実質化する道筋を構想することであろう。そのとき、一人一人の認識においてこうした批判的省察が求められると同時に、実現すべきモデルとそこへの移行理論を人々がともに構築する集合的行為が必要となる。その集合的行為こそが、環境問題と政治と日常生活の三者の緊密な結びつきをもたらすだろう。

そこでは、目指すべきビジョンを示し、人々を引き寄せる牽引役も必要である。例えばフランス緑の党グループの「政治的エコロジー」は、脱成長の経済社会モデルへ向けた制度的変革に取り組むと同時に、人々の意識やライフスタイル、および根底にあるマインドセットを変えることを綱領としているが、そこに社会工学的な発想が皆無ではないにせよ、その制度変革は人々にユートピアとして押し付けられるのではない。彼女／彼らはあくまで、人々が日常生活を通して変革という選択肢を自ら選び、実践し、その輪を広げることを掲げている。「一人一人の取り組み」という契機を軽視せず、むしろそれを主体的な政治参加に包摂することを目指すのは、デモクラシーの実践にほかならない。

日本の社会には、孤立した「一人一人主義」が広がっているのかもしれないが、環境問題という課題は個人で引き受け切れるものではない。しかもそれには明確で単純な解決方法は存在しないから、責任を個人に帰するのはまさに「過重負担」である。個人の意思決定の負担を共有し、軽減させるデモクラシーの力（宇野ほか二〇一一：三二―三四）に期待しつつ、人々の生活のネットワークから始まるデモクラシーを政治のオルタナティブとして視野に入れることは、環境問題、政治、日常生活の三者間の「距離」を縮め、政治の実践と変革との双方に意味を持つと思われる。このような問題意識から、次に環境問題に向き合ってきた種々の政治的実践の歴史を通して、環境問題と私たちとの距離が日常生活をめぐる／における政治にどう影響してきたかを振り返ることにしよう。

第三節　「身近さ」の効果——環境問題から日常生活を問い直す

公害の経験から「生活の論理」へ

環境問題との関わりから日常生活を問い直す市民の動きは、日本でもさまざまな事例に見ることができ、その起点はやはり六〇年代の公害問題である。

まず、静岡県三島市・沼津市にまたがる地域への石油コンビナート建設計画に対する、住民の反対運動を取り上げよう。一九六四年に公表されたこの計画に対し、大気汚染公害を懸念した住民が激しい反対運動を展開した。住民は、すでに大気汚染の健康被害に苦しんでいた四日市市への視察や、多数の勉強会等の地道な取り組みを重ね、さらに地元の科学者らと協力して自ら大気汚染のシミュレーションまで行い、政府調査団の知見に対抗した（飯島・西岡一九七三）。結果として、国の大規模公共事業計画を撤回させることに初めて成功したこの運動は、地域発展の利益よりも生活環境の保護を選択する「生活者の論理による最初の住民運動」であり、また徹底した「「学習会」の積み重ね」という方法を通して「公害反対の普遍的理念」を生み、「これ以後、三島・沼津型といわれる住民運動が全国に広がることになった」（宮本二〇一四：一六八）。

つづく七〇年代には、日常生活の行為が環境を汚染する「生活公害」が深刻化した。これは産業公害とは異なり、住民が被害者であると同時に加害者であるという性格を持つ。例えば琵琶湖では、汚れた水の流入で富栄養化が進行し、一九七四年には赤潮が発生して大問題となった。原因の一つが合成洗剤による生活排水であることが知られると、主婦を中心とする住民が天然素材の石けんを使う呼びかけを始め、合成洗剤への規制と排水浄化策の強化を県に要求した。市民派として人気のあった当時の武村正義知事は、業界の強い反発を受けながらも、住民と連携して県独自の規制を制定して注目を集めた。石けんを使う負担（合成洗剤は価格が安く使い勝手も楽である）や排水浄化策への税負担といったコストを住民があえて引き受けた（川名一九九四：五九）のは、自分たちが生活公害を生み出したことへの反省があったからだ。

その「石けん運動」の全国的な広がりが象徴するように、公害を契機とする生活再考の動きは確実に住民運動の幅を広げ、活性化していった。一九八〇年代には、そうした流れから「ライブリー・ポリティクス」への期待が語られるようになる。篠原一によれば、ライブリー・ポリティクスとは、経済成長を重視した既存の利益政治に対して、生命、環境、平和といった生命と生活者の視点に根ざした主題を問う参加型の「新しい政治」である（篠原一九八五：二二〇)。その中で生き生きと活動する女性たちに特に光が当てられたのは、既存の政治を支える男性的価値観への批判力となるからである。この新しい政治の波を体現した活動の代表が、「生活クラブ生協」である。

「ライブリー・ポリティクス」とその限界——生活クラブを例に

一九六五年に世田谷区での牛乳の共同購入から始まった生活クラブ生協(以下「生活クラブ」)は、安全な食品の購買を柱に発展し、さらに単なる購買活動にとどまらず、生産者との交流・提携、環境に負荷を与えない生活用品の普及など、環境問題や食品安全、福祉問題など広い分野で社会に問題提起をしてきた(3)。すなわち、生活クラブは「単なる「消費者」運動ではない」(佐藤ほか一九九五:四四)。「生き方をかえよう」を合い言葉に、日常生活のあり方を自ら批判的に問う活動であった。その理念を象徴するのが「班別共同購入」の仕組みである。例えば豚肉が欲しい場合はなるべく豚一頭丸ごと購入する形になるよう、各家庭で使う部位を班で調整するといった工夫がなされた。それはまさに、「切り身」で成り立つ消費社会を見直し、「生身」のネットワークの回復を目指す営みと言える。

創設者の岩根邦雄は、この生協を、個々人の意識を変えるとともに、保守・革新の分断を超えた新しい論理に基づく社会変革を目指すものと位置づけ、ヨーロッパの新しい社会運動とドイツ緑の党をモデルとして語っていた(岩根一九九三)。まず生活クラブが目指したのは、「効率一辺倒で人間を疎外し、持続不可能な負荷を環境に与え環境を破壊してきた男中心の社会に異議申し立て」し、「産業の論理」に「生活者の論理」を対置することであった(佐藤ほか一九九五:一五九)。さらに、政治活動母体として組織した「生活者ネットワーク」を通して地方議員を輩出し、生活クラブの理念を政治に反映すべく活動を展開した。それはまさに、ヨーロッパで興った「物質的な成長に力点を置くのではなく、オルタナティブな生活スタイルを提唱する」「新しい政治の政党」(Müller-Rommel 1990: 229)の動きに追随するものであり、生活クラブにはその牽引役が期待されたのである。

生活クラブの組合員となり、運営を担ったのは、ほとんどが主婦であった。現実に平日の日中にその活動を担えたのは主婦のみであったが、岩根はその点について、運動が十分に発展して社会が変われば、男性も同じ理念を共有して「生き方」を変え、その結果、主婦という存在は消滅すると語っていた。ところが、生活クラブに集う都市部在住の中間層の主婦たちにとって生活者とは、ルブラン（二〇一二）が示すように「ジェンダー特定的」なものであった。その理由の一つは、生活クラブが向き合う課題の「身近さ」にあると言って良い。

ルブランは練馬区での参与観察によって、主婦たちが自分との「距離」によって政治や社会問題を語ることを発見した。主婦にとって政治とは「身近でない」ものであり、それは政治が「家庭にとって身近な」問題に取り組まないからだ。一方、家庭に身近な環境汚染やゴミ問題などは主婦の関与を促すイシューであり、そこで彼女たちは、生活クラブの活動に自分の参加の正当性を見出したのである。主婦として、家族のために栄養豊富で安全な食品を用意し、子どもたちの将来のために環境問題に配慮する責任があるから、生活クラブは魅力的であり、また、環境問題などへの行政の取り組みを促すその活動が、「地域の声」を持つことへの実感を彼女たちに与えた。さらにルブランによれば、主婦であることは社会への関与を正当化すると同時に、同じ主婦の間でネットワークを広げる際の共通のアイデンティティでもあった。換言すれば、彼女たちはむしろ主婦でなければならないのだ[4]（以上、ルブラン二〇一二）。

このことは、生活クラブが理念としてのライブリー・ポリティクスとその担い手の意識との間に、大きなギャップを抱えていたことを意味する。岩根の発言にもあるように、生活クラブの理念はむしろ脱ジェンダー化を志向しているから、それに従うなら、主婦の意識と活動は自らの主婦性を相対化し、（夫を含む）男性にもアイデンティティの変化を迫るものとなるはずである。だが現実には、「生活者になるための実践が、なぜ、女性だけの、主婦だけのものなのかを開き直って徹底的に対象化する作業がされてこなかった」（佐藤ほか一九九五：五九）。加えて、ほとんどの組合員は「身近な問題」のレベルを超える政治を避けていた（ルブラン二〇一二）。生活クラブで得た問題意識をもとに政治の世界に飛び込む女性もいたからこそ、生活者ネットワークの新しい政治アクターが育ったのは確かだが、主婦の多くに、「主婦議員」(5)になることはもちろん、議員を送る側に立つことさえ躊躇する「政治アレルギー」があった（佐藤ほか一九九五：五九）。この時期の女性を中心とする活動は、「私生活主義」という性質を克服し切れなかったのである。

生活クラブの活動にはさらに、八〇年代後半以降の日本社会の構造的変化も強く影響した。ジェンダー平等政策が遅れていた日本でも、一九八六年に男女雇用機会均等法が施行され、一九八九年の参議院選挙では土井たか子・社会党党首の人気も背景に「マドンナ旋風」で多くの女性議員が誕生するなど、女性の社会進出が広く語られるようになった。それとともに、一九八〇年頃に多数を占めていた専業主婦世帯数が減少し始め、一九九〇年代には共働き世帯数が上回るようになる(6)。このことは、生活クラブを支えていた「子どもの将来に責任を有する主婦」の減少を意味した。生活クラブは高度経済成長期に形成された「専業主婦層の生活リアリズム」（佐藤ほか一九九五）に訴えて発展したから、専業主婦の減少とライフスタイルの変化は生活クラブの担い手の変化に直結した。班別共同購入方式も変化を余儀なくされ、世帯単位で注文・配送を行う「個配」が中心となっていく。このことは、生活クラブの掲げる理念そのものが困難に直面することをも意味したのである(7)。

問題の「身近さ」、政治の「遠さ」

他方で、そうした構造変化は、とりわけジェンダー規範に関わる部分では必ずしも「生き方をかえる」ことに結びつかなかった。八〇年代の日本は「未曾有の経済的繁栄」を謳歌したが、「その時代に文化ナショナリズムに目を曇らされ」て、核家族と性別役割分業を固定化する反動的な政策をとったからである（落合二〇一五）。そして、「身近な問題」への市民の取り組みによって一定の成果を見せた環境政策も、そうした変わらなさを反映していることが指摘されている。

生活クラブも熱心に後押ししたリサイクル活動が、その例である。リサイクルは、バブル経済期の廃棄物急増による行政の危機感とも結びついて九〇年代の重要課題となり、今日の法制度へと展開した。ところが、日本のリサイクル制度の特徴である細かな分別排出ルールは、社会の問題点を映してもいる。家庭での分別の手間は「消費者の責任」として制度の前提とされているが、家事におけるジェンダーバイアスが強い日本では、それを圧倒的に女性が担っている(髙橋二〇一八)。八〇年代後半から広がった「牛乳パックリサイクル運動」に見られるように、女性たちはこのアンペイドワークの「手間」を、むしろ積極的に担ってきた。使い捨て社会を見直し、物を大切にする大人の姿を子どもに見せたいという女性たちの思いが、それを支えていたのである。

リサイクル運動は、廃棄物を資源と捉え直す認識を広め、日本における環境意識の変化を象徴する活動だが、女性たちの倫理意識や遵法意識は同時に、ジェンダーの固定化を(おそらくは意図せずに)再生産することにつながっており、しかも単身世帯が約半数にまで増加した日本の現状を踏まえると、制度的欠陥を生む結果にもなっている。一部の担い手の負担を当然視して構築されたシステムは、誰もが取り組みやすいシステムにはなりにくいからである(8)(髙橋二〇一八)。

さらに、石けん運動や生活クラブの活動も同様だが、これらの市民の働きかけは主に行政に向いている。篠原(一九七三)が早くに指摘したように、行政優位の現代国家では市民運動は「行政系列」に吸収される形で制度化され、「市民参加」という言葉も行政の民主化とほぼ同義に使われる傾向がある。しかも環境政策にはすぐれて技術的な面があるため、行政主導に依存しやすく、技術対応中心の漸進的改良主義が前面に出る傾向がある。そうした改良主義は、日常生活を支えるシステムの問題を曖昧にし、「人々の感覚を鋭敏にするよりも鈍感にして」「緑の運動の主張する変革を妨げる」懸念がある(Dobson 1990)。

環境問題への取り組みというイシューが身近であるからこそ、それを自らのものとして深く考え直すことは、日常生活の感覚に埋め込まれたジェンダー役割や、既定の法律によって保たれる秩序などの日常性を攪乱することにもつながる。その攪乱を避けるなら、政治からは遠ざからざるを得ないし、ひいては、日常生活の本質的なオルタナティブも視野に入りにくくなるだろう。

第四節　「遠く」なる環境問題――「地球化」と「主流化」

環境問題の「地球化」の影響

一九九二年の地球サミット以降は、気候変動や生物多様性などのグローバルな問題に関する議論が本格化し、環境問題は大きく変容する。すなわち、地球規模の問題へ焦点が移ることで、環境問題は空間的、時間的に「遠く」隔たったものとして感じられるようになった。

すでに八〇年代半ばから「公害輸出」[9]という言葉が広まり、先進国の経済活動に起因する途上国での環境破壊と汚染が大きく問題化していたが、それは現在もさまざまな形で続いている。先進国で需要が急増した作物を栽培するために途上国の森林が大規模に伐採され、生態系が激変するといった問題がその典型例である。身の回りの環境は改善されても、私たちの日常生活は、遠く隔たった土地と人々の生活を確実に蝕んでいる[10]。気候変動問題でも、太平洋の島嶼国やマイアミなど海面上昇の影響が現れている地域から深刻な訴えが上がっているが、そうした危機感は、遠く離れた日本では実感しにくい。

その気候変動問題は、時間的な隔たりも明らかにする。近年の研究では、温暖化の影響は予想より早く現れるとされ、続発する異常気象が人々の危機感を高めているが、より重大な影響は一〇〇年単位の長期で見込まれるものであり、将来世代への破局的影響が懸念されている。だが、極端な気象現象に不安は感じても、多くの人は、生活を大きく制約する温暖化対策へ舵を切るほどの痛みはまだ感じていないだろう。危機の実質を現在世代は実感できない。まして、将来の危機への責任を現在においてどこまで引き受けるかは、容易には合意できない。

さらにそこには、科学的不確実性の問題も関与している。空間的、時間的な隔たりとは別の、「リスク化」による隔たりがここで生じる。リスク化とは、問題が確率論的な性質を帯びることを意味し、その複雑さから専門家依存が強まることになる。対策の指針としては予防原則(11)が共通理解となっているはずだが、政策決定における紛争は不確実性の「科学」を論争化し、市民には問題がいっそう難しく見え、縁遠いものとなりやすい。

空間的広がり、時間の長期性、議論の科学化といった特徴は、環境問題には多かれ少なかれ本来的に備わるものだが、地球規模の問題について日常生活からの「身近さ」が薄れることはやはり避け難い。近年は気候正義(climate justice)論をはじめとして、国境と世代を超えた公平性の問題が活発に論じられているが、それらの議論と、日常生活、政治との距離をどう近づけるかは、より難しさを増していると言えよう。

政治における環境問題の「主流化」

とはいえ、環境問題の地球化は、政治における環境問題のプレゼンス自体を着実に高めもしている。環境問題は政治のイシューとしていわば「主流化」を果たしたが、このことも日常生活からの「隔たり」をもたらしている。いずれの国も国際交渉での優位と国益の確保を図ろうとし、そのためにも国内政治での利害調整がいっそう重要となるから、実現される政策では経済界が受容可能な環境政策――主に排出権取引や補助金・税制改革等――が重視される。したがって、短期的利益に基づく意思決定に偏る傾向があり、これは代表制民主政治の欠陥にも重なってくる。選挙に依拠した代表制民主政治は、国境や選挙区の内側にとどまる「属地性」と、現在の権利と利益に価値を置く「「近視眼」的症状」に囚われているからである（ブール、ホワイトサイド二〇一二：第三章）。

緑の党や環境NGO等の市民の動きから育ったアクターにとっては、政治における環境問題の主流化は歓迎すべきものでありつつ、ジレンマを生むものでもある。例えばドイツ緑の党は、「反政党」「底辺民主主義」を掲げて生まれたが、特に一九九八年の連立政権参加後は多くの政策的譲歩を余儀なくされ、支持者を失望させた（井関二〇〇一）。そもそもあらゆる政党が環境対策を掲げるに至った今日では、緑の党のアイデンティティの独自性への影響も避けがたい[12]。環境NGOも国際交渉にまで参画するようになったが、だからこそ、生活者である市民との結びつきをいかに保持するかが重要課題となるだろう[13]。

もっとも日本の場合は、特に国内政治における限界が依然として大きい。日本の市民セクターも環境問題の「地球化」には早くから関心を持ち[14]、オルタナティブを目指す市民の動きは確かに存在してきたが、制度政治への影響力は限定的である。例えば、緑の党の存在感は日本では非常に小さく、国政レベルにも参入できていない[15]。NGO・NPOも活躍の場を広げてきたとはいえ、むしろ行政と親和性の高い団体が、数の上でも活動状況においても優位にあることが特徴であり（ペッカネン二〇〇〇）、政府は政策に批判的姿勢をとる団体の包摂には消極的である[16]。市民活動への社会の視線にも「活動家」[17]というレッテル貼りが依然として根強い。日常生活と政治の「遠さ」に起因するこうした政治社会の状況は、環境問題に取り組む幅広い社会的ネットワークの構築を阻み、「テクノクラートによる政策のフレームをなかなか超えられな」い限界をもたらし、国際的にも日本の凋落につながった（ワイトナー二〇一四：六八）。

他方で、前節で見たリサイクル制度や温暖化対策税制など、環境政策はさまざまに実施されており、環境問題の「主流化」の効果がないわけではない。ただし、これが人々の間にある種の安心感や満足感を生んでいる可能性もある。何より現状では、経済は依然として政治の最優先課題であり続けており、経済権力の影響と消費社会の価値意識に抗うことは容易ではない。それゆえ、環境のために日常生活の中でできることを考えるとき、もっぱら個人の消費行動の修正に目が向けられるとしても、それは自然なことでもある。環境破壊を引き起こしている企業に対する「不買運動」や、その逆の、環境保全に意欲的に取り組む企業の製品を積極的に選択する「グリーン・コンシューマリズム」にも一定の政治的インパクトはあるだろう。だがその影響力は、それらが社会に広く共有されてこそ実現する。個人単位の意識と行動の変化のみにとどまることなく、経済・社会システムと政治の変革を求めるうねりにつなげられるかどうかが、やはり問われることになる。環境問題の「地球化」と「主流化」がもたらすジレンマや安寧を超えて、エコロジカルな日常生活と政治を結びつける構想を描くことが、次なる課題となるのである。

第五節　〝あえて〟引き受ける政治へ

手繰り寄せるべき「政治」の構想

「エコ・デモクラシー」の政治を構想するブールとホワイトサイド（二〇一二）は、具体策として統治機構の大胆な見直しを検討し、憲法へのエコロジー的価値の取り込みや、エコロジー的観点から法案を審議する「第三院」の設置、政策形成に関与するＮＧＯの市民による選出・信任投票制などを提案している。いずれも非常に興味深いものだが、こうした構想も、実現へ向けた議論の空間と、その議論を自らの問題として引き受ける人々を必要とする。もちろん社会運動は、起こりうる未来を人々に垣間見せ、実現を媒介する手段として、そうした変革の重要な担い手となるだろう。だが、社会運動が「社会変動への不可欠な基盤でも、唯一の基盤でもない点を認識」すべきだとするギデンズの指摘も重要である（ギデンズ一九九三：二〇〇―二〇二）。再帰的近代においては、社会運動の原理主義的側面には注意が必要であり、それは権力化とも無縁ではない。また、社会運動を日常生活と等置してよいわけでもない。それゆえここでは、政治の土台としてのデモクラシーのあり方をより広く問うことにしたい。

空間的には国境の枠を超え、時間的には世代を超える地球環境問題において、国民国家単位の代表制民主政治が対応しきれないのは当然とも言えるが、ただちにコスモポリタン・デモクラシーへと飛躍できないのも現実である。したがって、それぞれの国家、地域の中で、代表制の「近視眼」を乗り越えるデモクラシーの回路が模索され、代表制の意思決定に揺さぶりをかけることが必要だろう。その回路は同時に、日常生活を問い直す契機となる必要もある。すでに検討したとおり、ジェンダー意識に代表されるような、日常性に埋め込まれた規範や価値観の妥当性を省みることは、オルタナティブな社会を目指す上で不可欠だからである。

そこでたどりつくのが、反省的(reflexive)な熟議のデモクラシーである。デモクラシーの制度的特質とは、他の制度形態において利用できないような一定レベルの反省性が可能になることであり、それは人々が自らの意見や価値観を反省的に捉えることを可能にするだけでなく、既存の政治諸制度の働きをも反省的に認識することを可能にする(Knight and Johnson 2011)。反省的な熟議のデモクラシーは、それへの参加のあり方を工夫することで生活者としての人々を結びつけ、問題の「個人化」を乗り越える機能も果たすだろう。

ミニ・パブリックスによる日常性からの「離陸」

その反省的な熟議のデモクラシーを、空間的、時間的な「遠さ」を備えた環境問題の特質に見合う形で具体化すると、どのようなものになるだろうか。空間と時間を超える問題を議論するには、日常生活からいったん「離陸」して考えることが必要であり、かつ、その議論から翻って日常生活のあり方をあらためて問うという営みを実体化することが、ここで目指したい道筋である。そうした議論の空間としては、意図的に設計された熟議の場が有効だと思われる。そこで、その有力な具体例としてミニ・パブリックスを取り上げて検討しよう。

人々が濃密な議論を交わす場としてのミニ・パブリックスは、これまでの実践への評価からも主に地域的で身近な課題に適しているとされるが、環境やエネルギーのように特定地域にとどまらない論点もしばしば取り上げられている。日本でも二〇一二年の「討論型世論調査」で国内の環境・エネルギー政策が議論されたが、そこに参加した市民は、気候変動や資源枯渇といった地域を超えた問題に向き合うことになった。ミニ・パブリックス自体をさらに地球規模に広げる試みもあり、二〇〇九年にデンマークでのCOP21に合わせて開催されたWorld Wide Viewsは、世界三八カ国四四地域で約四〇〇〇人の市民が参加した。同日（時間帯は異なる）に一斉に行われた各国のミニ・パブリックスの結果はオンラインで世界に公開され、COP21への政策提言となった。ミニ・パブリックスは、議論のプロセスにおいても「空間」を超える可能性を有している。

「時間」についてはどうか。世代を超える長期的課題を議論する場合、将来世代にわたる長期的な観点から現在世代が議論できるのか、現在世代による決定は将来世代の権利をむしろ侵害するのではないかといった批判があり得る。確かに現在世代には、将来世代の意思はもとより、その生存上のニーズも正確には把握できない。だからと言って、現在世代における配分のみを議論するのではむしろ退行であろう。現在の決定に影響されるにもかかわらず政治に「声」を持たないのは、現在世代の子どもたちも同様であり、また植物や動物についてさえ、それを意思を持った行為主体として扱う試みがなされてきた。[18] それら意思表示ができない（もしくは困難な）存在を代弁することは、「緑のデモクラシー」の重要な要素だからである（Dryzek 2000）。

マッケンジーは超長期的課題に関する熟議について理論的に検討し、人々が長期的視点に立った議論を行い、十分に意味ある熟議を重ねることが可能だと主張する（MacKenzie 2018）。「健全な民主的環境」による支えを条件とした上で、マッケンジーはミニ・パブリックスの機能にも注目し、代表制の利益表出サイクルから独立して、長期の問題に関する包摂と熟議を実現するものと評価している。[19] 現在世代が将来世代の生存基盤について議論し、意思決定する際、現在世代が独善に陥らないようにすることにも、ミニ・パブリックスは有効だと考えられる。さらにミニ・パブリックスは、リスクの議論にも適している[20]。リスクをめぐる議論には、因果関係や影響の確率的評価といった科学的論点だけではなく、リスクをどの程度避ける／受容するか、種々のリスクの優先順位はどうするかといった価値判断が含まれるから、当事者を包摂し、議論することにはそもそも大きな正当性があるからだ[21]。

ミニ・パブリックスは、日常生活から見れば確かに特殊な場であるが、それを有効と考えるいくつかの理由がある。まず、そこに集まる人々の新たなつながりを生み出すことである。参加者を無作為抽出によって集める効果は大きく、そうした厳密な方法を取らない場合でも、新しいコミュニケーション回路を作る役割が期待できる。次に、多様な見解を俯瞰、議論する中で、日常生活に埋め込まれた価値観や秩序を反省的し、オルタナティブに関する思考を促す可能性がある。さらに、それは人為的に創出された場ではあるものの、政党やNGOのような専従的、専門的活動ではない点で、むしろ日常生活の延長と位置づけられるのではないか。理論的にも、「ふつうの市民」による熟議を意図されているのがミニ・パブリックスであり、日常生活から「離陸」しつつ日常生活を問うということでの課題にふさわしいと考えられる。

日常生活からの問い直し、再論——「トランジション運動」

他方で、ライブリー・ポリティクス論が目指した日常生活の「生き生きとした活動」、すなわち日常生活それ自体の中での日々の行為も、やはり必要とされるだろう。そうした実践の例として、二〇〇五年にイギリスで始まり、各国に広がりつつあるトランジション運動（Transition Movement）を取り上げたい。

トランジション（移行）とは主に化石燃料依存から低炭素社会への「移行」を意味し、地域コミュニティにおける人々の参加によって、生活スタイルの見直しとコミュニティの構造的変革を目指すのがこの運動である。その特徴は、明確に非政治的活動を自認する点であり、「個人レベルでの変革がかかえる限界と、政治によってコミュニティ全体を変革しようとすることの困難とを克服しよう」とする（ウォール二〇一二：一七八、訳文は引用者による）。地域で種々の集会を開いて人々の関心を高め、できる限り魅力的で苦労の少ない活動が心がけられる[22]。また、議員や研究者などにも広く一市民として参加を呼びかけ、多様な人々が各自の技能を発揮しつつ学び合う。地産地消や地域通貨の活用などによる消費社会そのものの「移行」も視野に、草の根の変革を実現しようとするのである。

シュロスバーグとクラーヴェンはこの運動について、持続可能な物質主義（sustainable materialism）を体現するものとして注目する。生活に欠かせないエネルギー、食料、水といったさまざまなモノを通した自然と人間の循環を直視し、エコシステムと人間への悪影響をできるだけ抑える形でその循環を再構築しようとするこの運動は、政治理論・社会理論の「物質論的転回（material turn）」と軌を一にするものである（Schlosberg and Craven 2019）。もっとも、環境問題が地球上の物質と生物をめぐる物理的・生物学的現象である以上、物質循環という実在に根ざす必要があることは当然であり、トランジション運動はそうした本質を突いている点で、鬼頭の言う「関わりの全体性」を回復する試みに加わるものと言えるかもしれない。

また、スペインやイタリアのトランジション運動を調査したフェリチェッティは、それらが現状では小規模で、活動形態に地域差があることを踏まえつつも、その熟議的潜在力（deliberative potential）に注目する（Felicetti 2017）。人々はこの活動から、生活と地域をエコロジカルなものへと導く方法と行動について、親密な領域で熟慮し、議論する機会を得ている。トランジション運動は問題への共通認識を熟議的に築くのであり、その際、非政治的活動という自己規定が、既成政治に幻滅を抱く人々の包摂に寄与している可能性がある。そこに集う人々は既存の議会制民主主義に不信を持ち、距離をとろうとしているかもしれないが、それでもこの運動自体は、政治的営みとしての性格を備えた集合的行為だと言ってよい。こうした視点は、政治が敬遠されがちな日本社会において、日常生活に熟議を導く方法論として示唆的である。

他方で、トランジション運動の地域主義に対しては、自分たちのコミュニティさえ危機から守れれば良いとの風潮を広げるという批判もある（ウォール二〇一二）。それゆえ、運動の「熟議的潜在力」は利己主義を回避するための鍵を握ることになり、日常生活を支える物質循環の再構築を日常生活における熟議を通して実現するというモデルには、そうした地域的利己主義を相対化する力を期待して良いと思われる。そこでは熟議の失敗も起こるであろうが、その効果をそれ単体で評価する必要はない。（トランジション運動に比べれば人為的な）ミニ・パブリックスも含めて、多様に展開される参加と熟議が個々の生活者の中で、さらにそのネットワークの中で相互にゆるやかに結びつくことを想定するのは、少なくとも理論的には可能である。

気がかりなのは、環境への危機感ゆえに熟議が拒まれるという可能性である。危機感の強い環境主義者ほど、熟議という営みを迂遠と感じ、環境危機の対応として間に合わないと考えそうである。しかし、日常生活の政治を探る立場からは、そうした性急な危機感が技術によって統制される「エコ・ユートピア」をもたらしかねないことを懸念すべきだと思われる。「遠く」の政治が日常生活を一方的に矯正するような将来に違和感を持つならば、本章の政治構想はあながち無意味ではないだろう。

あるいは、そもそもデモクラシーという手続きの提唱とエコロジーという結果の提唱とはいかに一致するのか、という環境政治論の古典的命題は、ここでも解消されたわけではない。だがこの点に関しても、その不一致をむしろ放置する傾向の強い代表制を中心とした既成政治を相対化し、かつ、デモクラシー（手続き）とエコロジカルな日常生活（結果）の合致を目指す政治を「身近なもの」とする、わずかかもしれない可能性の方に目を向けたいのである。

むすびにかえて――「三・一一」以後の日本で

日本の今後を考える上で、福島第一原発事故の経験を見過ごすことはできない。膨大な量の放射性物質を放出した過酷事故は、私たちの生命と日常生活を脅かし、自然にも多大な影響を与えているから、これまで「身近」でなかった科学技術、社会、政治について真剣に考える人々が現れたことは全く不思議ではない。断固として原発推進の政策を語る日本の政府と電力業界の行動は、国際的にも大きな驚きを与えているが、一方で市民の中には、故郷を追われた人々を政府に代わって支援し続け、あるいは、自分たちの地域の放射能汚染状況を自ら地道に調査し続ける人々がいる。しかもそれらの人々が、実は社会的問題にこれまでほとんど関心を持っていなかったと告白するのを、筆者自身も多く耳にした。

「三・一一」以前の経験が継承された点も重要である。例えば市民による食品の放射能測定活動は、一九八六年のチェルノブイリ原発事故の後からの約三〇年間にわたる取り組みが、現在の活動の一つの基盤となった。こうした事故で政府が情報を十分に提供せず、市民の不安と不満が募る事態はしばしば生じてきたが、それに対して市民自身が労力、資金、知恵を持ち寄り、専門家と協力しつつ科学的データを蓄積することは、意思決定とそれに必要な事実を日常生活の側から提示する点で、優れて民主主義的な実践である(安藤二〇一五)。

新たに問題意識を得た人々によって、代表制の政治への参加も活性化しつつある。ただし同時に、市民の活動の中で原発の是非のような「政治的争点」を避ける傾向も変わらず見られ、そうした二つの態度がせめぎ合っているのが日本の現状である。それでも、互いの違いを「反省的」に問う議論を進めることから、今後の展望も探ることができよう。かつて「ライブリー・ポリティクス論」が示したような「生き方」への問いの現代版を、そこから再構成していけるか否かが、日常生活のあり方と不可分のさまざまな問題を――超長期に及ぶ放射性廃棄物処分のような非常に「遠い」問題も含めて――引き受けねばならなくなった私たちの課題なのである。

注

（１）実際にオーストラリアではモリソン首相やニューサウスウェールズ州教育大臣が、こうした主旨の発言をしている。

（２）筆者の個人的経験ではあるが、二〇一一年から立教大学法学部で続けている「環境政治」の講義では毎年、初回の講義でアンケートを取っており、そこでもこの回答が（「政治学」を掲げた講義でさえ）圧倒的に多い。

（３）例えば、卵の安全性を確認するために養鶏場へ出向いて飼育状態やエサの安全性を調査し、健康影響も環境負荷も少ない「石けん」の普及を進めるといった具合である。

（４）ルブランは岩根へのインタビューに関する記述で、長髪にジーンズという彼の姿に関して「生協のメンバーである主婦たちと対照的」だと述べている。これは、岩根の服装が「カウンターカルチャー」を表象しているのに対し、主婦たちは逆に、主婦としての枠から外れないよう「オーソドキシー」に自分を埋め込むことに腐心する状況を映しているだろう。

（５）八〇年代後半から増加した女性議員がしばしば「主婦」であることを看板に参入を遂げたことは、その象徴とも言える。

（６）「二〇一七年国民生活基礎調査」による。

（７）ワーカーズコレクティブによる新たな働き方の実現など、生活クラブが現在も「オルタナティブ」な社会へ向けて意欲的に取り組み続けていることは、強調しておきたい。

（８）現在は「子育て世帯」が全体の二三・二％にまで減少している一方、高齢者や若者の単身世帯が計約半数にまで増加しており、高橋（二〇一八）はリサイクル制度の「ユニバーサル化」が必要だと指摘する。

（９）発展途上国に進出した日本企業が、現地の工場で有害物質を未処理のまま投棄したものや、日本国内で禁止された毒物を途上国で使用・販売した事例などが該当する。

（10）欧米ではこのような場合、当該企業の製品に対する市民の不買運動がしばしば起こり、企業が対処を迫られる例が少なくないが、日本ではそうした動きはほとんど見られない。

（11）予防原則（precautionary principle）は、地球サミットで採択されたリオ原則の第一五原則において「重大あるいは不可逆的な損害の恐れがある場合、十分な科学的確実性がないことを、対策を引き伸ばす理由にしてはならない」と規定されている。

（12）他方で、ＥＵ諸国では近年、既成政党への失望と右派ポピュリズムへの危機感から、緑の党への支持が高まりを見せており、二〇一九年のヨーロッパ議会選挙でも事前の予想以上に議席を伸ばした。

（13）ナオミ・クラインが、アメリカのあるＮＧＯの象徴的な「没落」を描いている（クライン二〇一七）。そのＮＧＯは法制度論やロビー活動に熱心に取り組んだものの、政治と経済界の力には対抗しきれず、他方で、草の根の活動をおろそかにしたことで市民の支持も失ってしまった。

(14)　鶴見良行『バナナと日本人』(岩波書店、一九八二年)が注目を集め、八〇年代に始まった市民の間で勉強会やフェアトレード運動は、今日の市民活動にも確実につながっている(安藤二〇一三)。

(15)　もっとも、知名度等の問題以前に、小選挙区制や供託金等の制度条件が大きな壁となっている点は重要である。

(16)　例えば、民主党政権期に気候変動枠組条約締約国会議へのオブザーバー参加を許された日本のNGOは、二〇一二年に自民党が政権に復帰すると再び排除された(朝日新聞「民間人の参加認めず　政権、COP19代表団に」二〇一三年五月三日)。

(17)　COP20における望月義夫環境大臣の発言(朝日新聞「COPに見る日本政府とNGO」二〇一四年一二月一七日)。

(18)　有名な「アマミノクロウサギ訴訟」のように、動植物に裁判の原告適格を与えようという試みは珍しいものではなく、気候変動と生物多様性への対策が求められる今日、この議論は再び諸外国で注目を集め始めている。

(19)　マッケンジーは加えて、市民イニシアティブ、レファレンダム、参加型予算も同様に評価している。

(20)　ミニ・パブリックスの手法として知られるコンセンサス会議は、元は科学技術リスクの熟議のために考案されたものであった。

(21)　ミニ・パブリックスではなく実践的活動ではあるが、同様の問題意識を踏まえたものとして、特にEUが注力しているシティズン・サイエンスも注目される。これは、市民の協力でビッグデータを構築し、科学者が解析するというシンプルなものから、市民が科学者とともに研究に取り組むものまで幅広いが、後者の例としてベルギーでは、近年の大気汚染の社会問題化を受けて、市民が参画した大気汚染測定と検証を行っている。「三島・沼津型」運動における住民の科学的検証は、シティズン・サイエンスの先駆けと言えるかもしれない。

(22)　環境にやさしい庭づくり教室や廃棄物リサイクルの共同作業といった日常的な活動も取り入れて、ウェブサイトで告知するといった例が、イギリスなど各地に見られる。

参考文献

安藤丈将(二〇一三)『ニューレフト運動と市民社会――「六〇年代」の思想のゆくえ』世界思想社。
安藤丈将(二〇一五)「チェルノブイリ事故後の放射能測定と民主主義――生活クラブ神奈川の実践を中心に」『年報カルチュラルスタディーズ』第三巻、一四九―一七二頁。
ブール、ドミニク、ケリー・ホワイトサイド(二〇一二)『エコ・デモクラシー――フクシマ以後、民主主義の再生に向けて』中原毅志監訳・松尾日出子訳、明石書店。
Dobson, Andrew (2010) *Environmental Politics*, Oxford University Press.
Dryzek, John (2000) *Deliberative Democracy and Beyond: Liberals, Critics, Contestations*, Oxford University Press.
ドライゼク、ジョン(二〇〇七)『地球の政治学――環境をめぐる諸言説』丸山正次訳、風行社。

Felicetti, Andrea (2017) *Deliberative Democracy and Social Movements: Transition Initiatives in the Public Sphere*, Rowman and Littlefield.

ギデンズ、アンソニー（一九九三）『近代とはいかなる時代か？――モダニティの帰結』松尾精文・小幡正敏訳、而立書房。

飯島伸子・西岡昭夫（一九七三）「公害防止運動」宮本憲一編『現代都市政策Ⅵ　都市と公害・災害』岩波書店、二一九―二五四頁。

岩根邦雄（一九九三）『新しい社会運動の四半世紀――生活クラブ・代理人運動』協同図書サービス。

井関正久（二〇〇一）「ドイツ緑の党の苦悩――「反政党的政党」から連立与党への変遷とその諸問題」『ヨーロッパ研究』第一巻、四九―六三頁。

鎌仲ひとみ・中沢新一（二〇一二）「解説　右でも左でもなく前へ進む運動を」ウォール（二〇一二）所収、二〇七―二三四頁。

川名英之（一九九四）『ドキュメント日本の公害　第一〇巻　飲料水・海水汚染』緑風出版。

鬼頭秀一（一九九六）『自然保護を問いなおす――環境倫理とネットワーク』筑摩書房。

クライン、ナオミ（二〇一七）『これがすべてを変える――資本主義 vs. 気候変動』幾島幸子・荒井雅子訳、上・下、岩波書店。

Knight, Jack and James Johnson (2011) *The Priority of Democracy: Political Consequences of Pragmatism*, Princeton University Press.

国立環境研究所（二〇一六）『環境意識に関する世論調査報告書二〇一六』。

ルブラン、ロビン（二〇一二）『バイシクル・シティズン――「政治」を拒否する日本の主婦』尾内隆之訳、勁草書房。

MacKenzie, K. Michael (2018) "Deliberation and Long-term Decisions: Responding Future, Generations," in Andre Bachtiger *et al.*, *The Oxford Handbook of Deliberative Democracy*, Oxford University Press.

松野弘（二〇〇九）『環境思想とは何か――環境主義からエコロジズムへ』筑摩書房。

宮本憲一（二〇一四）『戦後日本公害史論』岩波書店。

Müller-Rommel, Ferdinand (1990) "New Political Movements, and New Politics, Parties in Western Europe," in Russell J. Dalton and Manfred Küechler (eds.), *Challenging the Political Order: New Social and Political Movements in Western Democracies*, Oxford University Press.

落合恵美子（二〇一五）「時代の転換をデザインするジェンダー」落合恵美子・橘木俊詔編著『変革の鍵としてのジェンダー』ミネルヴァ書房、一―二一頁。

ペッカネン、ロバート（二〇〇〇）「法、国家、市民社会」中里しのぶ訳、『レヴァイアサン』第二七巻、七三―一〇八頁。

佐藤慶幸・天野正子・那須壽編著（一九九五）『女性たちの生活者運動――生活クラブを支える人びと』マルジュ社。

Schlosberg, David and Luke Craven (2019) *Sustainable Materialism: Environmental Movements and the Politics of Everyday Life*, Oxford University Press.

篠原一（一九七三）「市民参加の制度と運動」篠原一編『現代都市政策Ⅱ　市民参加』岩波書店、三―三八頁。

篠原一編著（一九八五）『ライブリー・ポリティクス――生活主体の新しい政治スタイルを求めて』総合労働研究所。

髙橋若菜（二〇一八）「減少する主婦市民とユーザーフレンドリーな家庭ごみ排出システム――日本とスウェーデンの対照から」『環境・経済政策研究』第一一巻一号、五〇―五五頁。

宇野重規・田村哲樹・山崎望（二〇一一）『デモクラシーの擁護――再帰化する現代社会で』ナカニシヤ出版。

ウォール、デレク（二〇一二）『緑の政治ガイドブック――公正で持続可能な社会をつくる』白井和宏訳、筑摩書房。

ワイトナー、ヘルムート（二〇一四）「環境政策の盛衰――日本とドイツの場合」大久保規子訳、『環境と公害』第四四巻二号、六二―七〇頁。

第Ⅲ部

「日常生活と政治」が問うもの

第8章　日常空間のために
――マッシー＝ラクラウ論争再訪――

山本　圭

はじめに

荒木飛呂彦の「デッドマンズQ」という作品には、「幽霊屋敷」ならぬ「屋敷幽霊」というものが登場する（図）。「屋敷幽霊」は、私たちにとって聞き覚えのある、たとえば幽霊が居つくような屋敷ではない。そうではなく、過去に空爆で木っ端微塵になった屋敷そのものが幽霊化したものである。その屋敷の空間はごく細い通路において突然に開かれ、キャラクターはそのなかに飲み込まれ、そして「敵」との戦闘へ……。ちなみに、作品には「くま手」幽霊も、「ゲタ」幽霊も、「電気スタンド」幽霊も現れる。

二〇世紀後半に人文諸科学で生じた「空間論的転回（spatial turn）」とは、まさにこの「屋敷幽霊」のようなものだ。おもに地理学で始まり、社会理論、都市論、メディア論などにも広がったこの転回は、デイヴィッド・ハーヴェイやエドワード・ソジャを中心に、それまで去勢されてきた空間概念を前景化することで、空間のもつ生産性、多義性、関係性といった観点から、その概念的豊かさを捉えようとする動向を指している。とりわけ注目すべきは、この転回のなかで、アンリ・ルフェーヴルの仕事が再発見され、「日常生活」を空間という観点から捉え直す機運が高まったことだろう。つまり、日常空間を人々の営みが行われる単なる器として理解するのではなく、それが私たちの振舞い

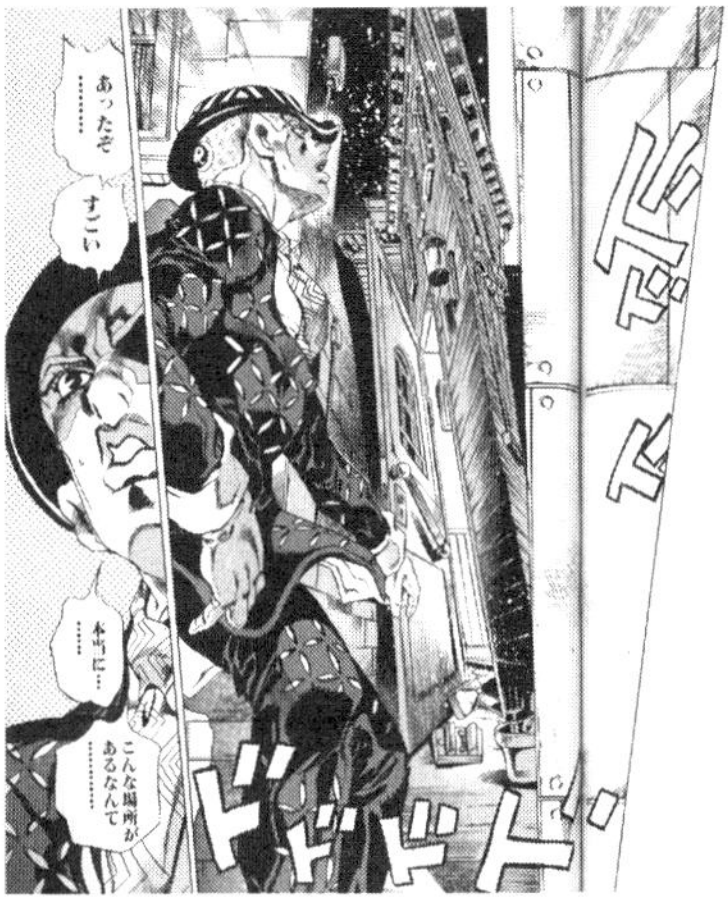

荒木飛呂彦「デッドマンズ Q」(『死刑執行中脱獄進行中』集英社文庫，2011 年，上 156，下 160-161 頁)より．

をどのように規定しているのかが考察の対象となったのだ。ミシェル・ド・セルトーが言うように、「さまざまな空間の実践が現に社会生活の決定的条件をなして」おり、私たちはこの日常的実践の理論として「生きられた空間の理論」(セルトー一九八七：二〇八)を取り出す必要があるとされたのである。

しかし、こうした「転回」以降、空間への注目が高まったとはいえ、空間の政治学についてはいまひとつ反応が鈍かったようだ。一九九二年に発表されたドリーン・マッシーのある論考によれば、いくつかの空間の定義はなおも「そこから政治および政治の可能性を取り除き、そして空間的なものの領域を事実上、脱政治化している」(Massey 1992: 66)というあり様であった。この傾向は、地理学のみならず、政治理論、とりわけ現代民主主義論においても顕著であるように思われる。そこでは、私たちの日常を構成する空間は、単に政治的行為やコミュニケーションが行われる枠組みのようなものとして観念されており、空間それ自体が考察の俎上にあがることはそれほど多くはない。ある論者の言葉を引けば、「物理的空間の問題は、政治学者のレーダーにはまったく映っていない。「公共空間(public space)」という言葉を用いる数少ない政治理論家であっても、それを「公共圏(public sphere)」であるとか「公的領域(public realm)」と互換的に用いている」(Parkinson 2012: 6)のであり、空間もしくは場所が語られるときでさえ、空間それ自体についての省察はえてして不十分であった、さしあたりそう言うことができよう。しかし、空間は明らかに政治的に中性的なものではない。ルフェーヴルが言うように、「空間が政治的であるゆえに、空間の政治が存在する」(ルフェーヴル一九七五：六八)とすれば、その政治性とはいかなるものだろうか？　そして、それは私たちの民主政治に、どのような意味をもっているのだろうか？

本章は、政治理論の「空間論的転回」という動向を注視しながら、私たちの日常空間がどのような政治的意味、さらにはいかなる民主的な意味をもつのかを、ラディカル・デモクラシーの観点から検討するものである。(1)この連想は恣意的なものではない。「転回」の震源地となったポストモダン地理学が、マルクス主義地理学への挑戦によって可能になった以上、ほとんど同時期に現れた「ポスト・マルクス主義」もまた、同時代的な問題意識を共有していると考える十分な理由があるからだ。たとえば、地理や空間性を単に上部構造とみなしてきたマルクス主義的な伝統への反逆は、「政治的なもの」によって経済還元主義を克服しようとしたラディカル・デモクラシーと明らかに共鳴するものだろう。

じつは、ラディカル・デモクラシー論に、空間がそれほど明示的なトピックとしてあるわけではない。だが、のちに検討するように、本章がマッシー＝ラクラウの論争の検討を通じて示したいことは、ラディカル・デモクラシーの空間‐戦略の重要性であり、さらにこのプロジェクトは、沈殿化した日常的諸実践を問いに付す点で、空間を通じた「日常生活批判」というルフェーヴルの問題意識に連なっている。ほとんど認識のア・プリオリとして、ないし非‐政治的なものとして片付けられてしまう日常空間の自明性を疑うことは、「権力の幾何学」を可視化し、同時に民主主義を深化するための資源として空間を捉えることを可能にするだろう。

第一節　空間の政治

二〇世紀後半の政治思想・政治理論の中心的な話題のひとつは、公共性についてのものであった。そこでは、私的領域とは区別された公的領域における政治的行為が規範的に評価され、また幾つかの論点は、市民社会論やシティズンシップ論へと引き継がれることで、国家や市場に隷属しない政治的なものの再生が説かれたことは記憶に新しい。だが、公共性の思想が精力的に議論されるなかで、公的な空間それ自体が精緻に検討されたわけでは必ずしもない。たとえば、公共性論の最大の貢献者のひとり、ハンナ・アレントを取り上げてみよう。古代アテナイのアゴラにおける活動を政治の原風景として描き出した彼女の筆致は、その刊行から六〇年が経った現在でも人々の関心を惹いてやまない。『人間の条件』のなかでアレントは、公的領域を「現われの空間」として描き出している。建築家の山本理顕は、近代以降の私たちが都市空間、建築空間を「機能」としてしか見ておらず、その結果、それらの政治的重要性を認識できていないのに対し、アレントが古代のポリスを建築空間としての側面から評価していたことに注意を促している。

> アレントが強調するのは、ポリスという建築空間があってはじめて、人々の政治的自由そして平等が実現されるのであってその逆ではない、ということである。ポリスは自由と平等が実現されるように、建築的に計画されていたのである。政治的自由と平等は建築的に計画され設計されなくてはならないものだったのである。（山本二〇一五：二二二―二二四）

しかし、山本の言うように、アレントが確かにポリスの空間性を重視していたとはいえ、彼女の空間への関心は、必ずしも一貫したものではない。たとえば私たちは、『人間の条件』における次のような記述をどのように受け取るべきだろうか？　これは彼女がポリスを建築空間としてではなく、ある種の関係性として捉えていたことを示しているように思われる。その記述とは次のようなものだ。

正確にいえば、ポリスというのは、ある一定の物理的場所を占める都市＝国家ではない。むしろ、それは、共に活動し、共に語ることから生まれる人びとの組織である。そして、このポリスの真の空間は、共に行動し、共に語るというこの目的のために共生する人びとの間に生まれるのであって、それらの人びとが、たまたまどこにいるかということとは無関係である。（アレント一九九四：三二〇）

「汝らのゆくところ汝らがポリスなり」。アレントにとってポリスとは、必ずしもその建築空間を指しているわけではない。つまり、空間としてのポリスが政治活動を可能にするのではなく、むしろ人々が集まり活動することで、そこに一時的なポリスが生まれる。ロジックとしてはこのようになるだろう。

同じような「空間の潜没」（ソジャ二〇〇三：四八）は、ハーバーマスのコミュニケーション理論から発展した熟議民主主義論についてもある程度当てはまる。近年の熟議民主主義論においては、熟議システム論に注目が集まっている。これは様々なミニ・パブリクス、たとえば地域、職場、家族なども熟議の場とみなすことで、社会のなかに複数の熟議空間を生み出し、それらを連携させ、よりよい意思決定を生み出そうとするものだ（田村二〇一七）。しかし、議会のような公式の意思決定の場から熟議を解放することは、同時に、議会という場を相対化し、いかなる空間・場所においても熟議が可能であると想定することでもあるだろう。ここで空間は、そこでコミュニケーションが行われる容れ物以上の重要性は与えられていないように思われる。

しかし大竹弘二は、近代の議会主義のもつ特別な空間性を指摘し、そこで議会建築における会議場の空間配置を例に挙げている。それによると、多くの国で採用されている半円形の議席に演壇が対面する議場の配置は「そのつどの演説者によって満たされる空虚な演壇は国家の（不在の）頭部であり、社会的な多様性を反映する議員たちが座る議席はその胴体である」（大竹二〇一八：三一四）ことを意味しており、そのため「議会はいわば共和国の新たな象徴的身体である」という。これが国民の代表機関であることを示す、象徴的なイメージを提供し、代表の正統性を調達する役割を果たす。だとすると、熟議システム論のように、複数の熟議の場を結びつけることで議会を相対化することは、どうしても議会という特殊な空間がもつ政治的意味を見えづらくしてしまう。熟議はどこでも同じではなく、必ず空間の作用や制約を受けるに違いない。

「空間は行動にとって単なる変数でも器でもない」（Martin and Miller 2003: 144）。ルフェーヴルによれば、「空間はイデオロギーや政治とかかわりのない科学的な対象ではない。それはつねに政治的であり、戦略的であった」（ルフェーヴル一九七五：六二、強調は原文）。つまり、空間は何らかの戦略的な意志にもとづいて配置され、設計されており、したがって当然ながら、政治的に中立であるわけではない。

じっさい、空間の政治的性格は、暗に明に、様々なところで言及されてきた。古典的なものでは、空間論的展開に先鞭をつけたフーコーの「パノプティコン」があり、その空間配置が囚人の身体に権力を行使するという規律＝訓練型権力が典型的だろう。そのほかにも、たとえば藤原辰史『ナチスのキッチン』は、ナチス時代に家事や台所の合理化が進められたことに着目し、兵士をつくる権力の働きを鮮やかに描き出している。そのさい藤原はナチスの動員に「空間」が果たした役割を次のように強調している。

〔…〕ナチスの動員を読み解くにあたって重要なのは、「人」を埋め込む「空間」である、と私は考えている。「人」が「空間」に組み込まれ、「空間」が「人」を超越し、「空間」に「人」が支配される、というようなサイクルである。第三帝国がその軍国主義化を進めるうえで、もっとも小さな、しかし、もっとも重要な空間のひと

つが台所だった。(藤原二〇一六：三六八)

ここで空間は権力の重要な政治資源のひとつである。権力は巧みに空間に主体を配置し、誘導し、選択を促す。このような空間のもつ政治的特性を、より穏便なかたちで提出したのがリバタリアン・パターナリズム、つまりは「ナッジ」をめぐる議論だろう。よく知られているように、セイラーとサンスティーンによれば、ナッジとは「選択を禁じることも、経済的なインセンティブを大きく変えることもなく、人々の行動を予測可能な形で変える選択アーキテクチャーのあらゆる要素」(セイラー、サンスティーン二〇〇九：一七)を指している。彼らが挙げている例を使えば、学校の食堂で、食べ物の配置を変えることで、学生たちがより健康に良いものを選ぶよう促すような工夫のことだ(目線の高さにデザートではなくサラダをおくなど)。ここでのポイントは、強制することなしに、人々にとって望ましいとされる選択を誘導することにある。空間はリバタリアン・パターナリズムにとって、重要な戦略の資源のひとつなのである。(2)

第二節 マッシーとラクラウ

本章の冒頭で言及したように、空間の政治的性格はしばしば十分に認められないか、あるいは、たとえ認められたとしてもその保守的な面が強調されることが多かった。ある論者が言うように「どうして現代の政治理論は、まったく最近になるまで、場所の力(power)を見逃してきたのか?」(Kohn 2003: 19)

それでは、民主主義の根源化をめざしたラディカル・デモクラシーではどうだろうか？ その提唱者の一人であるエルネスト・ラクラウは、空間の非 - 政治的な性格を強調し、空間ではなく時間のほうに解放的なニュアンスを認める、そのような陣営に入れられることが多い。本節ではまず、政治における空間の語りの一例として、ヘゲモニー論およびラディカル・デモクラシー論のなかで、空間がどのように位置付けられているかを検討しよう。そのあとで、ポストモダン地理学の代表者のひとり、ドリーン・マッシーによる批判を取り上げ、そこで何が問題とされたのかを見ていくことにしたい。

『現代革命の新たな考察』のなかで、ラクラウは、ヘゲモニー論に「転位(dislocation)」という概念を導入している。転位とは、アイデンティティや構造が必然的に抱えている綻び、破れ、あるいは偶発性の痕跡であり、そのため「あらゆるアイデンティティは、それを否定していると同時にその可能性の条件でもある外部に依存しているかぎりで転位している」(ラクラウ二〇一四：六八)。つまり、アイデンティティは外部の他者がいるために不完全なのではない――じつはこれは『民主主義の革命』で展開されたアイデアである。むしろその可能性をつねに構成的な外部に依存しているのであって、そのかぎりで、それはあらかじめ脱臼している。脱構築の「構成的外部」という考え方に触発されながら、ラクラウはそのような論理を展開している。

とはいえ、転位がアイデンティティを不完全にしているからといって、このことは必ずしもネガティブな事態を意味しない。むしろ、新しいアイデンティティや歴史的ブロックが構築される条件として、つまりは新たな政治の局面が可能になる条件として、きわめて肯定的なものとして語られている。別言すれば、転位は、構造やアイデンティティのア・プリオリな縫合不可能性であると同時に、新しい節合形式のための可能性を担保する、両義的な役割を担うものであり、ラディカル・デモクラシーの不可欠の条件であると捉えられている。

さて、空間と時間の議論が導入されるのはここである。ラクラウの図式において、転位は「時間性の形式」(ラクラウ二〇一四：七一)であるという。すなわち、転位は出来事の根源的な開示的性格(radical openness)をあらわにするのだが、この未決定の作用は時間的なものであると捉えられている。それに対し、「空間化(spatialization)」とはヘゲモニー的な閉合（hegemonic closure）に対応するものであり、それは出来事を構造化、象徴化することで、出来事のもつ時間性を隠蔽してしまう。ラクラウは、空間と時間の対比的な関係について、次のように説明している。

　象徴化とは、完全な継起がおのおののモメントに現前しているということである。継起するもののこの共時性は、継起が実際のところは完全な構造であって、象徴的な表象／代表と構成の空間であるということなのだ。出来事の時間性を空間化することは、反復を通じて、そして多様性を所与の構造の内的なモメントである一定の核に縮減することを通じて起こる。（ラクラウ二〇一四：七一、傍点は原文）

空間化の例として挙げられるのは、フロイトの「いないいない遊び（Fort-Da）」である。それによると、子どもはトラウマ的な出来事である母親の不在をゲームによって象徴化／空間化することで、その不在をなんとかやり過ごすのだが、それが可能なのは不在が現前－不在の継起のひとつのモメントとして書き込まれるからにほかならない。ミシェル・ド・セルトーが「原初的な空間構造」（セルトー一九八七：二三一）と呼ぶこの継起は、反復的な実践を通じて、時間を一箇の構造として空間化していると解釈される（きっちり一五回の講義が配置された大学の学年暦のカレンダーを見てみるとよい。これこそ空間による時間の支配の最たるもののひとつだろう）。

　このように、空間は時間をヘゲモニー化するが、他方で転位とは、象徴化の最終的な失敗であり、いかなる構造にもあったはずの原初の時間性が衆目にさらされる瞬間である（ふたたび学年暦で言えば、たとえば災害にともなう休講により、当初のスケジュールがズレてしまう、そのような事態に対応するだろう。大学は土日に補講日などを設けることでなんとか授業時間を確保しようとするが、それにも限界がある）。ラクラウは繰り返し空間と時間を対立させ、転位を時間の側に配置している。そうして悪名高い例の一文が現れることになる。すなわち、「政治と空間はアンチノミー的な用語である。

政治は空間的なものがわれわれから逃れるかぎりでのみ存在している」（ラクラウ二〇一四：一〇九）。

さて、ポストモダン地理学を代表するドリーン・マッシーは、このような空間の捉え方を厳しく批判する。[3] もとより、マッシーのプロジェクトは、空間を静態的、非政治的なものとして捉えてきた私たちの「常識」に異議を唱え、むしろ「空間が複合性の次元であり、関係の産物であり、つねに未完で、構築中である」（Featherstone and Painter 2013: 7）とし、空間の政治性を力強く主張するものである。

> 空間を時間の静的な一断面、表象、閉じられたシステム等々として考えることは、どれも空間を飼い慣らすための仕方である。それによってわれわれは、本当に重要なことを見落としてしまう。それは、別のさまざまな軌跡の共時代的な多様性や、空間化された主体性がもつ必然的な外向性である。〔…〕より一般的に言えば、もし時間が開かれるのであれば、空間もまた開かれねばならないのだ。開かれ、多様かつ関係的で、終わることがなくつねに生成変化しているものとして空間を概念化することは、歴史が開かれるための必須条件であり、それゆえ、政治の可能性にとっての必須条件でもある。（マッシー二〇一四：一一七―一一八）

このようにマッシーは、空間を政治の可能性の条件と捉え、閉鎖的に捉えられるこの概念を解放することを唱えるのだ。さて、空間の再評価をめざすプロジェクトにおいて、マッシーはことあるごとにラクラウ＝ムフのラディカル・デモクラシーへの支持を表明しており、とりわけムフの議論と地理学の問題関心との平行関係を強調している。たとえば、「彼らの根源的な民主主義《ラディカル・デモクラシー》に関するプロジェクトは、ここでなされている議論と完全に共鳴している」（マッシー二〇一四：八六）とも言われるように、地理学と政治学が相互に関連していることを彼女はしばしば強調している。[4] しかし、他方でマッシーは、ラクラウの空間把握に対してはきわめて厳しい態度を示している。すでに示したように、ラクラウは空間と政治をアンチノミーの関係と捉えたが、空間の政治性を唱えるマッシーにとって、このような空間の軽視は、ベルクソン流の伝統的な空間理解を反復するものでしかない。マッシーは「最初期の構造主義と変わらぬ、空間と空間化の言語を維持し続けている」として、これを厳しく批判する。

そこでは、時間性は開かれた流儀で再概念化されるのに、「空間／空間性」は相対的に無視されたままである。そして空間／空間性という術語は、たんに、時間性を欠くものを表すためにのみ用いられている。それは、それ自体では再概念化されることがないのだ。閉鎖した構造(たとえばヘゲモニーや表象の構造)に、「空間」というラベルが貼られる。(マッシー二〇一四：八六)

マッシーによれば、ラクラウは空間を表象と同一視し、さらにはそれを「イデオロギー的閉鎖性」(マッシー二〇一四：五三)とみなしているという。ここで表象としての空間は、転位した世界を何らかの首尾一貫性をもったものとして秩序化する試みである。篠原雅武が言うように、「そこでは、生きられること、感覚されることなどの偶然的で予期しえないものは、空間の表象の首尾一貫性を維持するという観点からいえば、攪乱要因でしかない」(篠原二〇一一：六六)。したがって、表象とみなされた空間において、政治的なものは必定、沈黙するほかない。空間は時間を征服し、「真の生と、そしてきっと政治的なものが、そこから取り除かれるのだ」(マッシー二〇一四：六三)。さしあたり、マッシーの批判を以上のように要約できるだろう。

第三節 「空間化」としての政治

とはいえ、マッシーのラクラウ批判は、じつのところそれほどラクラウに公正なものではない。両者のすれ違いを確認するために、ここではラディカル・デモクラシー派のオリバー・マーヒャルトの議論を補助線としつつ、少し込み入った概念を整理しておこう。それによると、マッシーはいくつかの重要な局面で、ラクラウの議論を誤解しているという。確かに、ラクラウは「政治と空間はアンチノミー的な用語である」と述べていた。しかし、マーヒャルトによれば、ここで「空間」と呼ばれているものは、いかなる欠如もない十全な社会に相当するものであり、それはヘゲモニー論の図式においては到達不可能な対象である――これは、ラクラウが「社会の不可能性」と呼んだことに対応する。だとすると、ヘゲモニー論において実際に存在しているのは「空間」ではなく、「空間化」の努力であって、ラクラウにとって政治は前者ではなく後者の側に位置付けられている、と考えるべきなのだ。マーヒャルトは両者の区別にかんして次のように述べている。

これらのヘゲモニー的な努力こそ政治であり、それはすなわち、節合による空間化の実践である。それゆえ私たちは、一方で政治としての空間化と、他方では社会的領域、アイデンティティ、言説、社会、そして意味のシステム一般といったカテゴリーとしての空間を区別しなければならない。（Marchart 2002）

同様に、エセックス派のデイヴィッド・ホワースもまた、こうした意味での不可能な空間を、一箇の統制的理念と捉えている。「空間のカテゴリーは統制的理念である。なぜなら、それは純粋な形式において実現されることはありえないからである」(Howarth 2006: 112)。これに対し、空間化とは「その本質的な偶発性を反復的な構造的形式に還元することで、その出来事を表象ないし象徴化するロジック」(Howarth 2006: 112)のことである。このように整理することで、「空間化」こそが政治であって、「空間」はむしろ（そのようなものがあるとして）「政治の終わり」に対応することがわかるだろう。

ラクラウの図式に厳密であろうとすると、空間が最終的に不可能であるのは、それがつねに構成的な外部に依存しているからであり、その外部こそが「時間(性)」である。マーヒャルトは別のところで、こうした空間と時間の関係を「敵対性」として捉えており、それらは相互貫入しており、単純な二項対立として捉えるべきではないとする(Marchart 2018: 96)。他方で、時間的なものは、それが純粋に否定的な契機である以上、それそのものは政治ではありえない。むしろ、政治(空間化)にとって時間とは「転位、騒乱、妨害、出来事」のような予測不可能なものであり、そうした原初の偶発性を可視化するものはむしろ、政治理論の伝統においては、「政治的なもの(the political)」と呼ぶに相応しい。したがって、ヘゲモニーの政治とは「空間化」の不断の努力にほかならず、マッシーが見落としたものは、空間/時間の二項対立の図式からは見えてこない、この「空間化」の次元なのである。

マーヒャルトはこうして、概念カテゴリーをマッピングし直すことで、マッシーの誤解を明らかにしている。マーヒャルトによると、マッシーがラクラウを誤解した理由は、彼女が存在論的/存在的の区別を見ていないことにあり、これは「政治哲学のカテゴリーが社会科学のカテゴリーとして読まれるときに必然的に生じる」(Marchart 2002)ミステイクであるという。つまり、ラクラウは存在論的なレベルにおいて「空間化(政治)の(不)可能性の条件」を語っているのに対し、マッシーは存在的な次元において空間の政治を求めており、このことが両者のすれ違いを引き起こしているのだ。

さて、ラクラウ(派)とマッシーの論争のこれまでの検討をつうじて、ラディカル・デモクラシーにおける日常空間のポリティクスを、「空間化をめぐる政治」として再定式化することができる。とはいえ、上記のようなマーヒャルトの応答について、ここでは二点述べておきたい。第一に、マッシーの指摘を社会科学的なものとみなしてラクラウを擁護するマーヒャルトの結論は、今度は逆にマッシーの議論をあまりに単純化していないだろうか? たとえば、マッシーが次のように述べるとき、彼女は空間／時間の存在論的な次元において語っていることは明らかである。

どのように空間が設計されようとも、事実としてそこには予期せぬ出来事が存在することになるのである。偶然の出会いは、空間性に元から備わっているものであり、完全には取り除くことなどできないのだ。それこそが〈ある意味においては〉まさに、〈時間‐空間〉の数々をつくっているのであり、それらをいくら閉じようとしても、実際には未来へと開いてしまうのである〔…〕。（マッシー二〇一四：三三九、傍点は原文）

ここで「予期せぬ出来事」、ないし「未来」を開くとされているもの、ラクラウがこれを時間的と呼んだのに対し、マッシーにとって、空間化を挫折させ、空間を開くものは、時間ではなくまたしても空間的なものである。つまり、「〈私〔マッシー〕が言うところの〉空間的なものはまさに〈彼〔ラクラウ〕が言うところの〉時間的なものの源泉のひとつにほかならない」（Massey 1992: 84）。マッシーが存在論的にも豊かな空間のイメージを思い描いているとすれば、マッシーに存在論的な次元が欠けているとするマーヒャルトの指摘は正しいものとは言えない。空間と時間という二項対立そのものを換骨奪胎する、そのような空間理解をマッシーが提出しようとしているとすればどうだろうか？

第二に、たとえラクラウの空間論を一箇の存在論として擁護できたとしても、彼のラディカル・デモクラシー論〈ポピュリズム論〉に、存在的な次元での空間‐政治論が欠けていることは否めない。たとえば、ラクラウが国家の存在にあまりに無頓着であると批判される〈小泉二〇一六〉のは、その政治空間への無頓着さに起因するものだろう。じつは、存在論的なものと同時に存在的な次元の必要性を強調していたのは、マーヒャルト自身であり、だからこそジャン＝リュック・ナンシー論のなかで次のように述べていたのではなかったか？

ナンシーが、議論の存在論的な方面を強調する傾向にあるとするると、私はその存在的な次元をあらためて強調してみたくなる。〔…〕共約不可能なものへの正義や責任といった民主的な倫理は、民主的な闘争において再‐現実化(re-actualized)されなければならないし、同時に一箇の政治体制として民主主義の制度によって登記されなければならない――それを完全に実行することが、最終審級において不可能であろうとも。(Marchart 2012: 182)

同じことを、本章の主題である空間についても言うことができるだろう。存在論的な空間論は、具体的な〈いま・ここ〉の空間における戦略を指示してはくれない。「一切の文脈上の参照枠から切り離されて内容を決定しうるような左翼的政治というのがあるわけではない」(ラクラウ＝ムフ二〇一二:三八八、訳文は引用者による)とすれば、民主的なヘゲモニー闘争においては、存在論的な考察と同時に、存在的な戦略が求められるはずなのだ。したがって、重要なのは、ラクラウ流の存在論的な空間論を前提としたうえで、存在的なレベルにおいてラディカル・デモクラシーの空間‐戦略を描くことである。

結びにかえて

最後に、民主主義の根源化にむけた、空間‐戦略をどのように描き出せるだろうか。「空間は必ずしも保守的なものではない。〔…〕国家やその他のへゲモニー的な諸権力による空間の操作――伝統的な記念碑の役割、オスマンのパリ改造、ベンサムのパノプティコンがまさにそのような操作のよく知られた三つの事例だろう――が唯一存在する可能性ではない」(スタヴラカキス二〇一七:一七九)とすると、ラディカル・デモクラシーのどのような空間‐戦略を導き出せるだろうか? 空間を保守的なものとして捉える大勢の伝統的な見方に対し、マーガレット・コーンは「空間の社会的かつ象徴的特質は同時に、変革を起こす政治的プロジェクトにとっても重要な資源となりうる」とし、次のように述べている。

政治空間は、新しいアイデンティティや実践を展開するに際立った場所を創出することによって変化を促す。場所の政治的権力は、社会的、象徴的、経験的次元を結びつける、空間がもつ能力から生じる。変革に向けた政治は、これらの諸次元を切り離したり、並べたり、ふたたび結合することから生じているのだ。(Kohn 2003: 4)

コーンが着目するのは、祝祭や都市の広場(town square)、労働会議所といったストリート・レベルでのミクロな権力の場であり、これらは国家の管理の外部で政治的な場を構成している(ちなみに、彼女はこれらを「ラディカル・デモクラシーの空間」(Kohn 2003: 7)と呼ぶ)。

近年のアセンブリをめぐる考察もまた、まさにこうした空間化をめぐる闘争の重要性を示している。二〇一一年以降の世界的な抗議行動の出現は、少なからずの理論家たちを、あらためて空間に着目させる十分なインパクトをもっていた。たとえば、ジュディス・バトラーが、民衆の街頭デモについて次のように述べるとき、ここで空間そのものの性格が賭けられていることは明らかだ。

もし私たちが、こうした群衆が集まる際にその空間の公的性格そのものが議論されており、争われてさえいる、という点を理解し損ねるなら、これら民衆デモについて重要な何かを見逃すことになる。〔…〕集団行動は空間そのものを集合させ、舗道を集め、建築を活気付け組織化する、ということだ。〔…〕集会と発言がどのように公共空間の物質性を再構成し、そうした物質的環境の公的性格を生産あるいは再生産するのかを問わなければならな

い。(バトラー二〇一八：九五―九六)

バトラーがこう述べるとき、彼女が念頭においたものの一つは米国におけるオキュパイ・ウォール・ストリートであったろうが、二〇一四年に起こった香港オキュパイにも、日常の空間を名付け直すことで、抵抗と民主主義のための空間化の実践があった。つまり、「権力の命名」を「民衆の命名」によって置き換え、日常の空間をデモクラシーの空間として再創出する、そうした戦略がきわめて効果的に展開されたのだ。

ソジャが「社会‐空間弁証法」として展開しているように、「空間それ自体は原初的な所与かもしれないが、空間編成や空間の意味は、社会的な翻訳・変形・経験の所産」(ソジャ二〇〇三：一〇六)である。だとすれば、ラディカル・デモクラシーの空間‐戦略もまた、おのずと明らかになる。もとよりそれは、社会を言説的な構築物と捉えることで、様々なセクターや要求のあいだに等価性の連鎖を構築するものであった。同じことが、その空間‐戦略にも当てはまるだろう。ラディカル・デモクラシーは、日常空間を所与のものとしてではなく、それを一箇の言説的構築物と捉えることで、その意味づけをめぐる闘争に介入し、それを抵抗のための空間として新しく創出しなおすことをめざすのである。ラクラウ＝ムフのある言葉をもじって言えば、日常空間の展開を決定するのは純粋な資本の論理ではない。日常空間は、単に資本や権力が支配を行使する場所ではなく、闘争の場なのである(ラクラウ＝ムフ二〇一二：一八三―一八八)。

注

(1)　東日本大震災、および原子力発電所事故の問題意識から、政治思想の「空間論的転回」にかかわる論点を整理・分析したものとしては、犬塚(二〇一七)を参照。

(2)　付言しておけば、ベーコンの「ソロモンの館」、フーリエのファランジュがそうであるように、確かにある種のユートピア思想もまた、しばしば空間的に表象されてきた。しかし、だからといって、これらがラディカルな政治的イマジネーションを解放する役割を果たしているかというと微妙なところがある。スタヴラカキスによると、「私が懸念しているのは、そのようなパラダイムやモデルが、ポスト・デモクラシー的な後期資本主義の都市に特徴的な、政治的なものの抑圧を再生産しているということだ」(Stavrakakis 2007: 148-149)。ユートピア思想は私たちを幻惑することで、真の変革の可能性を抑圧することがある。

（３）短いながらも、マッシーのラクラウ批判に言及しているものとしては、上野（二〇〇〇）がある。

（４）ある箇所でマッシーは、地理学と政治学の関係について、次のように述べている。「これらのプロジェクトのあいだには、おそらくとりわけ概念化の方法について、多くの平行関係が存在している。これらのプロジェクトとは、ムフの場合では、権力やアイデンティティ、あるいは政治的主体性の概念化であり、地理学では、空間と場所の概念化である。〔…〕私が提案しておくべきことは、二つのプロジェクトのあいだには建設的な意見交換もあったし、そこではそれぞれが何らかの知見を他方に付け加えることができたということだ。ムフの著作はすでに地理学ではよく知られたものになっているし、これまでも新しい考え方に刺激を与えてきた」(Massey 1995: 284)。またムフのほうでも、「私が提唱している「陣地戦」のヘゲモニー戦略においても、空間の概念は明らかに重要である。これは、マッシーが提唱しているものがそうであるように、多元性の次元を認めるものである。〔…〕彼女の「権力‐幾何学」という考えは、ヘゲモニー的節合の空間的性格を前面に打ち出す。このヘゲモニー的節合こそが、それを中心にして所与のヘゲモニーが打ち立てられている結節点を構成しているのだ」(Mouffe 2013: 28)と、両者のプロジェクトの関連性を強調している。

参考文献

アレント、ハンナ（一九九四）『人間の条件』志水速雄訳、筑摩書房。

バトラー、ジュディス（二〇一八）『アセンブリ――行為遂行性・複数性・政治』佐藤嘉幸・清水知子訳、青土社。

セルトー、ミシェル・ド（一九八七）『日常的実践のポイエティーク』山田登世子訳、国文社。

Featherstone, David and Joe Painter (2013) *Spatial Politics: Essays for Doreen Massey*, Wiley-Blackwell.

藤原辰史（二〇一六）『ナチスのキッチン――「食べること」の環境史 決定版』共和国。

Howarth, David (2006) "Space, Subjectivity, and Politics," *Alternatives: Global, Local, Political*, 31 (2), 105-134.

犬塚元（二〇一七）「政治思想の「空間論的転回」――土地・空間・場所をめぐる震災後の政治学的課題を理解するために」『立命館言語文化研究』第二九巻一号、六七―八四頁。

Kohn, Margaret (2003) *Radical Space: Building the House of the People*, Cornell University Press.

小泉義之（二〇一六）「ドゥルーズ／ガタリにおける政治と哲学」市田良彦・王寺賢太編『現代思想と政治――資本主義・精神分析・哲学』平凡社、六二―九〇頁。

ラクラウ、エルネスト（二〇一四）『現代革命の新たな考察』山本圭訳、法政大学出版局。

ラクラウ、エルネスト、シャンタル・ムフ（二〇一二）『民主主義の革命――ヘゲモニーとポスト・マルクス主義』西永亮・千葉眞訳、筑摩書房。
ルフェーヴル、アンリ（一九七五）『空間と政治』今井成美訳、晶文社。
Marchart, Oliver (2002) "Art, Space and the Public Sphere(s): Some Basic Observations on the Difficult Relation of Public Art, Urbanism and Political Theory," eipcp (http://eipcp.net/transversal/0102/marchart/en/#f20 二〇一八年九月一一日閲覧).
Marchart, Oliver (2012) "Being with Against: Jean-Luc Nancy on Justice, Politics and the Democratic Horizon," in B. C. Hutchens (ed.), *Jean-Luc Nancy: Justice, Legality and World*, Continuum, 172-185.
Marchart, Oliver (2018) *Thinking Antagonism: Political Ontology after Laclau*, Edinburgh University Press.
Martin, Deborah G. and Byron Miller (2003) "Space and Contentious Politics," *Mobilization: An International Quarterly*, 8(2), 143-156.
Massey, Doreen (1992) "Politics and Space/Time," *New Left Review*, I/196, 65-84.
Massey, Doreen (1995) "Thinking Radical Democracy Spatially," *Environment and Planning D: Society and Space*, 13, 283-288.
マッシー、ドリーン（二〇一四）『空間のために』森正人・伊澤高志訳、月曜社。
Mouffe, Chantal (2013) "Space, Hegemony and Radical Critique," in David Featherstone and Joe Painter (eds.), *Spatial Politics: Essays for Doreen Massey*, Wiley-Blackwell.
大竹弘二（二〇一八）『公開性の根源――秘密政治の系譜学』太田出版。
Parkinson, John R. (2012) *Democracy and Public Space: The Physical Sites of Democratic Performance*, Oxford University Press.
ソジャ、エドワード・W（二〇〇三）『ポストモダン地理学――批判的社会理論における空間の位相』加藤政洋ほか訳、青土社。
篠原雅武（二〇一一）『空間のために――遍在化するスラム的世界のなかで』以文社。
Stavrakakis, Yannis (2007) "Antinomies of Space: From the Representation of Politics to a Topology of the Political," in BAVO (ed.), *Urban Politics Now: Re-Imagining Democracy in the Neoliberal City*, NAi Publishers, 142-151.
スタヴラカキス、ヤニス（二〇一七）『ラカニアン・レフト――ラカン派精神分析と政治理論』山本圭・松本卓也訳、岩波書店。
田村哲樹（二〇一七）『熟議民主主義の困難――その乗り越え方の政治理論的考察』ナカニシヤ出版。
セイラー、リチャード、キャス・サンスティーン（二〇〇九）『実践 行動経済学――健康、富、幸福への聡明な選択』遠藤真美訳、日経ＢＰ社。
上野俊哉（二〇〇〇）「空間論的転回、その後（承前）」『現代思想』第二八巻一号、二二一―四一頁。
山本理顕（二〇一五）『権力の空間／空間の権力――個人と国家の〈あいだ〉を設計せよ』講談社。

第9章　政治学の日常生活化への道
――ミシェル・フーコーの歩みを辿りながら――

加藤哲理

初まりに遠く古代から届けられた一通の手紙を紹介することをお許しいただこう。

しかし今度は、何かのめぐりあわせから、一部の権力者たちがあのひとを、われわれの同志のソクラテスを〔…〕あるいは不敬犯とみて告発し、あるいはこれに有罪の票を投じて、死刑に処するにいたったのです。で、そういった事件や、国政を実際に行っている者たちのことを観察しているうちに、それも、法律や習慣をより立ち入って考察すればするほど、また年齢を重ねれば重ねるほど、それだけわたしには、国事を正しい仕方で司るということが、いよいよ困難に思われてきました。〔…〕――それにまた、成文の法律、不文の風習のどちらも、荒廃の一途をたどっていて、その亢進の程度も、啞然とさせられるばかりでした。そういうわけでわたしは、初めのうちこそ公共の実際活動へとあふれる意欲で胸いっぱいだったとはいうものの、それら法習の現状に目を向け、それらが支離滅裂に引きまわされているありさまを見るに及んでは、とうとう眩暈がしてきました（プラトン一九七五：一一〇―一一一、以下訳文は引用者による）。

ここに吐露されているプラトンの「眩暈」。日々の暮らしに断片的に映しだされる虚影に過ぎぬ「意見」の衝突が渦巻く現実政治の世界から、一握りの哲人のみが認識しうる超越的な「真理」が支配する理想のポリスへ魂を「転回すること／目を背けること」。自らを取り巻く実践的・政治的生活への絶望が、そこから身を退いた上で政治を対象として批判的に反省する理論的生活＝哲学へとプラトンを向かわせた根源的動機であるすれば、この画期的な創設の出来事を原初とする西洋における政治学の輝かしい伝統は、その始まりから「日常生活からの逃避」を、宿業として背負ってきたとも言えまいか。

第一節　政治学の日常生活化と「形而上学」の終焉

政治学史の創世記に位置する哲学者の自伝的告白をわざわざ冒頭に掲げたのは、他でもない「日常生活」と「政治」という二つの言葉が結びつけて考察されるときのラディカルな思想史的含意を示唆するためである。では両者が同時に主題になるとき、そこにはいかなる画期性があるのか。本節では第一に、その問いに応答しつつ「日常生活」が政治学において主題となることを可能とした哲学史的背景について簡潔に概観をする。次に、さらに一歩進んで、そこに残された課題を明らかにすることで、本章が対峙すべき問いとその方向性を鮮明にすることにしたい。最後に、本章の主人公となるミシェル・フーコーの思想がまた、同様の歴史的文脈に位置づけられるとともに、私たちの歩みにおいて探照灯となりうることを確認しながら、本章全体が歩んでいく道筋を展望しておくことにしよう。

「日常生活と政治」の認識論／存在論的基礎

「個人的なことは政治的である」。この標語の象徴する革命性によってフェミニズム運動が社会科学の地平を飛躍的に拡大した後の時代に生きる私たちにとって、日常生活が政治学の研究対象となることは、それほど奇異に思えることはない。しかしまず初めに、本章の問題意識を明確にするために、そのような問題設定そのものを可能とした、より広範なコンテクストとして、「認識論／存在論」的次元における二〇世紀の大変動の影響に触れておく必要がある。

西洋における知や学問の生誕が、その起源において、先に触れたような理論的生活と実践的生活の峻別と、後者に対する前者の圧倒的優位という性格を刻印されていたとすれば、その伝統において日常生活という経験の土壌が、真の意味で学問的主題とされたことは一度もなかったと言うこともできる。イデアと仮象、存在と生成、本質と現象、理念と現実、魂と身体、精神と物質、永遠と歴史、普遍と特殊、抽象と具体、一と多、静と動。西洋哲学史は上記の二項対立に対応する語彙に彩られているが、崇高なるイデア界か絶対的なる神の秩序か、前者の諸概念の総体をどう名づけるにしても、真実在やロゴスの観照が可能となるためには、人間を部分へと幽閉する身体や感情の牢獄、生活世界の桎梏を離れ、世界の全体を永遠の相の下に眺めることができなくてはならない。認識を生業とする学者に課される責務がかくなるものであるとすれば、日常生活を構成する具体的事象の豊饒さや複雑さが、純粋な超越的真理への上昇の途上で払拭されるべき臆見としての位置づけしかもちえなかったのは、想像に難くない。

そのような古代、中世における理念への憧憬が、政治の無慈悲な現実を直視することをこれまで妨げてきた。このマキャヴェッリによる大胆不敵な批判によって幕を開けた近代以降の政治学史にあっても、そこに抜本的な変化は生じなかった。というのも、そこでどれほど「現実」の把握が問題となっているように見えようと、「マキャヴェッリからホッブズへ」という系譜において近代政治学の誕生が語られるとき、その近代性の不可欠の要素となっているのが、学問の「科学性」であったからである。政治学の科学化というホッブズの壮大な野心がデカルトや近代自然科学の勃興の影響下にあったことはよく知られているが、その科学という営為が、認識する主体としての人間と認識される客体としての世界（自然や社会）の分離、後者に対する前者の距離取得を認識論的基礎とするものであった以上、その逆をなす人間の世界への内属の側に積極的意義が見出されるはずもなかった（小野一九八八を参照）。「存在論的ロゴス」とのつながりを喪失したとはいえ、知とその体現者である近代的知識人に要請されたのは、科学的分析においても規範的批判においても、日常生活に付着する予断や偏見に曇らされることなく、啓蒙された自律的主体としてロゴスの光に照らして世界を眺めることだったのである。

二〇世紀思想の趨勢を一言で表現するのは困難であるが、多種多様な思想潮流が、上述の二項対立を主役に演じられてきた「大きな物語」への危機意識と自己批判に動機づけられていたことは否定できない。ここではその先鞭をつけたニーチェの言葉を一つ引用してみよう。

> 偶像（「理想」にあたる私の言葉）を転倒すること――これこそがもうずっと以前からの私の手職である。一つの理想の世界が捏造された分だけ、価値と意味と真実性とが現実の世界から奪い取られたのだ〔…〕ドイツ語でいう「真実の世界」と「仮象の世界」、それは捏造された世界と現実の世界のことである〔…〕理想という嘘が、いままでずっと、現実の世界に対する呪いであり、人類そのものがその本能の奥底にいたるまで、嘘をつき騙されてしまっていたのだ（Nietzsche 1997 [1888]: 1065-1066＝一九九四：一四―一五、強調は原書の通り）。

西洋哲学の歴史全体を「形而上学」という総称で攻撃し、背後世界への倒錯的願望として嘲笑するニーチェの舌鋒。現代思想を代表する数多くの哲学者たちは、この偶像破壊者に倣って西洋思想を根底で支え続けてきた思考枠組みに対する根源的批判を展開していった。「生活世界」に学の根拠を求める現象学や解釈学の挑戦、アリストテレス的実践哲学の復権、言語哲学における日常言語学派の台頭、批判理論における言語論的転回、思想としてのプラグマティズムへの脚光、ポストモダニズムによるロゴス中心主義の告発など、詳述はできないが本章との関連で確認すべきことは、この二〇世紀に生じた認識／存在論上の地殻変動によって、初めて日常生活を日常生活として学問的に問題化しうる地平が開かれたということである（小野一九九六を参照）。あるいはまた「日常生活と政治」という主題の背後には、このような「形而上学」批判という二〇世紀思想のモティーフが潜在しているとも言えよう。

「日常生活と政治」のアポリア

「日常生活と政治」と銘打たれた本書に収録される考察の多くも、哲学史的に俯瞰をすれば、この歴史的背景のうちから生まれたものである。そして、それらがよき例証になっているはずだが、先述の哲学的格闘の所産を継承することで、昨今の政治学が方法論や研究対象において多方向に発展を遂げ、様々な角度から「日常生活」に潜在する「政治的なるもの」に脚光を浴びせることで新たな学問領域を開拓してきたことは、疑う余地なき事実である。しかしながら、そこで「日常生活」と「政治」の各々がどのように理解され、両者の関係がいかに問題化されようと、なおそこに横たわる問われざる何か。その不気味な呼び声に戦慄するとき、初めて私たちは本章の探求の始まりに立つことになる。

このことは、政治学という自らの生業の成立根拠について、静かに自問を重ねてみるだけで、すぐさま自覚されうる。なるほど日常生活のうちに政治があるとしよう。ところで日常を生きているという点では、学者もそれ以外の人々も何ら変わることはない。それどころか象牙の塔という珍妙な「生活」世界を生息域とする学者よりも、もしかしたら種々の日常生活の具体的様相やそこに息づく多様な知の形態については、むしろそれを実際に生きている人々の方が、遥かに熟知しているかもしれない。そこに暮らしがあり、人々はそこで生きている。しかも、この日常生活を超越的視座から観想することのできる「形而上学」的地位を与えてくれる基礎づけは、もはや現代において何も残されてはいない。ではそのとき、もし政治学が日常生活に関わる学問であるべきだとすれば、かくなる学問の存在根拠はどこに求められるというのだろうか。

こうして「日常生活と政治」という問題設定は、理論的生活と実践的生活の「形而上学」的序列を攪乱し、政治「学」それ自体の存立基盤を根底から崩壊させる危険性を孕んでいる。だがまずここで肝に銘じるべきは、「日常生活と政治」の探求が自らの根源的動機を裏切りたくないのであれば、この問いの深淵を覗きこむ恐怖を前に、再び「形而上学」という堅固な手すりへと後戻りすることは許されないということである。もちろん実際には、無自覚な不安からの逃亡が増産され続けているのが現状ではある。ある者たちは経験的分析や記述のための道具立てや方法を充実させて政治学に実証性や科学の装いを与えることで安心を得ようと躍起になっている。またある者は、「準」や「ポスト」や「反」や「弱い」など、奇妙奇天烈な枕詞を発明しながら、「形而上学」以後においても、なおも学者のみが特権的に衆人に示しうるような価値や規範、批判性の「基礎づけ」や正当化ができないか、頭を悩ませ続けている。そうして政治学者たちの「日常生活」は、あたかもそこに亀裂などないかのように、万事滞りなく機能し、各々が「独創性」を求めて「研究」の生産に精を出す。

だがそうして科学性や規範性という、砕け散った「形而上学」の残骸にしがみついたまま、政治学がどれほどの隆盛を誇っていようと、そのようなものは決して私たちの懐疑に根本から応答するものにはならない。むしろ、これらのすべての試みが――しばしばポスト「形而上学」的思考を擬態しているにもかかわらず――「形而上学」への退行に陥るしかないのは、そこになおも「主観‐客観」図式が色濃く残響しているからである。結局のところ、日常生活「について」の実証的分析や経験的記述と、理論的に構想された規範や理念による日常生活「に対する」価値評価や批判と、どちらが学問の理念として追求されようと、そこでは日常生活は、政治学研究の「対象」であるに過ぎない。

その限りにおいて、ますます専門化していく方法論的操作によって政治学に自然科学もどきの体裁を与えようという徒なる努力は当然のこと、そこに間主観性やコミュニケーション、システムや構造、言説や権力、記号や解釈、差異や他者性など、日常生活を研究するために一見して主観性を超克した概念装置がふんだんに投入されていようと、研究者と日常生活の関係は、なおも主客の分離に囚われたままなのである。そしてそのような思考枠組みにおいて、日常生活という客体についての説明や理解を掌中に収めるために、彼ら／彼女らが学者として身にまとう翼は、かつての偉大さや栄光は失われているにしても、相も変わらず日常生活という大地から上空への飛翔を可能とする「形而上学」的なものである。いかに研究内容が「形而上学」以後を志向しているように見えても、「研究」という生の形式自体が「形而上学」的であり続けるかぎり、実態に何の変化も生じはしない。

それならば、そうした「形而上学」の残滓をすべて脱落させた上で、しかも日常生活と不分不離であるような学問としての政治学はいかなる仕方で可能となるのだろうか。この矛盾を孕んだ問いに答えるために必要なのは、私たち自身の日常とそこで生業として実践されている学問のあり方そのものへの眼差しの根本的な転回である。もし「日常生活と政治」というプロジェクトが、「形而上学」の超克というそれを導く根源的モティーフを貫徹することを望むならば、新たな政治学の研究「対象」としての日常生活の発見やそれに伴う「政治」概念の拡張など、道の途上で満足していることなど許されない。

そうではなく、日常生活を学問的に究明しようとする主体——いまこの文章を読んでいるあなただ！——としての私たちの日常生活そのものが、知や学問や理論が展開されていく場所にならなければならないのだ。政治学者が自己と日常生活のあいだの透明な観念の壁を突破することができないのは、それに研究対象として接近する理論的道具や方法論を欠いているからではなく、そうして「主客未分離」において日常的に歩まれるべき「道」として政治学を理解する眼が開かれていないからである。まず目を向けられるべきは、私たち自身の脚下に横たわっている自らの日常生活なのだ[1]。では、はたしてどのような日常生活を生きているならば、私たちは政治学者として存在していると言えるのか[2]。こうして、ようやく私たちは「政治学の日常生活化」という本章の提題に辿り着いたことになる。

ミシェル・フーコーと「政治学の日常生活化」への道

このような奇矯な問いかけは、近代大学で日常的に実践される知や学問の形態に慣れ親しみ、そこで一人前になるための職業訓練や教育、儀礼や風習によって規律化され、そこでの功名争いに精力を傾ける人々にとって、当惑させるものかもしれない。しかしながら、私たちは決してありもしない架空の問題設定を捏造しようとしているわけではない。その証拠に、本章の考察は具体的には、ある一人の二〇世紀を代表する思想家によって歩まれ、途絶した道を辿りなおすことによって、進められていくことになる。

その人物の名はミシェル・フーコー。「ニーチェ以来、私たちの脚下を掘削するという作業が現代哲学の特徴になっていますが、そうした意味では、私は自分を哲学者であると言うことができます」(Foucault 1994: I 606＝一九九九：Ⅱ四六〇)。こうしてニーチェの後継者を自任する言葉を、彼はしばしば残しているが、以下のようにフーコーが語るとき、また彼が「形而上学」以後の新たな知や学問の形態を切り開くことに果敢に挑戦した理論家の一人であることは明白である。「まさに錯覚は形而上学の不幸である。その理由は〔…〕それが長きにわたって錯覚に憑きまとわれ、模像への恐怖から錯覚へと踏み入ってしまっていたからである」(Foucault 1994: Ⅱ 79＝一九九九：Ⅲ四〇二)。

それだけではなく、フーコーが本章の主役にふさわしいのは、時に偏執狂的とも言うべき彼の学問的情熱が、生涯にわたって変わることなく「日常的なるもの」に注がれ続けていたことにもよる。

> いずれにしても私たちはこういった瞬間の一つにいるのです。すなわち、いうなれば黙らされていて周縁的だと思われていた日常的な問題が言説の次元へと顕在的に姿を現し、すすんで人々がそれについて語るだけでなく、この言説のゲームのうちに進入し、参加までしてしまう、そういう瞬間です。狂気と理性、死と病気、刑罰、監

獄、犯罪、法、これらはすべて私たちの日常であり、私たちにとって本質的だと思われるのは、この日常的なるものなのです（Foucault 1994: III 543＝二〇〇〇：Ⅶ 一三〇）。

この日常への尽きせぬ好奇心に導かれながら彼の思索の辿っていった足跡を、「政治学の日常生活化」へ向けて歩まれた道として解釈し直していくことによって、徒手空拳の冒険に思える私たちの考察は心強い同行者を得ることになるだろう。

最後に本章の道筋を簡単に展望しておくならば、まず私たちは一九七〇年代を中心に展開されるフーコーの「権力の系譜学」を「政治学の日常生活化」へ向かう端緒として読解する作業を行う（第二節）。次に、「政治学の日常生活化」の一層の深化のために、自らの権力論が抱える内在的矛盾を突破しようとした苦闘の痕跡として、古代哲学を範とした新たな倫理的主体の模索、「生の美学（esthétique de l'existence）」をめぐる一九八〇年代の彼の思想的挑戦が紐解かれていくことになる。そこではさらに、彼の突然の死によって中断した道の終着点から、「政治学の日常生活化」のために残された課題が考察され、その先にある光景のおぼろげな輪郭が描かれることで本章は締めくくられることになるだろう（第三節）。

第二節　「権力の系譜学」と政治学の日常生活化

「これらの系譜学に賭けられているもの、それはご存知のように改めて言うまでもないですが、権力とはいかなるものか〔…〕権力とは何かという問いです」（Foucault 2001 [1996]: 28-29＝二〇〇七：一六）。この言葉通りに「権力」という事象は、とりわけ一九七〇年代を中心として、フーコーにとって生涯にわたる執拗な関心事であり続けた。ただ、彼の権力論が政治学の世界に与えた衝撃とその甚大なる影響について、ここで立ち入った考察をするつもりはない。それはすでに政治学の貴重な共有財になったと言ってよい。

本節の目的は、政治学の日常生活化という問題意識からフーコーの「権力の系譜学」を読解しなおすことである。その考察を通して、彼の権力論が、一方で日常生活における政治の遍在を暴露するのみならず、他方でその政治に関する「知」としての政治「学」の日常性をも白日の下に晒そうとする試みであることが明らかにされるだろう。加えて、にもかかわらず彼の権力論が行きあたった袋小路にも光を当てることで、政治学の日常生活化への道の途上で私たちを待ちうける陥穽についても注意を払うことができるはずである。

日常生活における政治の発見

マキャヴェッリにホッブズにマックス・ヴェーバー、政治権力についての卓越した洞察を残した巨人たちの殿堂に、フーコーもすでに名を連ねている。だが残念ながら、「規律権力」や「生政治」や「統治性」など、比類なき概念的創造力の所産に彩られた彼の権力論の全貌をここで紹介している余裕はない。また権力に政治の本質を求めることの是非についても議論の余地はあるが、ここでは日常生活における政治の発見という視角から、彼の権力概念を手短に取り扱うにとどめたい。

「事実なるものは存在せず、あるのは解釈のみである」。『権力の意志』においてニーチェがこう語ったとき、「権力」という言葉で彼が意味しようとしたのは、このような解釈の基準や価値の尺度を世界のうちに創造することのできる力と権能である。世界の背後にそれを秩序づける「形而上学」的本質などなく、存在するのは、このような生成する力の戯れとその現れとしての解釈の葛藤である。認識や真理などという伝統的な哲学的語彙も何ら特権的なものでなく、その闘争の一つの道具に過ぎない。

このニーチェ的「存在論」の継承者であるフーコーにとってもまた、権力は、あるアクターによって所有されうる物理的強制力や、自由な諸個人に外部から課される抑圧などではありえない。そうではなく権力とは、まさに上述のごとき解釈や価値を生成せしめる力、すなわち真と偽、善と悪、美と醜、また正常と異常、合理と非合理など、種々の二項対立的な諸範疇によって、歴史と社会のうちに分割や境界線、包摂／排除や同一性／差異の布置を生じさせる作用や働きのうちに姿を現す何ものかなのである。だからこそ「権力はあらゆるところに存在する。というのも、それはすべてを包摂するからではなく、あらゆるところから生じるからである」（Foucault 1976: 122＝一九八六：一二〇）。

ここで本書の趣旨との関連で明記するべきは、フーコーによれば、このような権力は、彼以前の政治理論家たちがそう考えてきたように、近代国家などの装置や制度や資本家などの支配階級によって独占的に所有されるものではないということである。むしろ、そのように考えることでは、社会の微細な領域で作動し、影響力を行使している権力のメカニズムを、私たちは把握することはできない。彼がその問題を端的に語っている箇所を一つ引用しておこう。

> フランスにおいても、権力という言葉で人々が理解しているのは、国家の存在や統治機構の機能と結びついた支配の効果なのです〔…〕。ところが権力をそのように理解すると、思うに国家の装置だけに権力が局限されてしまうのですが〔…〕権力関係というのは、その他の事象によっても存在し、また生起するのです。権力関係は、男性と女性、知をもつ者と知をもたない者、両親と子供のあいだにも存在しています。社会には、あまりに無数の権力関係が存在していて、ゆえに力の関係や小さな衝突やミクロな闘争のようなものがあるのです。（Foucault 1994: III 406＝二〇〇〇：Ⅵ五六六―五六七）。

そしてまた彼にとって、この私たちの身体にまで及ぶ細部にわたる権力関係の生成と変化のプロセスこそが、とりわけ「政治」と名づけられるべき何かであった。「政治権力は、なにも国家という大規模な制度の諸形態、私たちが国家の装置と呼ぶもののうちにだけ存在するものではないからです。権力とは、ただ一つの場所ではなく、複数の場所で機能しています。家族、性生活、精神異常者の取り扱い方、同性愛者の排除、男女関係、等々。これらの関係は、すべて政治的関係なのです」(Foucault 1994: III 473＝二〇〇〇：Ⅶ五七―五八)。では、このフーコーによる「日常生活における政治の発見」をまず最初の一里塚として、さらに足を進めることにしよう。

二つの知の日常的機能

だがフーコーの思想が示唆に富んでいるのは、ただ日常のうちに潜在する権力を可視化するための道具を提供してくれるからだけではない。よりも重要なのは――認識を支配欲と同一視するニーチェの思想を踏襲したことの当然の帰結ではあるが――「知」自体の日常世界への内在、つまりは学問という営為ですらも、日常における一つの権力作用の戯れの構成要素であることを逃れえないことを、彼が赤裸々に暴露したことである。逆に言えば、錯綜する中心なき権力関係の毛細血管からなる日常生活の外部に、その全体を一挙に認識したり批判したりすることのできるアルキメデスの点を求め続けてきたことこそ、西洋思想の壮大な錯覚だったのだ。

プラトン以来、西洋の哲学はすべて、知と権力のあいだに可能なかぎり距離を置くことを本質としてきました。それによって、哲学に知の理念性が与えられ、また他方で権力者と知者のあいだには非常に奇妙でかつ欺瞞的な分割が生じて、真理を獲得するためにあらゆる権力を放棄し、都市への参加も断念しなければならない賢者や知者という風変わりな人々が現れたのです(Foucault 1994: II 414＝一九九九：Ⅳ四一四)。

ただフーコーにおいては、この日常生活に内在して働く知には、主として二つのまったく性質を異にする機能があるように思われる。一方において、「真理を語ること」として知は、いつでも権力との共犯関係に立って、すでに社会のうちに導入されている分割や区別、境界線に「合理性」や正当性の虚構を付与するものとして作動する。いわば、

真理は排除を可能にする。それは危険なやり方で混ぜ合わされているものを分離し、内部と外部とを然るべき仕方で配分して、純粋なものと不純なもののあいだの境界線を規定することをできるようにするのだ(Foucault 2012 [2011]: 240＝二〇一四：二四六)。

狂人を異常者として排除することに加担した精神医学。軍隊、監獄、学校、工場、病院など規律権力と一体となった諸科学。無定形の人々を「人口」として生きたまま管理することに寄与した衛生学や統計学。現代における新自由主義の跋扈に一役買った経済学などが、この種の権力性を帯びた「知」の好例である。「科学的論証が、根本的には一つの儀礼に過ぎないということ。普遍的なものとして想定された認識主体が、実際には、いくつかの様相にしたがって歴史的に規定された個人に過ぎないということ」(Foucault 2005 [2003]: 344＝二〇〇六：二九五)。さらにまたフーコーの怜悧な考古学的メスは、「人間」や「個人」という観念の普遍性を基礎にして構築されてきた近代のヒューマニズムやそれを支える諸学の全体ですらも、近代社会を成立させた特異な権力関係の歴史的布置から離れて存在するわけではないことを看破している。

だが、そうして権力と共謀する以外にも、他方において「知」にはまた、そのような知と権力の相互作用によって、あたかも「自然」なものとして流通している境界線の歴史的な偶然性を暴露し、それによって、それとは異なった分割や区別の可能性を開示するという批判的機能があることを、フーコーは認めている。

知識人の仕事、私が「特定の知識人(intellectuel spécifique)」と呼ぶ者の仕事とは、いまでは私たちに慣れ親しんだものとなり、私たちにとって自明なものに見え、また私たちの知覚や態度や行動様式と一体となってしまっている思考の体系について、それがもつ束縛的な権力やその歴史的形成の偶然性を暴くことを試みることなのです(Foucault 1994: IV 638＝二〇〇二：X 一一一)。

本章との関係で重要なのは、この権力に対する理論的闘争の営為もまた、権力関係の網の目において、局所的な抵抗としてのみ遂行されうるということである。「理論とは一つの実践なのです。ただ、おっしゃるように局地的で局部的であり、全体的なものではありません〔…〕。一箇の〈理論〉とは、この闘争のための局部的システムなのです」(Foucault 1994: II 308-309＝一九九九：Ⅳ二六〇)。権力を批判するに際して、フーコーの言う「普遍的知識人」ならぬ「特定の知識人」が武器とするのは、日常生活を超越した「形而上学」ではない。むしろ彼ら／彼女らは、権力への抵抗と無数の差異化の可能性が潜在している日常生活に内在していくことで、そこに存在している境界線の偶発性を暴露し、それに揺さぶりをかけ、沈黙を強いられていた差異を言説化するのである。

こうして「政治」と同じように、フーコーによれば、「政治学」もまた日常生活において実践されるべき行為となる。では、彼の構想した権力の系譜学は、私たちが目指している「政治学の日常生活化」の山の頂きにまで辿り着いたと言えるのか。残念ながら答えは否である。それならば、どこで彼は足を滑らせることになったのだろうか。

差異の「形而上学」という陥穽

察しのよい読者であればすでにお気づきかもしれないが、フーコーの権力論は、一つの決定的矛盾を抱えている。

「私の印象によれば、権力から知へ、そして知から権力へという連接がいつでも存在しているのです〔…〕。権力の行使は絶えず知を産出し、逆に知は権力の効果を引き起こすのです」(Foucault 1994: II 752＝二〇〇〇：Ⅴ三七〇)。そしてまた、「権力のあるところに抵抗がある、そしてにもかかわらず――あるいはまさにそうであるがゆえに――抵抗は権力との関係において外に位置するものでは決してない」(Foucault 1976: 125-126＝一九八六：一二三)。知と権力の複合体に対する抵抗や闘争もまた、権力関係が織りなす諸真理のゲームの中にしか存在することはない。

だとすれば、このような疑問を誰でも素朴に抱くはずである。すなわち、では権力関係の網の目のうちで、フーコー自身のそれも含めて、あるタイプの「知」だけが、権力に対する批判や抵抗として作用していると、なぜ言いうるのだろうか。「抵抗が抵抗であるためには、それは権力と同じようなものでなければなりません」。他方で「権力関係があるところには、そこに抵抗の可能性があります。私たちは決して、権力に罠にかけられているのではありません。厳密な戦略によって一定の条件下で私たちはその支配を修正することがいつでもできます」(Foucault 1994: III 267＝二〇〇〇：Ⅵ三六〇―三六一)。

しかし、このような権力の狡知から「超越」した自由な視座が、知と権力の蜜月を前提とするフーコーの世界からいかにして生じてくるのか。むしろ、権力批判を自認する「知」すらも、自らが攻撃対象とする知と同程度には、権力によって汚されており暴力と抑圧を孕んでいる。それならば、自らの「知」と言説だけが「抵抗」や「批判」と名づけられ、他の有象無象の「意見」とは区別される「真理」、差異や他なる可能性の解放への福音である根拠は、何もないはずである(Habermas 1985: Abs. 10＝一九九九：第一〇章を参照)。

ところがフーコーの理論は、二枚の仮面を巧妙かつ恣意的に使い分けながら、膨大な量の歴史記述のうちに、この矛盾を隠蔽しているように思われる。一方で、「私が探求しているのは診断であり、現代の診断を行おうとしているのです」(Foucault 1994: I 606＝一九九九：Ⅱ四六〇)。「一九七〇年―一九七一年度から私が輪郭を描こうとしてきたのは、権力は〈いかにして〉働くのかということでした」(Foucault 2001 [1996]: 37＝二〇〇七：一六)。こうして彼は経験的研究の仮面を被って、あたかも「善悪の彼岸」に立って、権力が「いかに」作用しているか、その社会における動的機能や構造、歴史的生成を観察者のように分析・記述しているかのように装う。しかし他方で、「私にとって大切なことは、たとえそれが現実のほんの些細な一片であっても、それを変貌させることなのです」(Foucault 1994: IV 39＝二〇〇一：Ⅷ一八九)。このように、その分析や記述がそれ自体として、社会のうちにすでに引かれた境界線を動揺させ、そこに潜在する権力関係への批判やその変容、抑圧された差異の解放のための武器になるような規範的期待を彼は内心でいつも抱いているようだ。

だが、権力の歴史的生成や社会的動態を観察可能にする科学的視点も、ある理論的主張が権力に対する抵抗であることをアプリオリに保証するような規範的視点や正当化根拠も、もはや手に入らないのではなかったのか。どんな知も、すべて日常生活を構成する権力闘争の襞に過ぎず、ある言説に科学性や規範性を与え、抗争における優越を約束してくれる「形而上学」的序列はない。にもかかわらず学者という権威を身にまとい「真理を語ること」を望むならば、それは――ただの戦略的意図でないとしたら――欺瞞と詐術以外の何ものでもない。だが、このような自己懐疑にフーコーが陥らずにいられるのは、本章の見立てによれば、彼が伝統とは反対に「差異」が本質化された「形而上学」の圏内に、なおも無意識に安住しているからである。

「私は超越論的なものに対して可能なかぎり場所を残さないように、最大限に歴史化することを試みているのです」(Foucault 1994: II 348＝一九九九：Ⅳ三四八)。しかしながら、「もう一つの歴史の使い方。私たちのアイデンティティの体系的解体〔…〕。複数性がそこには住みついていて、無数の魂がそこで争っているのである」(Foucault 1994: II 15＝一九九九：Ⅳ三五)。「善悪の対立項で思考しないようにするとは、現在における善悪の対立項では思考しないようにすることです。それはつまり境界線をずらすこと、それもただ別に動かすためにずらすのでなく、それを不確かにし、揺れ動かし、脆弱なものにし、横断や浸透や通過を可能にすることなのです」(Foucault 1994: II 789＝二〇〇〇：V四二四)。こう彼が述べるとき、フーコー自身がいかに否定しようとも、ここで同一性に代わって差異が実体化され、それを認識することのできる知の主体＝系譜学者が超越的立場に祭り上げられているのは明白である。「存在とは、いつでも差異として語られるべきものだ。存在とは、差異の〈反復〉に他ならない」(Foucault 1994: II 96＝一九九九：Ⅲ四二四)。

問題は、このように差異の「形而上学」を基礎づけに理論的実践が営まれるとき、依然として政治学者が、日常生活から遊離した生を歩んだままということである。彼／彼女らが歴史や社会のうちに散らばった「事実」の断片から史料をかき集めて物語を叙述するとき、いつだってそれは権力によって強制された境界線の虚構を揺さぶり、抑圧された他者を解放へと誘うための魔法の筆となる——あたかも、その知自体は権力の産物ではないかのように。いわば理論家は、今度は同一性ではなく差異＝本質を観照できる眼をもち、日常生活という質料のうちに差異という形相をいつでも認識することができるのである。

また、「私は個人的な質問を問題にしたりしていません。個人的な質問には意味がないと言っているのです」(Foucault 1994: II 489＝二〇〇〇：V二六)。自らの日常生活へと問いが及ぶことに、フーコーがしばしば見せる神経質な嫌悪感に象徴されるように、この学問の枠組みでは、そのように語りえぬ差異を新たな偶像に安置した「形而上学」を生み出してしまう源泉である当人自身の生のあり方、日常生活それ自体が根底から疑われ、問いなおされることはありえない(3)。他なる可能性への変容が理念として掲げられながら、いつでもその目的論のうちで批判の対象となり運動を強いられるのは、彼／彼女らがそのつど任意に支配と強制、暴力と抑圧の温床と見なすところの日常生活という客体の世界なのである。こうしてフーコーの権力の系譜学は、政治学の日常生活化へ向かう道の途上で頓挫することになる。ではフーコーはいかにしてその窮地を脱しようとしたのか。いましばらくフーコーとともに歩みながら、考察を先へと進めることにしよう。

第三節　「生の美学」と政治学の日常生活化

政治学の日常生活化へ向けて、私たちが登攀しなければならない道はまだ遥かに遠い。だがフーコーがなおも私たちの道先案内人でありうるのは、先ほど自らが陥った袋小路を打開するために彼が辿った道程が、示唆に満ち溢れたものだからである。もう一度確認しておくならば、「形而上学」以後の政治学を構想するためには、ただ日常生活を研究の「対象」とするだけでは不十分であり、それを研究する私たち自身の生のあり方、日常生活それ自体が、学問が実践躬行される地盤とならなければならなかった。

ところでフーコーが自らの権力論における「形而上学」の残滓を払拭するべく進んだ方向性は、まさにこのようなものであった。すなわち彼にとって切実な課題として浮かび上がってきたのは、政治ではなく倫理、すなわち権力についての分析や批判ではなく、どのように日常生活を生きているならば、私たちは権力に対して批判的に抵抗することの可能な自由な「主体」として、「真理を語ること」を職業とするにふさわしい自己として自己を構成しうるのか、という問いであった。

区別をしなくてはいけません。第一に、実際に私は、主権をもった根拠づける主体、どこにでも遍在できる主体という普遍的形式は存在しないと考えています。私は、こうした主体の理解に対しては非常に懐疑的で強く反対します。逆に私が考えるのは、主体は従属化の諸実践を通して構成されるものであるか、あるいはより自律的な仕方としては、古代におけるように、自由や解放の諸実践を通して構成されるものであるということです

（Foucault 1994: IV 733＝二〇〇二：X二五一）。

ギリシア人やローマ人――特にギリシア人――においては、善く身を処して、自由を立派に実践するためには、自らに気を配り、自己に配慮しなければなりませんでした〔…〕。自由への配慮は、古代文化の偉大なる数世紀にわたり、本質的で恒常的な問題でした。そこには自己への配慮を軸に展開する倫理がそのままあって、それが古代の倫理に特有の形態を与えているのです（Foucault 1994: IV 712＝二〇〇二：X二二三―二二四）。

ここで古代哲学を範型にしつつフーコーが肯定的に語ろうとしている主体、それは日常生活を超越した認識主体でも、権力によって生産された「主体＝臣民」でもなく、具体的な日常生活において自由を行使しうる「主体」である。では、ひとはいかにしてそのような倫理的主体となりうるのか。ここでは、そのように自己を形成するプロセス全体が、学問や理論や哲学の生成する場所となるはずである。

この晩年におけるフーコーの転回は、私たちの歩みにまったく新たな地平を切り開いてくれる。というのもそれは、政治学という営みが遂行される世界が初めて、それを営む主体の日常生活や倫理やエートスの次元へと正しく位置づけられるようになったことを意味するからである。そこで本節の目標はまず、この晩年のフーコーにおける思想的挑戦を手がかりにしながら、政治学が日常生活化されるとすればそこで不可欠となる契機は何か、それを可能な限り詳らかにしてみることである。のみならず同時に、死によって中断した彼の思索の限界にも目を向けることで、政治学の日常生活化のために私たちに残された課題もまたここでは鮮明になっていくことだろう。

霊性的修練としての政治学

「私がギリシアについて語るのを避けているというのはその通りで、というのも私は長きにわたって思想史家を閉じ込めてきたギリシアへの擬古主義という罠に陥りたくないのです」(Foucault 1994: II 522＝二〇〇〇：Ⅴ七〇)。こうまで語っていたフーコーが、ここにきて古代世界、とりわけヘレニズム期における「霊性的修練(exercices spirituels)」という哲学の形式に目を向けるようになったのは、「形而上学」の桎梏を打破しうる新たな倫理的主体像とそれを形成するための学問の範型が、まさにそこに眠っていることに気づいたからであろう。「主体が真理に到達するために不可欠となる変容を自ら遂行するような探求、実践、経験は、これを〈霊性(Geistigkeit/spiritualité)〉と名づけることができると思います」(Foucault 2004 [2001]: 32＝二〇〇四：一九)。では、この古代の霊性的修練とはいかなるものであったのか。フーコーの発掘作業の膨大な成果をすべて網羅することはできないが、それに部分的に依拠しながら、政治学の日常生活化に必要不可欠ないくつかの条件について、ここでは箇条書き的に記していこう。

第一に、すでに登場した「自己への配慮(epimeleia heautou/cura sui/souci de soi)」という言葉が示唆している通り、この新しい政治学においては、あくまでも学問が遂行される場所は、「自己」の日常生活でなければならない。「私はどのような働きかけを私自身に対して遂行しなければならないか。真理に接近していくためには、私は自分自身に対していかなる準備をするべきで、私が実行しなければならない存在の修正とはどんなものだろうか」(Foucault 2004 [2001]: 241＝二〇〇四：二二一―二二三)。この政治学において常に私たちが向きあわなければならない問いは、このようなものである。また「ヘレニズムと古代ローマ時代における自己の文化において主体と認識の問題を立てるときには、主体は客観化可能であるかなどという問いが立てられることは決してありません」(Foucault 2004 [2001]: 390＝二〇〇四：二六二)。ここで問題となる「主体」とは、伝統的な哲学的概念や知的反省の対象などではなく、あくまでも具体的な自己と生きられた日常生活であり、それを離れたところに学問は存在しないのである。

第二に、この新たな政治学は、個々の主体の勝手気ままに行われるものではなく、それに「客観性」を与えるために、学術研究の方法論とはまったく異なった「規律」や「訓練」、自己が正しく自己でありうるための「生の技法（technê tou biou/art de vivre）」のための「修練（askêsis）」を必要とする。「どんな技法も職業的熟練も、修練なしには体得されえない。〈生の技法〉もまた、自己自身による自己自身の鍛錬として理解される〈修練〉なしには身につけることはできない。そこに、ずっと以前からピュタゴラス派もソクラテス派もキュニコス派も非常に重要な意義を与えてきた伝統的な原則の一つがある（Foucault 1994: Ⅳ 417＝二〇〇一：Ⅸ二七九）。「生の技法（Lebenskunst）によって理解されるのは、ある個人が――他者との関係を保ちながら、それでも、自分自身によって鍛錬し、また自分自身に働きかけることによって、自分でそれを実行するのですが――存在における特定の性質、特定の存在論的地位や経験の様相を手に入れるために試みる技法なのです」（Foucault 2016［2014］: 58）。

さらに付記しておくべきは、この修練はただの知や認識に関わるのみでなく――むしろそれは二義的である――とりわけ身体的・感情的実践と結びついた日常生活の全般に関わる技法であり、師や仲間や市民など他者との共同性において遂行されなければならない。

　哲学の学舎において考慮に入れられるのは、人生のあらゆる側面でした。すなわち食事、衣服、既婚にせよ未婚にせよ性的関係、情念、政治的態度、こうしたことすべてが指導における助言や指示の構成要素だったのです。実際上においてこの哲学を実践し、ある哲学の学舎に入門しようと欲する者には、このような生についての一般的規律が課せられた、というよりはむしろ提供されたのです（Foucault 2014［2012］: 312＝二〇一五：二六六―二六七）。

第三に、この新たな政治学は、そのような日常生活上における行や修練の実践を通じた自己による自己の構成、その絶えざる存在論的変貌の試みとして、一つの動態的過程として理解されるべきである。このような古代哲学の特徴をフーコーは「生の美学」と名づけている。「結局のところギリシア人が最も関心をもっていたもの、彼らにとって最大の主題は、生の美学となるような一種の道徳を構成することだったのです〔…〕。ギリシア人にとっての道徳は、個人の選択と生の美学を中心にしています。美学的な芸術制作の素材としての生（*bios*）という理念こそ、私を魅了するものです」（Foucault 1994: IV 385, 390＝二〇〇一：Ⅸ二三二、二三九）。そこで「人々は、反省や意志に基づいた実践によって、自ら行為の規則を定めるだけでなく、自己自身を変貌させ個別の存在としての自己を変容させることを試みて、自分の生を、何らかの美的価値を担いながら、何らかの様式的尺度に対応する一箇の作品へと仕上げようとするのである」（Foucault 1984: 16–17＝一九八六：一八―一九）。こうして政治学は、それ自体がこのような自己陶冶と存在論的探求のプロセスとなる。

第四に、テクストを「読むこと」や「書くこと」が政治学者の日常生活のうちで果たす役割も、この新たな学問においてはまったく異なったものとならねばならない。まずもって、自らの卑近な日常生活から地に足のつかぬ高邁な「形而上学」的視座へと学者の目線を逸脱させるような形式や内容のテクストに触れることは厳しく戒められる。「まずは読むことに関する忠告についてですが、これは古代において通用していた実践の一部です〔…〕。第一の原則は、あまりたくさんの著作や作品を読まないこと、作品を読むとしても、それほど多くの文章を読まずに、重要かつ十分だと見なされている節を選んで読むことです」（Foucault 2004 [2001]: 433＝二〇〇四：四〇三）。

では「読むこと」や「書くこと」は何のためのものなのか。それらの実践は、語られた言葉＝真理を、身体までも含めた自らの人格の全体に血肉化させるための修練の補助手段として用いられ、テクスト解釈と日常生活の不離不分の循環のうちで修行の一要素として位置づけられるとき、初めて有意味なものとなる。

読むことは非常に困難なものでした。読むことの修練は容易なものではありませんでした。私たちがやるようにただ目だけで読むわけにはいきません〔…〕。こうして読むことと書くこと、書いたことや覚え書を読みなおすことを本質とした修練は、ひとが関わろうとする真理やロゴスを体得するための、ほとんど肉体的な習練でした〔…〕。自らの思想を摑んで離さないためには、ひとはそれを書かれたものとし、自分で読まなければなりませんでした〔…〕。ですから、ひとは読んだあとに書くことによって読み返すことができ、自分自身で読み返すことによって、他人の口から聴いたり、他人の文章の中で読んだりした真実の言説を体内化することができるのです（Foucault 2004 [2001]: 438-439＝二〇〇四：四〇八）。

以上、分析的に箇条書きをしてきたが、このような日常生活上の修練の総体こそが、フーコーによれば、まさに古代において「霊性的修練」と呼ばれたものであった。「霊性という言葉で私が理解しているものは〔…〕主体がある種の存在様式に到達すること、そしてこの存在様式に到達するために主体が自己自身で遂行しなければならない変貌に関係しています。私の考えでは、古代の霊性と哲学は同じものであったか、ほとんど同一だったのです」（Foucault 1994: IV 722＝二〇〇二：X 二三七）。そして、晩年の彼の古代への探訪が私たちに教えてくれるのは、もし政治学が真の意味で日常生活化されるのであれば、それはこのような生活のうちにおける霊性的修練の一形態にまで昇華されなければならないということなのである。(4)

パレーシア、キュニコス学派、そして「生の美学」の限界

これで私たちは、ようやく長い旅路の終着地に辿り着いたと言えるだろうか。再び答えは否である。私たちはここからはフーコーを導き手にすることをやめて、彼の死によって途絶した地点から、さらに先へと手探りで歩んでいく

ことになる。そのためにまずは、フーコーの晩年の思索の限界について明らかにしておくことにしよう。ここでも躓きの石となったのは、彼の宿痾ともいうべき差異の「形而上学」である。では、古代哲学における「パレーシア＝真理を語ること（parrhēsia/dire-vrai）」の概念に対して彼が施した解釈を手がかりに、この点を究明していくことから新たな一歩を踏み出すとしよう。

フーコーが先に直面した難題はこういうものであった。たとえ大文字の真理を語る「形而上学」者でなくても、自らの言説が権力に対する批判として機能するためには、何らかの自らの言説の「真理」性が担保されなくてはならない。そのためにフーコーが辿りついた問いは、いかにして私たちは職業としての哲学者、「真理を語ること」を生業としうる倫理的主体として自己を構成しうるのか、というものであった。

> 修練（askesis）は〔…〕真理を語ること（Wahr-Sprechen/dire-vrai）が主体の存在様式になることを保証するものです。修練は、「真理を語ること」を主体の存在様式にするのです〔…〕。本質的に哲学的修練、ヘレニズムとローマ期における自己の実践という修練の意味や機能は〔…〕真実の言説の主体化を可能とするものです。この修練によって、私は自ら真実の言説を語ることができるようになり、また私自身が真実の言説を言表する主体となることができるのです〔…〕。真理を自らのものにすること、真実の言説を発話する主体となること、これが哲学的修練の核心にあるのだと思われます（Foucault 2004 [2001]: 401, 406–407＝二〇〇四：三七二、三七八―三七九）。

真実を語ることとしてのパレーシア、そしてその担い手としての哲学者。フーコーもまた、そのように現代における自らの仕事を理解しようとしたに違いない。だがそこで語られる「真理」とは何か。このような問いを立てるとき、その真理概念の背後から再び浮かび上がるのは、学問が生起する場所を日常生活や出来事の次元に移してもなお、払拭されえぬ差異の「形而上学」の残滓なのである。

「つまりはパレーシアとは、真理を語ることで自己自身と結びつくこと、それも勇気ある態度という形態で自由にそうすることなのです。パレーシアは、真理を語るという行為によって自己自身と結びつくような自由な勇気であり、あるいは危険を賭した自由な行為のうちで〈真理を語ること〉の倫理なのです」(Foucault 2009 [2008]: 93-94＝二〇一〇：八二)。それでは、なぜ「自己」について自由に真実を発話することが、それ自体において危険を孕んだものであるのか。それは何よりもその行為や言説自体が、その主体のもつ差異や個体性の発現として、そこにある優勢なアイデンティティや権力関係に対する批判として「パフォーマティヴ」に機能しうるからである。「パレーシアが生み出すものの本質は〔…〕ある状況を開き、それまで知られていなかった一群の作用を可能にするということなのです〔…〕。パレーシアは、コード化された作用を生み出すのではなく、不確定な危険を開くのです」(Foucault 2009 [2008]: 88-89＝二〇一〇：七六—七七)。このことは、パレーシアの実践としての哲学の一つの範型として、彼がヘレニズム期の哲学のうちでも、キュニコス学派の重要性と普遍性をとりわけ共感をもって強調していることから、明白になる。

〔…〕キュニコス主義は次のような問いを提出することによって、哲学的生の主題を先鋭化しました。すなわち生は、それが実際に真実の生であるためには、ラディカルかつ逆説的に異なった生でなければならないのではないか、と〔…〕。真実の生とは異なった生のことであり、そうあるべきなのではないか。これは、重要な哲学的価値とかなり長い歴史的射程をそなえた問いです(Foucault 2010 [2009]: 319-320＝二〇一二：三一〇)。

「真実の生が存在しうるのは、異なった生としてのみである。そして、この異なった生の観点からは、普通の人々の普通の生が、真実の生とはまったく別のものとして明るみに出されることになるのです。私は異なったやり方で生きる」(Foucault 2010 [2009]: 405＝二〇一二：三九六)。フーコーにとって、キュニコス学派が体現するのは、「世界を変貌させるための異なった生、闘争の生としての真実の生」(Foucault 2010 [2009]: 394＝二〇一二：三八四)、哲学者としての人生そのものであった。

こうしてパレーシアにおいて開示されるべき真理とは、いつでも差異や他者性のことであり、またその担い手となるべきは、口を開きさえすれば、それが何でも無限の複数性や多元性の声となるような「個体性」をもった超越的「主体」――とその地上における具現者としての哲学者――なのである。コレージュ・ド・フランスにおける最後の講義の草稿に残された以下の言葉は、彼が息絶えた際の途上の境涯を端的に表した哲学的遺言とも言うことができる。「しかし、最後に私が強調しておきたいのは、以下のことである。すなわち、真理が創設されるときには、必ず他者性の本質的措定があるということだ。真理とは決して同じものではない。真理は異なった世界や異なった生の形式においてしか存在しえないのだ」(Foucault 2010 [2009]: 438＝二〇一二：四二九)。

こうしてフーコーは「形而上学」以後の政治学を模索しながら、志半ばで倒れることとなった。

近代芸術、それは文化におけるキュニコス主義であり、自分自身に対して向けられた文化のキュニコス主義です。そして、近代世界、とりわけ私たちの世界においては、何かを侵犯するという危険を敢えて冒す勇気をそなえた「真理を語ること」の最高の強度を持った諸形態は、芸術のうちにのみというわけではないにしても、特に芸術のなかに凝集しているのです(Foucault 2010 [2009]: 249＝二〇一二：二三八)。

かくなる現代芸術への好意的評価が如実に表しているように、最終的に彼の模索した「生の美学」が、通俗的な意味での「美学」がもつ恣意性や主観性を免れえないのは、そのようなロマン主義以来の「個体性」の原理、さらにはその系譜に連なる差異の「形而上学」(小野一九九九を参照)から、死の瞬間まで脱することができなかったからである。「私にとって知的仕事、あなたが審美主義という形式で定義したものと結びついています――その言葉を私は自己の変貌と理解していますが〔…〕。このような自分に固有の知による自己の変貌は、美的経験に非常に近い何かだと思います」(Foucault 1994: Ⅳ 535-536＝二〇〇一：Ⅸ四三八―四三九)。このようにして、絶えざる変貌それ自体が実体化され、「差異」を発現する美的実存や生の様式が偶像化されるとき、そこからは新たな政治学の遂行主体、そこで実践される学問＝修道論、その根拠となる存在論、それらに付随するテクスト解釈の技法を地盤とする「形而上学」以後の政治学の別の始まりへの扉が開かれてくることはない。こうして、ここで私たちはフーコーと究極的に袂を分かつことになる。

「道としての政治学」序説

では政治学の日常生活化に向けて、私たちはここから何を道標に歩んでいけばよいのだろうか。ここではわずかながら、その方向性を示唆することで本章の幕引きに取りかかっていこう。そのためにまず、フーコーが残した功績に別の角度から触れておくならば、その意義は、いわば「哲学すること」それ自体が一つの霊性的修練、「道」として理解されうる可能性を私たちに示したことと言えるだろう。「古代の全体を通して〔…〕哲学の主題(私はいかにして真理に到達するか)と霊性の問い(真理に到達するために、主体の存在自体のいかなる変貌が必要になるか)は決して分けられることはありませんでした」(Foucault 2004 [2001]: 34-35＝二〇〇四：二一)。しかしながらフーコーによれば、近代社会において科学が学問の範型となり、学問と日常生活の遊離が――むしろ価値中立や客観性、学問的禁欲や寛容の美名の下に推奨されこそすれ――問題としてすら知覚されなくなるにつれて、このような霊性的修練としての哲学の契機は次第に忘却されていくことになった。

すなわち真理を語ることの実践が、科学というかたちで制度化されたことが、おそらく、哲学的問い、真理への接近の条件にかかわる問いとしての真実の生という主題が消え去ってしまった、もう一つの大きな理由だったのだろう、と。もし科学の実践、科学の制度、科学というコンセンサスへの一致が、それだけで真理への接近を保証するのに十分であるとしたら、真理を語ることの実践に必要な地盤である真実の生の問題が消滅してしまうのは当然のことです(Foucault 2010 [2009]: 306-307＝二〇一二：二九八)。

「真理の歴史の近代が始まるのは〔…〕哲学者(あるいは学者やただ真理を求める者)が、認識以外には何も要求されることなく、自分の主体としての存在において変容したり変貌したりする必要もなく、ただ自分の認識行為のみによって真理を認識し、それに到達できるようになったときなのです」(Foucault 2004 [2001]: 135＝二〇〇四：二二)。

だとすれば、近代社会に生きる私たちにとっての政治学の日常生活化のための第一歩、喫緊の課題となるのは、現代の大学を支配する「主体＝真理」観とそれに順応するための研究方法のトレーニングと「修練」によって無自覚のうちに科学者や近代的知識人として「主体化」されてしまった私たちの生それ自体を、その桎梏から解放することであろう――フーコーの遺していった概念的道具を、いま政治学研究の名で遂行されている分析や批判のための便利な理論的武器にすることはそれへの逆行でしかない。そのとき初めて、政治学を「道」として理解される可能性が開かれてくる。

だが、そこで範型とされる「哲学すること」にも限界はないのだろうか。さらにその点を考えるために、私たちはここでもう一度、冒頭の書簡を想起してみよう。そこに――プラトンの本意とは異なることは承知の上で――私たちが見いだしたのは理論的生活と実践的生活の「形而上学」的分裂、「日常生活からの逃避」という、西洋哲学を源流とする知や学問の理念に執拗につきまとう因縁の始まりであった。

哲学は、政治において何が生じるべきかについて語るべきではないのです。哲学は、政治に対して永続的で反抗的な外在性のうちに留まるべきであり、まさにそこにおいて哲学は現実的なのです〔…〕。修練としての哲学、批判としての哲学、政治に対する反抗的な外在性としての哲学。私が思うに、それこそが近代哲学の存在様態なのであり、あるいはいずれにせよ、古代哲学の存在様態でもあるのです(5)(Foucault 2009 [2008]: 444-445＝二〇一〇：四三六―四三七)。

「日常生活＝権力」から自由な反抗する主体に頑なに固執し続けたフーコーの挫折の要因が、根源的には、そうして――同一性と差異のいずれを本質措定するにせよ――日常生活に対して外在的かつ批判的に留まろうとする西洋哲学の「不幸な意識」にあるとすれば、政治学の日常生活化のためには、さらに――国家や権力によって象徴される男性的／父性的なものに対する抵抗や反抗というエディプス・コンプレックスから自らを解放することは勿論であるが――私たちはそれを起源とする知や学問のあり方そのものからも、もっと自由になる勇気をもたねばならない。

「修身斉家治国平天下」。「身を修めること」と「天下を平らかにすること」の根源的統一。ここで東洋の伝統的学問の一つである儒教の古典『大学』の一節を唐突に掲げたのは、偶然ではなく、フーコー自身が残した以下のような発言による。「西洋における哲学者の太古から機能の一つ〔…〕西洋における哲学者の主たる役割は、権力の過剰や行き過ぎが脅威となる危険が生じるごとに、それに対して限界を画することでした」。この「哲学」という学問の理念は、西洋における知や学問に科学性や規範性、分析や批判という特性を付与するのには成功した。だがそれは、すでに述べたように同時に――とりわけ霊性的修練を不可欠とする宗教から哲学や学問が切り離された近代において――

知識人や学者を自らの生や日常生活という土壌から遊離した、顔のない根無し草にするという高すぎる代償を伴っていた。

これが重要な点なのですが、とりわけ中国や日本のような東洋でかつてそうであったのとは違って、西洋においては長きにわたって、社会の全体における政治的実践や道徳的実践と一体になったような哲学というのは、存在してこなかったのです。儒教に当たるもの、つまりは世界について反省しながらそれを根拠づけるだけでなく、同時に国家の構造や社会的関係や個人の行為の形式を規定する、しかもそれを歴史の現実のうちで実際に規定するような思想の形式を、西洋は決して知りませんでした。どれほどアリストテレスの哲学が中世において重要であったにしても、東洋において孔子が果たしたような役割をアリストテレスが演じることはなかったのです(Foucault 1994: III 536–538＝二〇〇〇：Ⅶ 一二四―一二六)。

たとえば朱子学における「静坐」の実修、陽明学における「知行合一」や「事上磨錬」。あるいは我が国の儒者、伊藤仁斎が提唱した「人倫日用」の学という理念や『論語』にまつわる独自の「解釈学」。「卑《ひく》きときは則ち自《おのず》から実《じつ》なり。高きときは則ち必ず虚《きよ》なり。故に学問は卑近を厭《いと》うこと無し。卑近を忽《ゆるがせ》にする者は、道を識《し》る者に非ず」(伊藤一九七〇［一七〇七］：四六、原文の旧漢字は改めた)。この仁斎の言葉をはじめ、儒教の思想的伝統のうちには、「形而上学」批判から政治学の日常生活化へという、私たちの歩んできた道に示唆を与える豊饒な財産が、まだ眠っているように思われる。

またフーコーが仏教、とりわけその中でも禅に大変な興味をもっていたこともよく知られている。来日した折の一人の禅僧との対話において、フーコーは以下のような言葉を残している。

私は仏教の哲学にとても関心をもっていますが、この度うかがったのはそのためではありません。今回の滞在で最も興味をもっているのは、禅堂での実践、修行、規矩、つまり禅堂での生活それ自体なのです。というのは、禅堂における修行や実践を通して、私たち西洋のそれとはまったく異なった精神性が形成されるのではないかと考えるからです〔…〕。本当にわずかばかりの坐禅の体験ですから、明確なことは何ひとつ言えません。それでも坐禅における身体の姿勢、身体の正しい姿勢のあり方を通して何か感じえたことがあるとすれば、そこに心と身体、あるいはまた身体と外的世界との新しい関係があるのではないかということです（Foucault 1994: III 618, 621＝二〇〇〇：Ⅶ二二〇、二二四）。

この邂逅が束の間の投宿に終わったことが悔やまれるのは、もし歴代の祖師のようにフーコーが諸縁を放棄して、一念発起、そこで大悟徹底するまで修行をしていったなら、彼の学問はまったく異なったものとなり、そこに現代の新たな公案が残されたはずだからである。残念ながら、その機縁を逸したフーコーが、なおも途上の精神的風景から偶像化した思想家や文学者や芸術家、狂人や異常者には、近代社会のならず者として審美化された虚構の聖性があるだけで、達磨や寒山拾得、一休宗純のような禅匠の宗教的風光はない。

ただいずれにしても、こうして哲学やキリスト教のみならず、非西洋世界における「道」としての学問の伝統のうちに、私たちは政治学の日常生活化へのさらなる手がかりとなる古人の行履を発見することができるかもしれない。(6)
そして、そうして「道としての政治学」を探求することが、以下のような問題意識を抱きながら、その先の風景を見ることなく病魔に倒れたフーコーの歩みを、真の意味で批判的継承することになるはずである。

実際に西洋思想は、いま転機にさしかかっています。この転機は、歴史的には帝国主義の終焉と別ものではありません。西洋思想の危機と帝国主義の終わりは同じなのです〔…〕。時代を画する哲学者など一人もおりません。というのも、いまや西洋哲学の時代は終わったのですから。なので、もし来たるべき哲学があるとすれば、それはヨーロッパ以外で誕生するか、あるいはヨーロッパと非ヨーロッパとの出会いと衝撃から生まれてくるに違いありません(Foucault 1994: III 622＝二〇〇〇：Ⅶ 二二六)。

かくして政治学の日常生活化、それは、ある政治学者が反体制的なデモに参加し、国会前で拡声器を片手に前衛を気取ることではない。それはただ政治学者が、「市民」という自分が拵《こしら》えた偶像に自ら帰依する熱狂に陶酔しているだけのことである。しかし、それはまた、ある政治学者が自らの筆の無力に絶望し象牙の塔を捨てて、選挙に出馬したり、政治家にブレーンとして影響を与えようとすることでもない。それはただ政治学者が、それにふさわしい熟練と判断力を欠いたまま無謀にも政治家になろうとしただけのことである。これらはすべて、理論と実践の「形而上学」的分裂についての根源的反省を欠いたまま、無邪気にも前者を後者に媒介し、両者を架橋しようとする「シュラクサイの誘惑」に屈した学者たちによって繰り返し演じられる喜劇――ないし悲劇――の一場面に過ぎない。

そうではなく政治学の日常生活化、それは政治学が、哲学や科学など西洋世界の伝統までをも綜合する仕方で、日常生活において歩まれる「道」という学問的形式にまで再び昇華されることなのだ。だが私たちはまだ、そこへ至る道程の始まりに立ったに過ぎない――そして、それが既存の「大学」教育や「研究者」養成の範疇に収まるものかもわからない。だがさしあたり、かくなる学問の理念のために生涯を賭した我が国の一人の哲学者の言葉に、新たな政治学の誕生への期待を添えて、ここで筆をおくことにしたい。

我々の最も平凡な日常の生活が何であるかを最も深く摑むことに依つて最も深い哲学が生れるのである（西田二〇〇四：三四五）。

注

（1）ただし本章は、政治学者の「存在拘束性」に注目して、政治学者自身を観察の対象とするようなメタレベルの知識社会学的考察や学説史の必要性を主張するものではない。そのような研究は、研究を遂行する当人にとって赤の他人である政治学者たちの日常生活を「対象」として外から整理しようとする好奇心の所産に過ぎない。

（2）もしこのような問いが無意味だという人がいるならば、お聞きしよう。「学者」という権威ある衣を身にまとい、自らの言葉に学問性という装いを与えて、他の日常人ならば決して行うことのできない講義やゼミにおける学生や大学院生の指導や教育、論文や学術書という形式における出版、講演や審議会やメディアなどにおける啓蒙活動からなる特権的な日常生活を、あなたが享受することのできている究極的根拠は何か。

（3）フーコーの理論全体は、最初から最後まで、彼自身の生の体験、日常生活における疎外された意識によって規定されているように思われる。「個人的な生活においても、わたしは性に目覚めた頃から、社会から排除されているという感覚を持ちつづけてきました。捨てられているというのではないのですが、社会の影の部分に属していると感じてきたのです。自分がそういう存在だということを発見してみると、これは何とも衝撃的なことでした。この衝撃はたちまちに、いわば精神医学に関わる危惧に変わったのです。おまえはほかの人とは違っている。ということは、おまえは異常者なのだ」（フーコー二〇〇八：一一）。後に述べるように、そこからまた、自己の「個体性」や「差異」の形而上学に対する彼の執着、また自身がそこに安住していることへの無自覚が生じてくるのだ。

（4）このような学問の理念に対して疑念を抱く読者に語っておこう。「日常生活と政治」という表題が要求する事柄を突きつめるのであれば、必ず学人はこの狭い門を通らねばならないのだ。その意味で本章は方法論的多元主義に与するものではない。すべての政治学者がこのような一なる道の途上にあることが自覚されて、はじめて政治学の種々のヴァリエーションの存在意義が生じてくるのだ。いかなる霊性的修練も欠いたまま、自らの日常生活から偶然に培っただけの世界観を、理論や学問の名の下に観念の力で実体化し、科学性や規範性で粉飾した言説として世間に流布させる。そのような詐術を欲しないのであれば、この日常生活に根ざした学問の理念の根源性を、誰しもが等しく承認しなければならない——たとえそれが今まで培ってきた自らの「業績」を一度は徹底的に放下することにつながろうとも。

（5）ここで「近代哲学」という言葉が登場していることからわかるように、繰り返し「現在」における私たちのあり方を問いなおす「批判」というエートスを普遍的に形式化したことこそ、フーコーによれば「啓蒙」の最良の財産であり、それをパレーシアの新たな定式化、近代の肯定的側面として、彼は高く評価している。

（6）　キリスト教における告白の制度を「お前は何ものか」を一義的に同定し「主体＝臣民」をある区画へと閉じこめる近代の監視社会の先駆けと解釈し、修道院生活の規則やキリスト教的司牧を、個人に自発的服従を強いる規律権力の歴史的起源と考えるフーコーの歴史記述において、いつでもキリスト教の霊性的修練は蛇蝎のごとく忌み嫌われている。以下のように、それは束縛でがんじがらめとなった近代社会の暗黒の遠因であり、古代哲学の霊性的修練からの逸脱態でしかないのだ。「要するに、たとえ告白（exagoreu-sis）というものが絶えざる自己自身の吟味へとひとを仕向けるものであるとしても、それは決して自らに固有の主権性をもって自己自身を確立することができるようになるためのものでも、自らのアイデンティティにおいて自己自身を認識するためのものでもないのだ〔…〕。この純粋さは、それは自己自身の回復や主体の解放として理解されるべきではないのだ。それは反対に、自らの意志の全体の決定的な放棄、つまりは自分自身として存在しないこと、自己自身にいかなる執着もしないあり方なのである。キリスト教における霊性的修練の本質的矛盾。それは自己自身の確証が、根源的に自己の断念と結びついているということである〔…〕。そしてそこでは、自己の真理についての探求は、ある種の自己自身の死でなければならないのである」（Foucault 2018: 144-145）。だがこの自己放棄を強いる修行へのフーコーの執拗な嫌悪感が、自己の「個体性」への彼の妄執から生じているとすれば、そこからキリスト教と非キリスト教のあいだに彼が強引に引いた境界線を問いなおし、キリスト教における霊性的修練の意義を、それに相応しい境地からもう一度評価しなおす必要がある。

参考文献

Foucault, Michel（1976）*La volonté de savoir (Histoire de la sexualité 1)*, Éditions Gallimard（渡辺守章訳『知への意志（性の歴史Ⅰ）』新潮社、一九八六年）.

Foucault, Michel（1984）*L'usage des plaisirs (Histoire de la sexualité 2)*, Éditions Gallimard（田村俶訳『快楽の活用（性の歴史Ⅱ）』新潮社、一九八六年）.

Foucault, Michel（1994）*Dits et écrits 1954-1988: I-IV*, Éditions Gallimard（蓮實重彦・渡辺守章監修『ミシェル・フーコー思考集成Ⅰ—Ⅹ』筑摩書房、一九九八—二〇〇二年）.

Foucault, Michel（2001［1996］）*In Verteidigung der Gesellschaft: Vorlesungen am Collège de France 1975/76*, Suhrkamp（石田英敬訳『「社会は防衛しなければならない」講義（ミシェル・フーコー講義集成6）』筑摩書房、二〇〇七年）.

Foucault, Michel（2004［2001］）*Hermeneutik des Subjekts: Vorlesungen am Collège de France 1981/82*, Suhrkamp（廣瀬浩司・原和之訳『「主体の解釈学」講義（ミシェル・フーコー講義集成11）』筑摩書房、二〇〇四年）.

Foucault, Michel（2005［2003］）*Die Macht der Psychiatrie: Vorlesungen am Collège de France 1973/74*, Suhrkamp（慎改康之訳『「精神医学の権力」講義（ミシェル・フーコー講義集成4）』筑摩書房、二〇〇六年）.

Foucault, Michel（2009［2008］）*Die Regierung des Selbst und der anderen: Vorlesungen am Collège de France 1982/83*, Suhrkamp

（阿部崇訳『「自己と他者の統治」講義（ミシェル・フーコー講義集成12）』筑摩書房、二〇一〇年）.

Foucault, Michel (2010 [2009]) *Der Mut zur Wahrheit: Vorlesungen am Collège de France 1983/84*, Suhrkamp（慎改康之訳『「真理の勇気」講義（ミシェル・フーコー講義集成13）』筑摩書房、二〇一二年）.

Foucault, Michel (2012 [2011]) *Über den Willen zum Wissen: Vorlesungen am Collège de France 1970/71*, Suhrkamp（慎改康之訳『「知への意志」講義（ミシェル・フーコー講義集成1）』筑摩書房、二〇一四年）.

Foucault, Michel (2014 [2012]) *Die Regierung der Lebenden: Vorlesungen am Collège de France 1979/80*, Suhrkamp（廣瀬浩司訳『「生者たちの統治」講義（ミシェル・フーコー講義集成9）』筑摩書房、二〇一五年）.

Foucault, Michel (2016 [2014]) *Subjektivität und Wahrheit: Vorlesungen am Collège de France 1980/81*, Suhrkamp.

Foucault, Michel (2018) *Les aveux de la chair (Histoire de la sexualité 4)*, Éditions Gallimard.

フーコー、ミシェル（二〇〇八）『わたしは花火師です――フーコーは語る』中山元訳、筑摩書房。

Habermas, Jürgen (1985) *Der philosophische Diskurs der Moderne*, Suhrkamp（三島憲一ほか訳『近代の哲学的ディスクルス』Ⅰ・Ⅱ、岩波書店、一九九九年）.

伊藤仁斎（一九七〇［一七〇七］）『童子問』清水茂校注、岩波書店。

Nietzsche, Friedrich (1997 [1888]) "Ecce homo: Wie man wird, was man ist," in *Werke in drei Bänden: Zweiter Band*, Wissenschaftliche Buchgesellschaft（川原栄峰訳「この人を見よ」『この人を見よ・自伝集　ニーチェ全集一五』筑摩書房、一九九四年）.

西田幾多郎（二〇〇四）「歴史的身体」『西田幾多郎全集　新版　第一二巻』岩波書店、三四三―三六七頁。

小野紀明（一九八八）『精神史としての政治思想史――近代的政治思想成立の認識論的基礎』行人社。

小野紀明（一九九六）『二〇世紀の政治思想』岩波書店。

小野紀明（一九九九）『美と政治――ロマン主義からポストモダニズムへ』岩波書店。

プラトン（一九七五）「第七書簡」水野有庸・長坂公一訳『プラトン全集　第一四巻』岩波書店、一〇六―一七一頁。

第10章　〝非日常〟としての政治を日常的に作ること
――ありふれた実践はいかにして権力と政治のリアリティを構成するか――

西山真司

第一節　政治(学)にとって日常とは何か

本章の目的

論理的に考えれば、「日常」という言葉の裏には「非日常」というものが存在するはずである。非日常的な事柄としては、たとえば幽霊を目撃したり、天変地異があったり、普段は静かな街中でお祭り騒ぎがあったりといったことが挙げられるかもしれない。しかしこうした突発的な非日常以外にも、およそその全貌が摑めず、自分にとっては疎遠なもので、近寄りがたいという意味での非日常も存在する。政治とは、そのような非日常の典型であるというのが通常の感覚だろう。

けれども、本章で主張しようとするのは、それとは正反対のこと、つまり「日常生活以外のところに政治は存在しない」ということである。政治は日常生活から切り離されていて、無垢な私たちからは遠いどこかで起きている、汚くて崇高で恐ろしいもの(cf. Hay 2007＝二〇一二)。本章では、政治についてのこんなイメージに挑戦しよう。そして、政治がほかならぬ私たちの日常において、日常として、現象しているのだということを主張しようと思う。こうした主張を通じて、これまでの政治学が十分な注意を払ってこなかった政治の見方、新しい研究領域を提示することが、本章の目的である。

ただしあらかじめ断っておけば、ここで言おうとしていることは、国家や政治システムに回収されない、人びとの草の根の／顔の見える／自発的な／血の通った／関係こそが、〝本来の（あるべき）政治〟が息づく場所なのだという話ではない。同様に、市民の日常的な感覚への回帰から国家を中心とした政治を改良するためのあらたな希望を見出そうというものでもないし（cf.神島一九八二）、〝大文字の政治〟に回収されない〝小文字の政治〟を発見しようとするものでもない。むしろ、ここでの眼目は、人びとの日常的な関係性の中において、国家や政治システムといったものの存立基盤も作られるということを示すことである。よって本章においては、日常生活とは市民社会などの領域を指すものではなく、人びとの日常的な実践のことであると広く捉えておきたい。私たちのありふれた日々の実践は、私たち自身があたりまえのものだと考えている日常生活であるのと同時に、政治の世界を構成する作用でもありうる。

では、日常生活の中でいかにして政治の世界が作られるのだろうか。そして、そのように認識するとして、政治学にとってどのような変化がもたらされるのだろうか。以下ではこれらの問いに答えていくことにしたい。

領域ないし実践としての日常生活

「人びとの日常生活こそが政治である」という認識は、政治の世界についての新しい見方を提供する。しかしこのことは、「国家」「議会」「制度」……等々のこれまでの政治学にとっての基礎概念ないし研究対象を放棄するという意味ではない。たしかに「国家」や「議会」や「制度」といったものは、日常生活の対極にあると想定されるものの典型例だろう。これらの概念とはまったく異なる概念体系によって政治学を構想するのであれば、それは「新しい政治学」の名に値するかもしれない（ちなみに、一九五〇年代から六〇年代の行動論政治学が行ったことがまさにこれである）。だが、人びとのありふれた実践としての日常生活から政治を捉え返すことは、さしあたりどのように政治の世界を見るのかを変えるのであって、何を政治の世界と見なすのかを変えるわけではない。

何を政治の世界と見なすのかが変化するならば、たとえば「国家」ではなく「市民社会」や「結社」や「家庭」に政治の世界を発見するという話になる。これはたとえば、「個人的なことは政治的である」というフェミニズムのスローガンが表現するように、これまで厳格な公私二分論の中で非政治的であると見なされてきた社会領域(家庭)に存在する家父長制支配を暴き出したり[1]、またE・オストロムの共有資源論のように、非国家的に作られる秩序のあり方を発見したりするといった行き方である[2]。いずれにせよ、何を政治と見なすのかが変化するということは、これまで限定されてきた政治の世界を拡大することになる。それは規範的な意義をもつ場合もあれば、国家などの固有の政治領域とされるものの特権性を相対化する意義をもつこともあるだろう。

他方で、どのように政治の世界を見るかが変化するということは、政治固有の領域を拡大するのでも相対化するのでもなく、政治学者もそうでない人も含め、人びとが政治的であると考えているものに対する向き合い方を変える。一般的に政治学者は、観察対象として政治の世界が実在していることを、研究に着手する前に疑ったりはしない。同様に、(とりわけ比較的政情の安定した先進諸国に暮らす)市井の人びとは、いかに自分から遠い存在だと思っていたとしても、「国家」の実在を疑うことは普通ないだろう。しかし、法治国家や秩序が実在し、国家には秩序を維持し集合的決定を産出するだけの権力があって、自分以外の人びとも秩序と決定を遵守して生活している、といういわゆる〝政治システム〟の実在(リアリティ)に対する想定を、なぜ科学的研究や私たちの行為の前提に置くことができるのだろうか。たとえば「国家」をその目で見たことがある人などいないわけで、本当は政治システムなど実在しないと疑っても良いのではないだろうか。このようなことを言うと、「国家」はモノのように存在しているわけではなく、統治機構全般を指す抽象的な概念だ、と返されるかもしれない。たしかにそれはそうかもしれないが、ではなぜ、そしていかにして、私たちはそんな抽象的な概念をあたりまえのものとして受け入れ、疑うこともなく政治を研究したり、政治的に行為したりできるのかについて答えたことにはならないだろう。ここで提案していることは、人びとの日常的な実践から政治の世界を見てみることによって、政治の世界が実在しているという前提をあたりまえのものとして素通りせずに、そもそもそれがいかにしてあたりまえとしての地位を達成しているのかということを立ち止まって考えるということである（Zimmerman and Pollner 1970）。そうすることによって、政治の世界に対する私たちの向き合い方を変えてみたいと思う。

「政治」に「日常生活」を対置することは、日常生活を起点として政治に対するこれまでの見方を変えようとするものであることに疑いはない。ただしその方向性は、日常生活というものを社会領域の一つとして捉えるか、それとも社会生活におけるありふれた実践と捉えるかによって変わってくる。前者の場合、日常生活という場において政治を発見することによって、国家などのコアな政治の場と日常生活との関係が問い直されることになるだろう。批判理論の系譜などは、まさにこれにあたる（cf. Habermas 1990＝一九九四）。他方で後者の場合、人びとのありふれた実践において、どのようにして政治の世界の実在が当然視されるのかを見ていくことになる。これは、現象学やエスノメソドロジーのやり方である。本章は、この後者の立場にたって、日常生活と政治の領域的な区別を出発点とするというより、その区別そのものについて考えていこう。

二つの区別から――「市民社会と国家」「信頼と権力」

さて、以下での考察の手がかりとして、「日常生活と政治」という区別に対応する既存の二つの区別を挙げておきたい。一つが「市民社会と国家」であり、もう一つが「信頼と権力」である。前項の例に従えば、市民社会と国家は領域的な区別の仕方であり、信頼と権力は人びとの実践のあり方に関わる区別だと言ってもいいだろう。もちろんこれらの区別は交差するものでもある。

一方の日常生活／市民社会／信頼には、人称的で自発的で平和で無垢といったような望ましいイメージが結びつけられることが多いのに対して、他方の政治／国家／権力には、非人称的で冷酷で恐ろしいといったようなネガティブなイメージが想起されがちである。すでに述べたことと重複するが、本章では日常生活や市民社会における人びとの実践が政治や国家のリアリティを構成しており、なおかつ権力の作用基盤そのものであることを理論的に示すことで、日常生活／市民社会／信頼と、政治／国家／権力という区別そのものを攪乱することを目指している。攪乱する、と述べたが、それはポストモダン的な(?)知的作法のことを言っているわけではなくて、そもそも「日常生活／政治」「市民社会／国家」「信頼／権力」という区別の分析ないし記述の最初から、そうした区別がリアルなものとして作られる作用に先立って、所与で固定的なものとされてしまうことに対する異議申し立てをしたいということである。というのも、一度こうした区別そのものの所与性を括弧に入れれば、私たちが生きているこの社会において政治がもつ意味について、より深く考えるためのきっかけが得られるからである。私たちが生きるこの社会において政治がどのような地位を占めているのかという観点を踏まえつつ、オーソドックスな政治学上の問いを見てみること。それによって、問題を違った角度から捉えることができるかもしれない。

本章は、つぎのような段階を経て進む。第二節では、政治学における信頼論の系譜を簡単にたどりつつ、信頼と権力がどのような関係にあるのかについて整理する。ここでは主にN・ルーマンの理論に依拠しつつ、信頼と権力が相補的に政治の「ありそうになさ」を「ありそうなこと」へと変換する理路が論じられる。それを受けて第三節では、第一線公務員と市民との相互行為場面におけるラベリングの実践と規則の適用を一つの題材として、権力の受容と政治のリアリティの構成がどのようにおこなわれるのかについての概略を示す。最後の結論では、本章の議論が政治学にどのような変化をもたらすかについて述べる。

第二節　信頼論からの示唆

日常的な実践としての信頼

政治学の議論動向の中でも、とりわけ日常生活から政治を考えるというテーマが鮮明に表れているものの一つは、政治文化論および信頼論(ソーシャル・キャピタル論)だろう。これらはいわゆる典型的な政治の世界の外部に広がる日常世界に属するとされる事柄、たとえば人びとがどの程度ボランティア活動をしているか、新聞の購読率はどの程度か、家庭生活はどうなっているのか、そもそも普通の人びとは政治についてどう思っているのか、といった切り口から政治の世界を捉え返そうとするものだからだ。

一例を挙げれば、政治文化論の代表的な著作である、G・アーモンドとS・ヴァーバによる『市民文化(*The Civic Culture*)』(Almond and Verba 1963＝一九七四)は、アメリカ、イギリス、西ドイツ、メキシコ、イタリアという五カ国の政治システムの違いを「政治文化」という概念を介して説明しようとした。ここでの政治文化とは、「政治システム一般、そのインプットとアウトプットの側面、そして政治的行為者としての自我に対する、認知的・感情的(affective)・評価的な諸志向の異なる種類の頻度分布になる」(Almond and Verba 1963: 17＝一九七四：一五、訳文は引用者による)として定義される。この記述自体は一読するだけでは理解困難だが、かなり平たく言ってしまえば、政治文化とは人びとが政治システムとそこで生きる自分(たち)に対してもっている認識の集積だということである。(3) これは、それ以前の政治学がほとんど視野に収めてこなかった人びとの態度や日常的な社会関係においてこそ、政治のリアルなあり方が表れているのではないかという発想に裏打ちされた研究であった。

他方で、アーモンドらによる『市民文化』刊行から三〇年後のR・パットナムの『民主主義を機能させる(*Making*

Democracy Work)』(Putnam 1993＝二〇〇一)は、政治学における信頼論を代表するものである。同書は、一九七〇年にイタリアに導入された州政府制度の各州におけるパフォーマンスの差異を、市民が社会においてどのようなネットワークを形成しているかという点から説明するものである。この市民のネットワークとは、「あの人が信頼している人であれば、自分も信頼できる」というかたちで人びとが相互に信頼しあう関係性のことであり、裏切りへの誘因を低減させることで人びとを公共財の創出・維持に動機づけるような互酬性の規範から成り立っている(Putnam 1993: 177＝二〇〇一:二二〇)。パットナムはそれを、社会学者であるJ・コールマンから援用したソーシャル・キャピタルという概念を使って表現した。パットナムの研究は、実質的にはかつての政治文化論を乗り越えようとする試みであったけれど、公的な政治のあり方を人びとがお互いに築いている関係性から説明するという点では、政治文化論と同様に「日常生活から政治を考える」という主題をもっている。

日常生活と政治はしばしば対置され、政治は非日常的なものであり、日常的なものは非政治的なもの(よく言えば政治には無関係なもの)だと考えられがちである。また政治学も、政治の世界の外側にあるとされる日常的な事柄をうまく掬い上げることができずにいた。これに対して、かつての政治文化論や信頼論は、それぞれに理論的な工夫を凝らすことで、日常生活には政治をある程度規定するだけのポテンシャルがあることを実証するものであったと言うことができる。しかしながら、政治文化論も信頼論も、一方では日常生活と政治を結びつける手がかりを示すものではありつつ、他方では政治学者に難問を突きつけるものでもあった。その難問とはつまり、日常生活が政治と結びついているとして、問題はいかにしてその両者が関連しているか、ということである。

市民社会と国家という区別

日常生活と政治がいかにして関連しているかという問いに対して、パットナム以降の信頼論ないしソーシャル・キャピタル論が採用したアプローチは、市民社会／国家という領域的な区別を前提としたものであった。パットナムの議論は市民社会が国家（政府）の質を決めるという発想であったが、パットナムに対して向けられた最大の批判は、彼の説明には国家が不在であるというところにあり（Herreros 2004: 72）、実際にその後の信頼論は市民社会／国家という図式をベースに展開された。

けれども、信頼論における市民社会／国家という領域的な区別は、同時に二つの前提を強固なものとした。日常的な事柄は政治を司る国家とは区別された市民社会に属するもので、それがある種のロジックで国家にも影響を与えている、というのがその一つだ。この「ある種のロジック」がどのようなものであれ、以上のような前提のもとでは、市民社会と国家にそれぞれ割り振られた日常生活と政治は、はじめから性質の異なるものとして位置づけられていることになる。たとえばパットナムが用意していたロジックでは、ソーシャル・キャピタルは人びとのあいだに互恵的な紐帯を広げ、さまざまな自発的結社を市民社会に生み出すことで、国家による統治の質を改善するとされる。この場合、人びとの日常生活そのものではなく、日常生活と国家の中間にあるもの（自発的結社など）が政治的機能も果たすと想定されるわけである。市民社会から国家へと市民の活動が〝越境〟し、そして私たちの政治システムは民主主義的に改良される――この想定は、たしかに共和主義的な理想と共鳴する。だが、市民社会における信頼が、どのようなメカニズムで民主主義の質を改善するのかという点については、「まだまったくと言ってよいほど解明されていない」（Uslaner and Dekker 2001: 184）。市民社会における〝ミクロ〟な活動が、国家の統治パフォーマンスという〝マクロ〟な現象を規定するロジックは、「塵も積もれば山となる」「風が吹けば桶屋が儲かる」式に答えるにはあまりに複雑である。

そして、市民社会／国家という領域的な区別には、もう一つの前提が含意されている。市民社会という領域は、たしかに国家という領域よりも日常的な空間かもしれないが、実際には〝非政治化された政治空間〟でしかない。つまり、信頼ないしソーシャル・キャピタルが位置する市民社会は、そこから人びとの日常生活で生起する些細な事柄の多くがふるい落とされ、濃淡はあるにせよなんらかの政治的な志向をもった集合行為が発生する場として位置づけられる(4)。この場合、市民社会は政治的な政治領域である国家ほど政治化されてはいないにせよ、それでもやはり政治システム内にあるフィールドであることに変わりはない。たしかに信頼論が政治学において日常生活という局面を掬い上げたことの意義は看過されるべきではないが、それを掬い上げた際に、日常生活はすでに「政治的に有意なものである」という色付けをされてしまった。同時に、人びとが普段日常生活において何をおこなっているのか、ということへの関心は後景に退いた。

こうして、信頼論ないしソーシャル・キャピタル論は、市民社会／国家という領域的な区別によって日常生活と政治の関係を考えたのであるが、それによって日常生活と政治を領域的に分断することの困難も浮かび上がらせた。すなわち、①日常生活に属する個々のミクロな活動が、どのようにしてマクロな政治とリンクするのかについてのロジックが用意できないことであり、さらに、②国家と対になった市民社会という領域は、人びとにとっての「日常生活」のほとんどの局面を包含していないこと、である。これに対して本章では、日常生活／政治の区別が人びとの社会的行為を通じて実践的に作られるものだという観点から、信頼論を別の角度で検討してみたい。

信頼と権力という区別

信頼論をベースに日常生活と政治の関係を考える際の、もう一つの可能性は、政治権力が人びとの信頼を基盤として作用するという前提を置いてみることである。この発想自体は社会学由来であり、古典的なM・ウェーバーの支配論にも見られるが、理論的に体系化したのはT・パーソンズやN・ルーマンである。しかしながら、信頼と権力を結びつける発想は、政治学における信頼論にはあまり浸透してこなかったように思う。それはおそらく、とりわけ二〇〇〇年代以降の信頼論（ソーシャル・キャピタル論）が注目された理由が、公共政策上の観点からだったということがあるだろう。つまり、信頼やソーシャル・キャピタルは、政府による権力などの既存の秩序形成原理とは別の、しかも権力に拠らないからこそ望ましい秩序形成原理だとされたということである。信頼を核にした人びとの自生的秩序形成が、政府による規制・介入よりも望ましいガヴァナンスを生むのだ、と。こうした規範的な〝望ましさ〟から信頼が語られる場合、信頼と権力の接点を考えるという方向には――本来は矛盾しないにもかかわらず――行き着きにくい。

しかしながら、「信頼が政治を作る」というロジックを、市民社会／国家という領域的・空間的なメタファーに頼らずに考えるならば、信頼と権力の複合というアイデアを試してみなければならないだろう。なぜならば、政治を領域的にではなく、その作動原理という点から捉えれば、権力というのが一つの有力な候補になるからである。よって、信頼が政治に影響するとすれば、それは信頼が権力のあり方と結びついているからだということになる。こう考えた場合、日常生活と政治の関係というのは、つぎのように置き換えることができる。すなわち、日常生活における個人のさまざまな行為には、他者や制度への信頼が含まれており、そうした信頼の中には政治の作動としての権力に結びついたものもあるということ。そして、このような信頼と権力の複合というのは、人びとの実践の中で生起し、しかもそれ自体が政治の実在性（リアリティ）そのものであるということ。

第三節以下では、日常生活と政治が区別として成立する実践を、ラベリング理論を元にした第一線公務員論との関係で見ていくことにしたい。けれどもそこに進む前に、なぜ政治の作動原理を権力であると考えるのか、そして、そこに信頼がどのようなかたちで関係しているのかを手短に整理しておきたい。

政治の「ありそうになさ」と権力の作用

政治とはさまざまな制度を通じて集合的に拘束的な決定を生み出し、それを実施する過程全体のことを指す。おおよそ政治の機能的な定義として、この発想は政治学者に広く支持されているのではないだろうか。しかし、よくよく考えてみると、そのような政治が成立している(と少なくとも私たち自身がそう思えている)という事態は、きわめて「ありそうにない」ことである。個々人にはさまざまな選好やその人にとっての善があり、それらが自然的に調和するということはほとんど期待できないにもかかわらず、この社会においては実質的に非常に多くの決定がなされており、しかもたいていの人はたいていの場合においてそうした集合的決定に従っている(ように見える)。

このような政治過程のサイクルについては、たとえば政党や利益集団などの中間団体や、マスメディア等を通じて個々人の利益が形成、集約、表出され、さまざまな手続きおよび制度によって決定の正統性が担保され、重層的な行政組織が決定の履行を目指す、といったかたちで説明がされる。だが、そもそもこの政治過程のサイクル自体が偶発的なものでしかないはずで、では政治がこのような過度に複雑な環境においてそれでも集合的決定を作成・実施することができているのはいかにしてなのか、と問うたのがルーマンである(Luhmann 1975b＝二〇〇三、Luhmann 2000＝二〇一三)。ルーマンは、政治の過程における「ありそうにない」ことを蓋然的にありそうなことへと変換する機制の一つとして、(政治)権力というものを考えたのであった(5)。

この場合の権力とは、貨幣や愛や真理とのアナロジーによって捉えられるもので、「自らの意志を貫徹するために他者に何かを思いとどまらせる」という抑止的な力のことではなく、本来であれば蓋然的に結びつかない行為と行為を接続していくためのメディアである(Luhmann 1975a＝一九八六)。その意味では、権力の存在は人びとの行為の自由と二律背反になるものではなく、むしろ人びとの行為選択の自由を前提として、それでもなお任意の選択肢が選ばれるという事態に関係している(Luhmann 1975a: 11-12＝一九八六：一八)。政治の本来的な「ありそうになさ」が、蓋然的に「ありそうなこと」として生起する際に、このような政治権力が作用していると、まずは考えることができる。そのため、私たちが権力に従うということは、特段私たちが「何か嫌な思いをする」ということとイコールではない（ただし当然、公的な決定に従わなかった場合、違反者に対しては究極的には物理的な強制力による負のサンクションが課される。だが、この場合は権力の失敗事例であることに注意しなければならない）。権力は、私たちの自由と、矛盾しないからだ。

他方で信頼は、自分との同質性を当然視できない他者とのあいだで生じる秩序問題を、時間次元に置き換える機制である。時間次元に置き換えるということは、さまざまな人間が共存することによって本来的に生じる現在の過度な複雑性を、未来に向けた期待の一般化というかたちで飼いならすということである（Luhmann 1973＝一九九〇）。未来はまったく不確実であるにもかかわらず、私たちはこうした複雑な未来を伴った現在を生きていかなければならない。信頼とは、こうした時間的な複雑性のもとで人間が行為する可能性に関係している。特定の場面における特定の他者に対する顕在的な期待というものとともに、みずからの生きる毎日が普段と変わらない「日常生活」として営まれていくことに対する潜在的期待も、ある種の信頼であり[6]、それらは相互に交差・混交しながら現在の秩序を構成している。いずれにせよ私たちの日常生活は、こうした潜在的ないし顕在的な期待＝信頼によって「日常」でありうる（vgl. Luhmann 1986＝一九九八）。同様に、その決定が自分以外の他者をも拘束しているはずだという潜在的ないし顕在的な期待＝信頼がなければ、私たちが日常的に政治を実践することには大きなリスクが伴うことになる。

まとめると、権力と信頼は、主として前者が「みずからの選択を他者の選択に接続する」という社会的な不確実性を、後者が「未来の不確実性に抗しつつ現在において選択する」という時間的な不確実性を、それぞれ「ありそうなもの」にする機制である。社会的な複雑性も時間的な不確実性も排他的なものではないため、実際には権力と信頼が複合しながら社会の不確実性を、この場合で言えば特に集合的に拘束的な決定が作成され実施されることの「ありそうになさ」を、「ありそうなもの」へと変換しているわけである。とはいえ、この権力も信頼も、人間社会のどこかで勝手に作動している便利な自動機械ではない。それはあくまでも人びととの実践であり、実際に私たちがそのように振る舞うからこそ、政治への信頼や政治権力への服従が生じるわけである。本章では、「権力の本質とは何か」「権力によって何が因果的に説明できるのか」といった難問についてはあきらめる代わりに、権力と信頼の複合から政治のリアリティがどのように構成されるのかということを考える、という道筋を取りたいと思う。そのための題材の一例として見ていきたいのが、人びとと第一線公務員との相互行為であり、そこでおこなわれるラベリングおよび規則適用の実践についてである。

第三節　ラベリングおよび規則適用の実践

第一線公務員との接触

人びとは政治に対して無関心であったり、現職の政治家や官僚に対して不信感をもっていたりするかもしれないが、それでも社会の政治システムそれ自体がうまく機能するためには、人びとが法の適正手続き(due process of law)や制度の公正・公平さを信じることができなければならない。そのような手続きや制度への信頼は、たいてい潜在的なものであり、本人に意識されることはほとんどないだろう。だが、信頼とは人の心の状態であると同時に、社会的でリアルなものである(考えてみてほしいのだが、「ある人を心の中で信頼しているが、実際には信頼していない」という文章は、理解可能な意味をなしているだろうか?)。よって、そうした手続きや制度への信頼は、実際にそれとわかるかたちで示されていなければならない。それが端的に表れる場面の一つが、市民と第一線公務員との接触である。

政策の実施過程において、個々に異なる具体的なケースにおける手続きの執行や制度の運営は、公的に定められた規則に従うだけでは対処することができないため、第一線公務員は行政サーヴィスの執行において独自の対処技術を発達させやすい。これが、第一線公務員論の基本となる知見である（Lipsky 1980＝一九八六）。この第一線公務員がもつ裁量は、クライエントとなる市民との相互行為の中で、実際の政策が作られていくという事態に関係している。これは裏を返せば、クライエントである市民が、法の適正手続きや制度の公正・公平さを認知する主要な機会の一つは、こうした第一線公務員との接触において与えられているということでもある[7]。市民にとっては、眼前の第一線公務員を信頼できるかどうかということは、そもそもこの手続きや制度を信頼できるかどうかという問題と切り離せない（Rothstein 2001）。そして人びとは、公的決定としての政策を事実上受け入れることを通じて、政治権力の構成に関与する。簡単な見取り図として示せば、このような信頼と権力の複合による実践を見ていくことが、ありふれた実践の中で政治が構成されるということ——その意味での「日常生活と政治」の区別が生まれるということ——を記述することになる。

では、そうした実践の典型はどのようなものかと言えば、おそらく第一線公務員と市民がともに行政サーヴィスのクライエントというカテゴリーを作り出す作用（ラベリング）であろう。そもそも本来は多様な存在である一人の人間が行政のクライエントとなるということは、「市民」「シングルマザー」「福祉受給者」……等々としてカテゴリー化されるということである。こうしたカテゴリー化ないしラベリングは、行政手続きの執行を担当する人が単独でおこなう作業なのではなく、担当者とその手続きの対象となるクライエントとが相互行為の中で達成しなければならないものである。というのも、ある人が行政の対象としてカテゴリー化されるためには、その人がそのカテゴリーにとって適切であるように振る舞うことが不可欠だからである[8]。そして行為の綿密な「織り合わせ」が要求されるこうしたカテゴリー化の相互行為実践には、当事者のあいだでお互いの行為の偶発性を飼い慣らすような信頼が必要である。だから、公的決定に従うという意味での権力への服従は、人びとの自由な意思のもとで自発的になされると言ってもいい。

こうした第一線公務員と市民との相互行為は、それぞれの当事者がその場で直面しているさまざまな事情のもとで進行する。それは、私たちにとっての日常生活の一部であり、これまで何度もこなしてきたルーティン・ワークに属する事柄である。けれども、私たちが政治の世界について何らかの認知を得て、権力メディアを介したコミュニケーションを実践し、その限りで「政治のリアリティ」を構成するのは、一般に〝ミクロ〟と言われるようなこうしたローカルな場面でのやり取りにおいてであると考えることができる。

ラベリング実践と規則の適用

第一線公務員とのやり取りの中で、人びとにとっての政治のリアリティが作られるという事態を記述する際には、ラベリングのエスノメソドロジーに注目することができる。ラベリング理論は元々、逸脱についての研究から始まったものであり、ある行動を逸脱だと認定する実践は、法が明確に示す客観的基準に照らして逸脱という事実を発見するものではなく、むしろ逸脱というラベルを貼ることそのものによって生み出されるのだ、という発想に基づく(Schur 1965=一九八一)。H・ベッカーによれば、「社会集団は、これを犯せば逸脱となるような規則をもうけ、それを特定の人びとに適用し、彼らにアウトサイダーのラベルを貼ることによって、逸脱を生みだすのである」(Becker 1963: 9=二〇一一:八、傍点は原文でイタリック)。当然、こうしたラベリングは逸脱行動に限らず、人をさまざまにカテゴリー化すること一般にも広がる。他方でエスノメソドロジーの方は、現象学的社会学の流れを汲みつつ、人びとが何気なくやっていることを、それ自体で偉大な秩序達成として捉えようというものである(Garfinkel 1967)。よって、ここでラベリングのエスノメソドロジーというのは、人間をカテゴリー化するラベリング実践が、どのような秩序をどのように達成しているのかを見ていくというやり方である。

同様の問題関心は、M・ポルナーにも見られる。ただし、ポルナーはラベリング理論を代表するベッカーの整理に混乱している部分があることを指摘して、混乱を整理することでラベリング実践をよりラディカルに捉えなければならないと主張する（Pollner 1978）。ポルナーが混乱であると言うのは、ベッカーが逸脱の類型を作る際に、「隠れた逸脱」や「誤って逸脱だとされた行動」などのカテゴリーを生み出したことに向けられる（cf. Becker 1963: Ch. 2＝二〇一一：第二章）。元来ラベリング理論の意義は、客観的な社会的事実（たとえば逸脱行動など）とされるものですら、社会のメンバーによる実践を通じてはじめて〝事実〟としての地位を獲得しているということをあきらかにする点にあった。けれども、ベッカーのように「隠れた逸脱」「誤って逸脱だとされた行動」という類型を認めてしまえば、そこには社会のメンバーたちには気づかれていない〝本当のこと〟を指示するような、なんらかの客観的な観察基準の存在が含意されることになってしまう（Pollner 1978: 287）。よってポルナーは、そうしたラベリング理論の「通俗的なヴァージョン（*mundane* version）」を、元来のラベリング理論の意義である「構成的なヴァージョン（*constitutive* version）」から切り離さなければならないと主張したのである（Pollner 1978: 270. 傍点は原文でイタリック）。「構成的なヴァージョン」のラベリング理論は、私たちにとってそもそも認識可能なカテゴリーや事実（たとえば「逸脱行為」）それ自体が、ラベリング実践によって生み出されるという態度に基づく。このことは逸脱行動以外のラベリングに関しても言える。第一線公務員との相互行為が、市民を行政サーヴィスのクライエントとしてラベリングすることは、単に人びとを「そのような名称で呼ぶ」ということではなく、人びとを「そのような人間として作る」のである（Hacking 1986＝二〇〇〇）。ラベリング理論におけるこの二つのヴァージョンを混同してしまえば、ベッカーは自分が克服しようとしている区別である、〝真の逸脱〟と〝逸脱というラベルを貼られた行為〟という区別を、みずからくり返してしまうことになる、とポルナーは危惧した。

　ポルナーのようにラベリングのエスノメソドロジーを捉えることは、結果的にはラベリング理論の範疇を超えるものであったと言うことができるかもしれない。というのも、ポルナーの議論を踏まえるならば、第一線公務員と市民の相互行為には、ラベリング実践によって「人びとを作る」だけでなく、そもそも政策や規則それ自体を作るということまでも含まれているということになるからである。行政との接触によって人びとがラベリングされるのは、それが当事者たちをその他の社会的場面から切り離し[9]、それによって政策ないし規則が〝適切に〟適用される状況を構成することの一環である。だから、政策や法律といった規則の実際の適用プロセスは、客観的な問題状況に鑑みて、すでに用意されているレパートリーの中から解決策を選択し、手続きに沿ってその解決策を当てはめていく、という公式に想定されるような流れとは別物となる。むしろラベリングや規則の適用それ自体によって、問題状況や達成されるべき目標は定義されるのだ(Zimmerman 1970; Gregg 1999)。これは第一線公務員が恣意的に規則を運用しているということではなくて――「恣意的」という言葉はやはり〝客観的な〟規則の適用の存在を前提とする――、第一線公務員にとっての重要命題である「適切な規則の執行」については、そもそも何が〝適切〟であるかということについてすら、その場その場で実践的に定義され直していくということである[10]。

政治の世界を作る作用

第一線公務員と市民の相互行為によるラベリングおよび規則適用の実践は、あくまでも当事者たちの日常の中で、ルーティンとして、ローカルに生起する。こうした実践は当事者間での信頼を前提にするが、そうした信頼は同時に背後にある制度、さらには政治システムへの信頼と相互構成的な関係にある。こうした信頼はまた、ラベリングと政策の再定義を通じて、「公的な決定の作成」と「決定に従うこと」を、同時に達成する。つまり、第一線公務員の実践を見ることで、私たちはその中にどのようにして／どのような政治のリアリティが作られているかを発見できるということである。ただし、このようなかたちで権力の作用に注目することで発見されるものは、「誰が統治するか」ではなくて「いかにして統治がなされているか」ということである。

たとえば、福祉サーヴィスの受給を考えてみよう。ある女性は、行政の窓口や民生委員との面談において「シングルマザー」であり「夫と離婚した女性」であり「一児の母」であり「低所得者」として「作られる」かもしれない。なぜなら、女性が福祉サーヴィスの受給者であるためには、政治システムが前提とするジェンダー規範に適合するような自己を提示することを求められるからである(cf. Fraser 1987)。また、第一線公務員も、日々のルーティン・ワークを合理的にこなす中で対象者をラベリングし、福祉政策の適切なあり方を再定義し続ける。とりわけ家族主義的な福祉国家のもとでの「シングルマザー」、場合によっては「マイノリティ」というラベルは、一種の逸脱を指し示すことで同時に「正常な」社会と家族生活と人間のあり方を定義する力をもつ。つまり、行政手続きの場面で人が「シングルマザー」に「なる」ことができるのは、社会の正常性を参照することによってである。第一線公務員と市民の双方の側でそのような参照がなされ、確証されることによって、ある種の政治のあり方は人びとが無条件に受け入れるべきリアルなものとなる。こうして、当事者が相互に適切な振る舞いを選択することの積み重ねを通じて、権力の受容は実践されている。

本章の冒頭でも述べたように、政治の世界はたいていの人にとって疎遠な非日常であり、どこか自分の知らないところで勝手に進行しているものであろう。しかしながら、人びとはその日常生活の何気ない実践を通じて、みずからの手で政治を作っている。しかも、そうした実践は、あたかも自分たちの認識とは独立かつ客観的に存在するものとして、政治を構成するのである。ポルナーはこれを「世界を作る作業(work of worlding)」と呼んだ(Pollner 1987: 7)。つまり、世界がそこにあり、誰にとっても共通で、無矛盾であり、唯一のものである、という「通俗的な理性(mundane reason)」に基づくさまざまな実践が、そうした世界の客観的実在性に対する脅威を注意深く取り除いていくのである(Pollner 1987: 122)。政治権力が受容されるということは、それがありきたりなものとして人びととの行為の前提になっているということであるため、「通俗的な理性」が捉える政治の世界——その典型は国家の客観的実在性であろう——はとりわけ、疎遠で不変的なものであることによって高度に一般化された権力を生み出す基盤となる。言い換えれば、政治が非日常的なものとして日常的に構成されることが私たちにとっての政治のリアリティであり、まさに政治の作動そのものなのである。

結　論

本章は、日常生活と政治の関係について、それを領域的な区別としてではなく、実践的に生み出される区別として考えるというところからスタートした。そして、私たちの行為の前提となっている政治のリアリティは、信頼と権力の複合を媒介した日常の実践において作られるのだということを見取り図として示してきた。これはあくまで見取り図であって、何かを論証したことにはならないが、それでも以上のように日常生活と政治の関係を捉えることが、政治学にとってどのような変化を生むのかということだけ指摘して終わりたい。

まずは、私たちがどこに政治現象を見つけるのか、という認識の変化である。政治学の基本が政治現象を理解することであるならば、これまで「政治」の場であると見なされてこなかった場面において政治現象を見つけることには、十分な意義があるはずだ。本章では特に第一線公務員と市民との相互行為(ラベリングと規則の適用)を取りあげたが、その他さまざまな社会的場面において、それと分かるかたちで、政治のリアリティを作る実践はおこなわれている。だから、たとえば政治のコアとしての国家をそうした実践に先立つ所与の実体としてしまうと、現象としての「国家」を分析の俎上に載せることはできなくなる。こう述べることで、国家が虚像だと言っているわけではない。たしかに国家は実在する。しかし、それがどのようにして実在としての地位を獲得しているのか、同時に、いかにして「国家が実在しないのではないか」という懐疑が排除されているのかを人びとの実践の中に見ていくことは、国家の実在を認めることと矛盾しない。「日常生活／政治」が私たちの実践によって構成されると考えれば、それによって政治学の問題構成や分析の幅はずいぶんと広がるはずである。

また本章では、近年政治学の後景に退いた感のある権力論へのアプローチについて試論的に述べたつもりでもある。「エリート論vs多元主義」という構図に挑戦する「非決定権力」から、「三次元的権力」「規律権力」「システム理論における権力」……等々へと、権力論はとっくに政治学固有の道具立てであつかえる範囲を超えて拡散しており、今では正面切って権力を論じることが困難になっている。[11] それは、一方で権力を政治の極点とする議論と、他方で日常世界の隅々にまで権力が入り込んでいるという議論とが、折り合いをつけにくいからなのかもしれない。本章では、権力を「日常生活と政治」という通俗的な区別を作る作用そのものとして位置づけ、そこにエスノメソドロジーの視角からアプローチする可能性の一端を示した。ただし、この行き方をとる権力論の詳細な展開については、筆者の今後の課題として残されることとなる。

しばしば、「日常生活の中にも政治は存在する」、という言い方がなされる。筆者としてもそれに賛成したい。ただし、少し訂正をしておこう。「政治も日常生活の中に存在する」のである。本章で繰り返し述べたように、こう捉え返すことで、私たちにとって政治とはそもそもどのようなものであるのかを問うことができるはずである。そして、この問いは、新しい政治学の第一歩へとつながっているだろう。

注

(1)　フェミニズムにおける公私二分論と、それが政治理論としてどのような意味をもつかについては、田村(二〇〇九)に詳しくまとめられている。

(2)　オストロムは人びとによる自生的な秩序設計の存在を強調しつつ、「最適な制度的解決が、外部の公的機関によって簡単に設計され、低コストで施行されると考える代わりに、私は「制度をうまく運用する」というのは困難で、時間がかかり、紛争の火種をはらんだ過程なのだということを主張したい」(Ostrom 1990: 14)と述べることで、国家だけが秩序の供給主体になり得るわけではないことを論じている。

(3) この点について、詳しくは西山(二〇一〇―一一)で論じたことがある。

(4) この典型が、ハーバーマスの市民社会論をベースに、国家と(非政治的な)生活世界を媒介するものとして市民社会を考えたCohen and Arato (1992)である。

(5) ルーマンは後期パーソンズが彫琢した「シンボル的に一般化されたメディア」としての権力論を、パーソンズ理論から受け継ぐべき最良の理論装置の一つとして、自身の権力論を展開していった。それを端的に示すものとして、Luhmann (1976)を参照のこと。

(6) ルーマンはこれを「慣れ親しみ(Vertrautheit)」や「システム信頼」ないし「信任(confidence)」といった用語で表現しているが、その具体的な異同については紙幅の都合上ここでは論じる余裕がない。

(7) 近年の信頼論でも、人びとの他者や制度に対する信頼が、どのような場面における認知から派生するかという議論が活発になされている(cf. Grimes 2017)。

(8) 第一線公務員と市民との相互行為を、権力という視座から考えるべきことを指摘した重要な著作として畠山(一九八九)がある。同書では、E・ゴフマンやエスノメソドロジーの知見も参照されている。

(9) たとえば二人の人間が市役所のカウンターを挟んで「男」と「女」として向き合うことは、行政手続きの場面においては適切ではない。この場合であれば、「失業者」と「市役所職員」として相互行為秩序を組織化していくことで、当事者たちは当惑を回避しようとするし、微細な実践を通じて実際にそのような秩序を作っていく(cf.安川一九九七)。

(10) 警察行政について言えば、特に「被害者のいない犯罪」について、どのような場合に法律や規則を厳格に運用するのが〝適切〟であるのかは、現場の警察官によってケースごとに決定されていくと言われている(Schur 1965＝一九八一)。

(11) 他方で、アメリカ政治学会の機関誌 *The American Political Science Review* において一九四五年から二〇〇五年までの間でもっとも引用された論文が、P・バクラックとM・バラッツによる「権力の二つの顔」(Bachrach and Baratz 1962)であったことは明記しておきたい(Sigelman 2006)。

参考文献

Almond, Gabriel A. and Sidney Verba (1963) *The Civic Culture: Political Attitudes and Democracy in Five Nations*, Princeton University Press (石川一雄ほか訳『現代市民の政治文化――五ヵ国における政治的態度と民主主義』勁草書房、一九七四年).

Bachrach, Peter and Morton S. Baratz (1962) "Two Faces of Power," *The American Political Science Review*, 56(4), 947-952.

Becker, Howard S. (1963) *Outsiders: Studies in the Sociology of Deviance*, The Free Press of Glencoe (村上直之訳『完訳 アウトサイダーズ――ラベリング理論再考』現代人文社、二〇一一年).

Cohen, Jean L. and Andrew Arato (1992) *Civil Society and Political Theory*, The MIT Press.

Fraser, Nancy (1987) "Women Welfare and the Politics of Need Interpretation," *Hyptia*, 2(1), 103-121.

Garfinkel, Harold (1967) *Studies in Ethnomethodology*, Prentice-Hall.

Gregg, Benjamin (1999) “Using Legal Rules in an Indeterminate World: Over Coming the Limitations of Jurisprudence,” *Political Theory*, 27(3), 357-378.

Grimes, Marcia (2017) “Procedural Fairness and Political Trust,” in Sonja Zmerli and Tom W. G. van der Meer (eds.), *Handbook on Political Trust*, Edward Elgar Publishing.

Habermas, Jürgen (1990) *Strukturwandel der Öffentlichkeit: Untersuchungen zu einer Kategorie der bürgerlichen Gesellschaft: mit einer Vorwort zur Neuauflage*, Suhrkamp (細谷貞雄・山田正行訳『公共性の構造転換――市民社会の一カテゴリーについての探求 第二版』未来社、一九九四年).

Hacking, Ian (1986) “Making up People,” in Thomas C. Heller, Morton Sosna, and David E. Wellbery (eds.), *Reconstructing Individualism: Anatomy, Individuality, and the Self in Western Thought*, Stanford University Press (隠岐さや香訳「人々を作り上げる」『現代思想』第二八巻一号(特集 確率化する社会――偶然を飼いならせ)、一一四―一二九頁、二〇〇〇年).

畠山弘文(一九八九)『官僚制支配の日常構造――善意による支配とは何か』三一書房。

Hay, Colin (2007) *Why We Hate Politics*, Polity Press (吉田徹訳『政治はなぜ嫌われるのか――民主主義の取り戻し方』岩波書店、二〇一二年).

Herreros, Francisco (2004) *The Problem of Forming Social Capital*, Palgrave Macmillan.

神島二郎(一九八二)『日常性の政治学――身近に自立の拠点を求めて』筑摩書房。

Lipsky, Michael (1980) *Street-level Bureaucracy: Dilemmas of the Individual in Public Services*, Russell Sage Foundation (田尾雅夫・北大路信郷訳『行政サービスのディレンマ――ストリート・レベルの官僚制』木鐸社、一九八六年).

Luhmann, Niklas (1973) *Vertrauen, ein Mechanismus der Reduktion sozialer Komplexität*, Ferdinand Enke Verlag (大庭健・正村俊之訳『信頼――社会的な複雑性の縮減メカニズム』勁草書房、一九九〇年).

Luhmann, Niklas (1975a) *Macht*, Ferdinand Enke Verlag (長岡克行訳『権力』勁草書房、一九八六年).

Luhmann, Niklas (1975b) *Legitimation durch Verfahren*, Luchterhand (今井弘道訳『手続を通しての正統化 新装版』風行社、二〇〇三年).

Luhmann, Niklas (1976) “Generalized Media and the Problem of Contingency,” in Jan J. Loubser *et al.* (eds.), *Explorations in General Theory in Social Science: Essays in Honor of Talcott Parsons*, New York Free Press, Vol. 2, 507-532.

Luhmann, Niklas (1986) „Die Lebenswelt: nach Rücksprache mit Phänomenologen,“ Archiv für Rechts- und Sozialphilosophie, 72(2), 176-194 (青山治城訳「生活世界――現象学者たちとの対話のために」『情況』第二期第九巻一号(特集 社会学理論の現在――現象学とシステム理論)、一〇一―一二二頁、一九九八年).

Luhmann, Niklas (2000) *Die Politik der Gesellschaft*, Suhrkamp Verlag（小松丈晃訳『社会の政治』法政大学出版局、二〇一三年）.

西山真司（二〇一〇—一一）「政治文化論の問題構成と理論的基礎の再検討——政治理論としての信頼論に向けて（一—三・完）」『名古屋大学法政論集』二三六—二三八号、二〇一—二四四、六三—一〇八、五一—一〇〇頁。

Ostrom, Elinor (1990) *Governing the Commons: The Evolution of Institutions for Collective Action*, Cambridge University Press.

Pollner, Melvin (1978) "Constitutive and Mundane Versions of Labeling Theory," *Human Studies*, 1(3), 269–288.

Pollner, Melvin (1987) *Mundane Reason: Reality in Everyday and Sociological Discourse*, Cambridge University Press.

Putnam, Robert D. (1993) *Making Democracy Work*, Princeton University Press（河田潤一訳『哲学する民主主義——伝統と改革の市民的構造』NTT出版、二〇〇一年）.

Rothstein, Bo (2001) "Social Capital in the Social Democratic Welfare State," *Politics & Society*, 29(2), 207–241.

Schur, Edwin M. (1965) *Crimes Without Victims: Deviant Behavior and Public Policy: Abortion, Homosexuality, and Drug Addiction*, Prentice-Hall（畠中宗一・畠中郁子訳『被害者なき犯罪——堕胎・同性愛・麻薬の社会学』新泉社、一九八一年）.

Sigelman, Lee (2006) "The American Political Science Review Citation Classics," *The American Political Science Review*, 100(4), 667–669.

田村哲樹（二〇〇九）『政治理論とフェミニズムの間——国家・社会・家族』昭和堂。

Uslaner, Eric M. and Paul Dekker (2001) "The 'Social' in Social Capital," in Paul Dekker and Eric M. Uslaner (eds.), *Social Capital and Participation in Everyday Life*, Routledge.

安川一（一九九七）「〝感情する〟秩序——当惑と相互行為秩序」岡原正幸・山田昌弘・安川一・石川准『感情の社会学——エモーション・コンシャスな時代』世界思想社、一三九—一七四頁。

Zimmerman, Donald (1970) "The Practicalities of Rule Use," in Jack D. Douglas (ed.), *Understanding Everyday Life: Toward the Reconstruction of Sociological Knowledge*, Aldine Publishing Company.

Zimmerman, Don H. and Melvin Pollner (1970) "The Everyday World as a Phenomenon," in Jack D. Douglas (ed.), *Understanding Everyday Life: Toward the Reconstruction of Sociological Knowledge*, Aldine Publishing Company.

あとがき

編者の私が本書の企画を思い立ったのは、(正確ではないが)恐らく今から四年ほど前のことである。ただ、それよりはるか前から、私は本書につながる関心を有していたと思う。つまり、国家ではない「社会」における政治については一九九〇年代後半の大学院生の頃から、そして「家族」や「親密圏」などの「私的領域」における政治についても二〇〇〇年代初頭頃から、関心を持っていた。本書の企画は、こうした編者の長年の関心をさらに発展させるべく、「日常生活と政治」というテーマをきっと共有できるだろうと信じた研究者の方々に声をかけることで始まった。そこから少し時間はかかったが、こうして刊行までこぎつけることができた。

右記のような事情から、本書作成のプロセスは、私自身の研究の歩みを振り返るプロセスでもあった。政治に興味があるつもりで大学に入学したにもかかわらず、学問的に怠惰な学生生活を過ごしたこととも相まって、次第に政治(学)にどのくらい興味があるのかわからなくなっていった私にとって、政治学の研究者でありながら「日常生活」をテーマとするようになったことは、必然的なことであったのかもしれない。

序章に書いたように、本書は「日常生活と政治」というテーマに関する様々な研究の「展示会」である。ここに「展示」されている論文のどれかにピンときて、政治学という学問の(恐らくは、どこか疎遠という)イメージを大きく変えることになる人々が、さらには、「日常生活と政治」についての研究をさらに発展させたいと思う人々が現れるならば、編者としてこれほどうれしいことはない。

本を作る時がいつもそうであるように、本書もまた、多くの方々のご協力や支えによって成り立っている。その中から何人かの方々に特にお礼を申し上げたい。まずは、政治学としてはやや「変化球」気味の企画に快く協力してくださった寄稿者のみなさんに感謝したい。また、折々の機会に「日常生活と政治」に関する重要かつ示唆的なコメントをくださった、申琪《シンキ》榮《ヨン》さん（お茶の水女子大学）、五野井郁夫さん（高千穂大学）、荒見玲子さん（名古屋大学）にもお礼を申し上げる。そして最後に、本書の企画に賛同し、的確な助言と編集作業によって刊行まで導いていただいた、岩波書店の藤田紀子さんに、深く感謝の意を表したい。

二〇一九年一一月

田村哲樹

［執筆者］

田村哲樹（編者）　［**序章，第 1 章，あとがき**］

安藤丈将（あんどう　たけまさ）　［**第 2 章**］

武蔵大学社会学部教授．政治社会学．『脱原発の運動史――チェルノブイリ，福島，そしてこれから』（岩波書店，2019 年）ほか．

久保田裕之（くぼた　ひろゆき）　［**第 3 章**］

日本大学文理学部教授．家族社会学．『他人と暮らす若者たち』（集英社，2009 年）ほか．

吉澤あすな（よしざわ　あすな）　［**第 4 章**］

京都大学大学院アジア・アフリカ地域研究研究科博士後期課程．フィリピン地域研究．『消えない差異と生きる――南部フィリピンのイスラームとキリスト教』（風響社，2017 年）ほか．

日下　渉（くさか　わたる）　［**第 4 章**］

名古屋大学大学院国際開発研究科准教授．政治学，フィリピン地域研究．『反市民の政治学――フィリピンの民主主義と道徳』（法政大学出版局，2013 年）ほか．

武田宏子（たけだ　ひろこ）　［**第 5 章**］

名古屋大学大学院法学研究科教授．政治学，政治社会学．*The Political Economy of Reproduction in Japan: Between Nation-state and Everyday Life*, Routledge, 2014［2005］ほか．

辻　由希（つじ　ゆき）　［**第 6 章**］

東海大学政治経済学部准教授．ジェンダー政治論．『家族主義福祉レジームの再編とジェンダー政治』（ミネルヴァ書房，2012 年）ほか．

尾内隆之（おない　たかゆき）　［**第 7 章**］

流通経済大学法学部教授．政治学，科学技術社会論．『科学の不定性と社会――現代の科学リテラシー』（共編．信山社，2017 年）ほか．

山本　圭（やまもと　けい）　［**第 8 章**］

立命館大学法学部准教授．現代政治理論．『不審者のデモクラシー――ラクラウの政治思想』（岩波書店，2016 年）ほか．

加藤哲理（かとう　てつり）　［**第 9 章**］

名古屋大学大学院法学研究科准教授．政治思想史．『ハンス=ゲオルグ・ガーダマーの政治哲学――解釈学的政治理論の地平』（創文社，2012 年）ほか．

西山真司（にしやま　しんじ）　［**第 10 章**］

関西大学政策創造学部准教授．政治理論．『信頼の政治理論』（名古屋大学出版会，2019 年）ほか．

[編者]
田村哲樹
名古屋大学大学院法学研究科教授．政治学．『熟議民主主義の困難——その乗り越え方の政治理論的考察』(ナカニシヤ出版，2017年)，『政治学』(共著．有斐閣，2017年)ほか．

日常生活と政治——国家中心的政治像の再検討

2019年12月25日　第1刷発行

編　者　田村哲樹《たむらてつき》

発行者　岡本　厚

発行所　株式会社 岩波書店
〒101-8002 東京都千代田区一ツ橋2-5-5
電話案内 03-5210-4000
http://www.iwanami.co.jp/

印刷・三秀舎　製本・牧製本

ISBN 978-4-00-061381-1　　Printed in Japan